―石井桃子の書斎から

きものごっこ

ペギーとマディは、時間におくれたので、しばらくは、きまりがわるいおもいをしましたが、やがて、おちつくと、教室《きょうしつ》のうしろのほうをふりむいて見ました。けれども、ワンダは、席《せき》にいませんでした。そればかりでなく、ワンダのつくえには、ほこりがたまっていて、きのうも、きたらしいようすはありません。そういえば、たしか、きのうも、ワンダのすがたは見えませんでした。ふたりは、

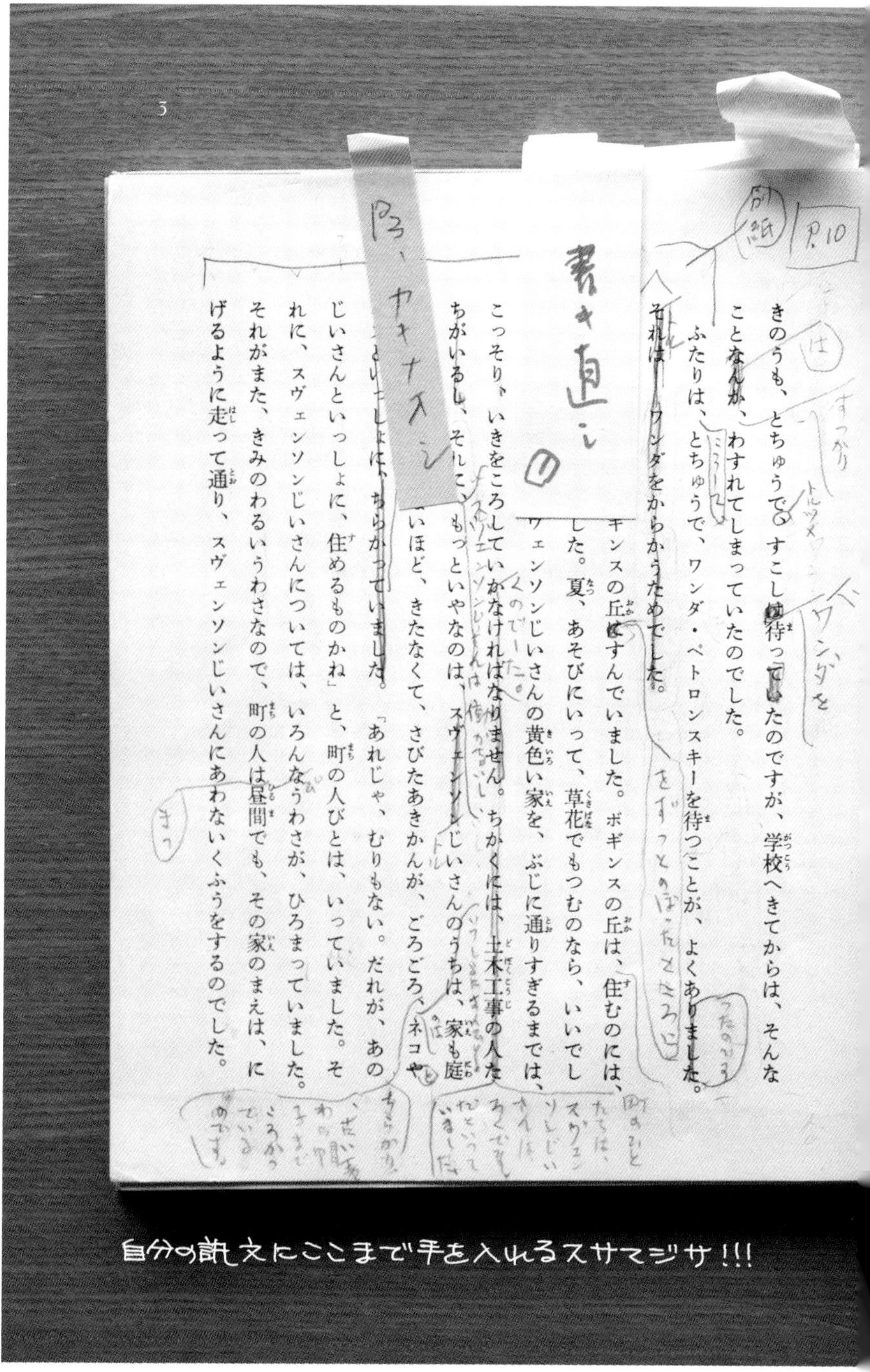

きのうも、とちゅうで、すこし待《ま》っていたのですが、学校《がっこう》へきてからは、そんなことなんか、わすれてしまっていたのでした。

ふたりは、とちゅうで、ワンダ・ペトロンスキーを待《ま》つことが、よくありました。それは、ワンダをからかうためでした。

ギンスの丘《おか》にすんでいました。ボギンスの丘《おか》は、住《す》むのには、

した。夏《なつ》、あそびにいって、草花《くさばな》でもつむのなら、いいでし

ヴェンソンじいさんの黄色《きいろ》い家《いえ》を、ぶじに通《とお》りすぎるまでは、こっそり、いきをころしていかなければなりません。ちかくには、土木工事《どぼくこうじ》の人たちがいるし、それに、もっといやなのは、スヴェンソンじいさんのうちは、家《いえ》も庭《にわ》

いほど、きたなくて、さびたあきかんが、ごろごろ、ネコや

といっしょに、ちらかっていました。「あれじゃ、むりもない。だれが、あのじいさんといっしょに、住《す》めるものかね」と、町《まち》の人びとは、いっていました。それに、スヴェンソンじいさんについては、いろんなうわさが、ひろまっていました。それがまた、きみのわるいうわさなので、町《まち》の人は昼間《ひるま》でも、その家《いえ》のまえは、にげるように走《はし》って通《とお》り、スヴェンソンじいさんにあわないくふうをするのでした。

自分の訳文にここまで手を入れるスサマジサ!!!

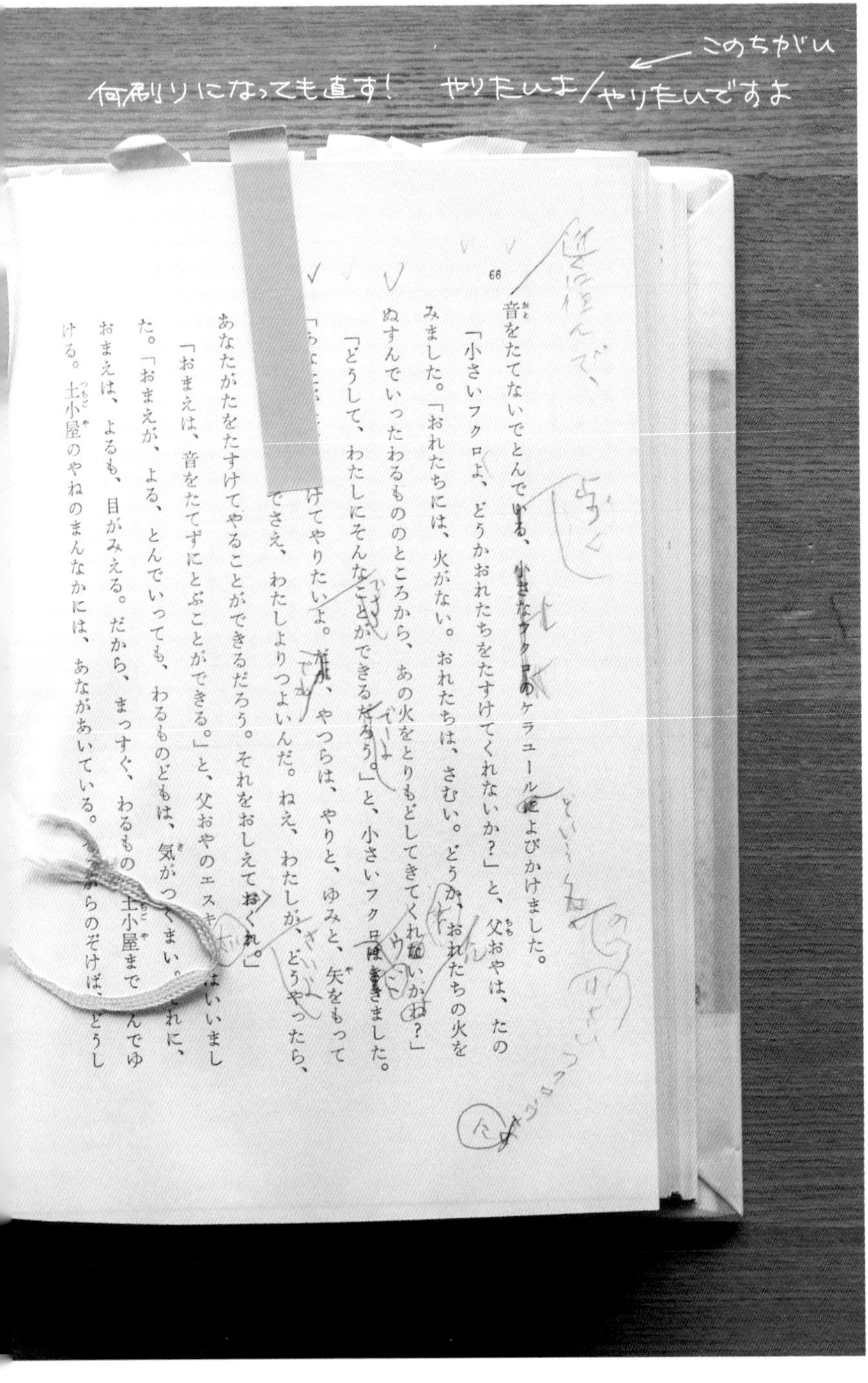

このちがい
何刷りになっても直す！　やりたいよ／やりたいですよ

66

音《おと》をたてないでとんでいる、小さなフクロのケラユールによびかけました。

「小さいフクロよ、どうかおれたちをたすけてくれないか？」と、父《ちち》おやは、たのみました。「おれたちには、火がない。おれたちは、さむい。どうか、おれたちの火をぬすんでいったわるもののところから、あの火をとりもどしてきてくれないかね？」

「どうして、わたしにそんなことができるだろう。」と、小さいフクロはききました。

「わ[illegible]けてやりたいよ。だが、やつらは、やりと、ゆみと、矢《や》をもって[illegible]でさえ、わたしよりつよいんだ。ねえ、わたしが、どうやったら、あなたがたをたすけてやることができるだろう。それをおしえておくれ。」

「おまえは、音をたてずにとぶことができる。」と、父おやのエスキ[illegible]はいいました。「おまえが、よる、とんでいっても、わるものどもは、気《き》がつくまい。[illegible]れに、おまえは、よるも、目がみえる。だから、まっすぐ、わるもの[illegible]土小屋《つちごや》まで[illegible]んでゆける。土小屋《つちごや》のやねのまんなかには、あながあいている。[illegible]からのぞけば、どうしたら、火をとってこられるか、わかるだろう。」

「ああ、そのことはかんがえてみなかった。」と、小さなフクロはいいました。「どうやら、あなたがたのために、火をとってくることが、できそうだ。わたしは、くらやみでも、目がみえるし、とぶときにも、音をたてないのだから。」

そこで、フクロは、やみのなかをとんでいって、わるもののすんでいる土小屋《つちごや》までやってきました。

そして、音もなく、土小屋《つちごや》の上をとびまわりました。それから、けむりのでてくるあなのなかをのぞきこみました。火がみえました――火どこのなかで、ごく小さな木のえだがもえていました。それから、そのわきに、わるものがひとり、すわっているのもみえました。わるものは、ねむっているようです。小さいフクロは、土小屋《つちごや》にちかづき、音

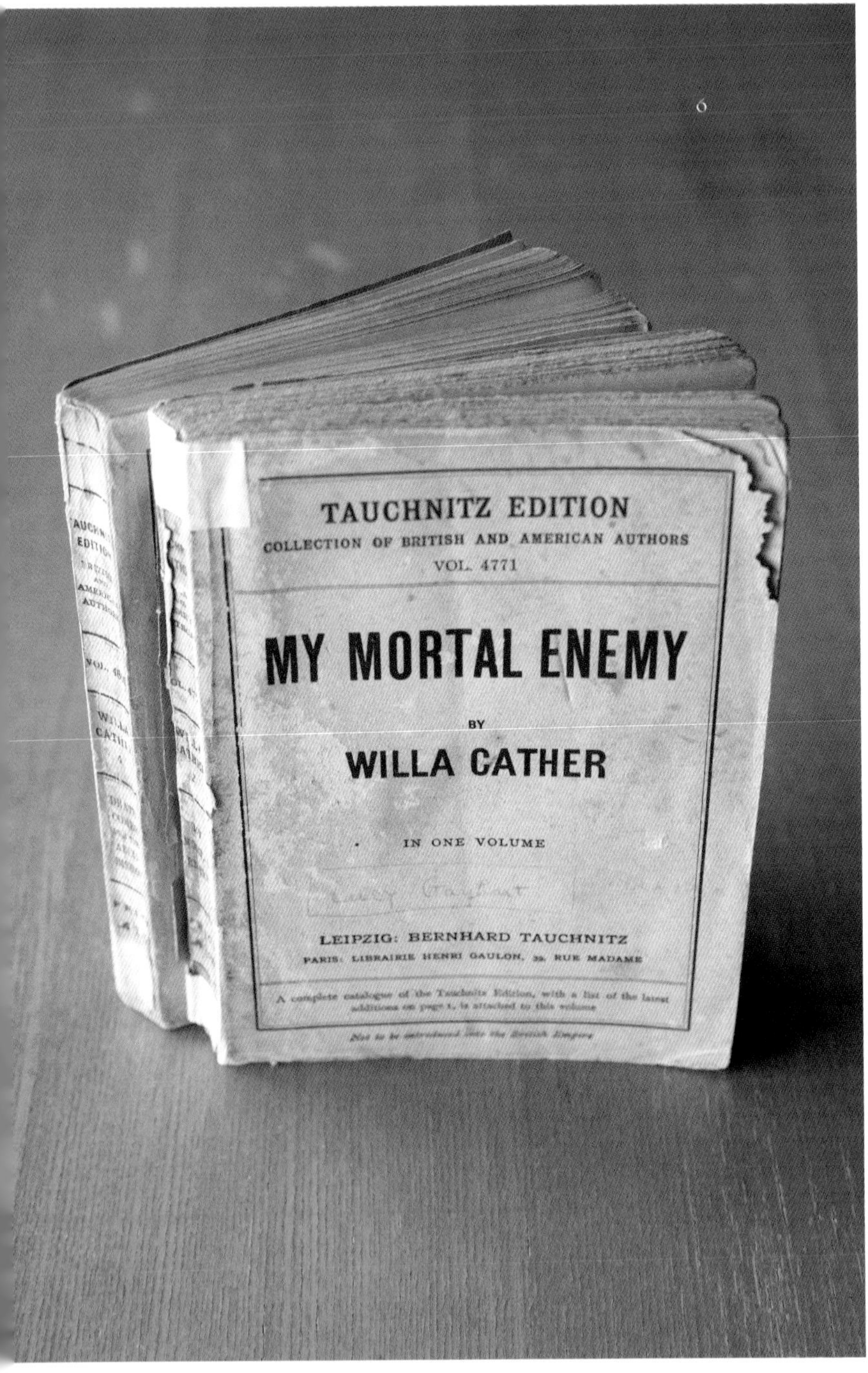
TAUCHNITZ EDITION
COLLECTION OF BRITISH AND AMERICAN AUTHORS
VOL. 4771
MY MORTAL ENEMY
BY
WILLA CATHER
IN ONE VOLUME
LEIPZIG: BERNHARD TAUCHNITZ
PARIS: LIBRAIRIE HENRI GAULON, 39, RUE MADAME
A complete catalogue of the Tauchnitz Edition, with a list of the latest additions on page 1, is attached to this volume
Not to be introduced into the British Empire

漱石のツッコミにも似たおかしみ、

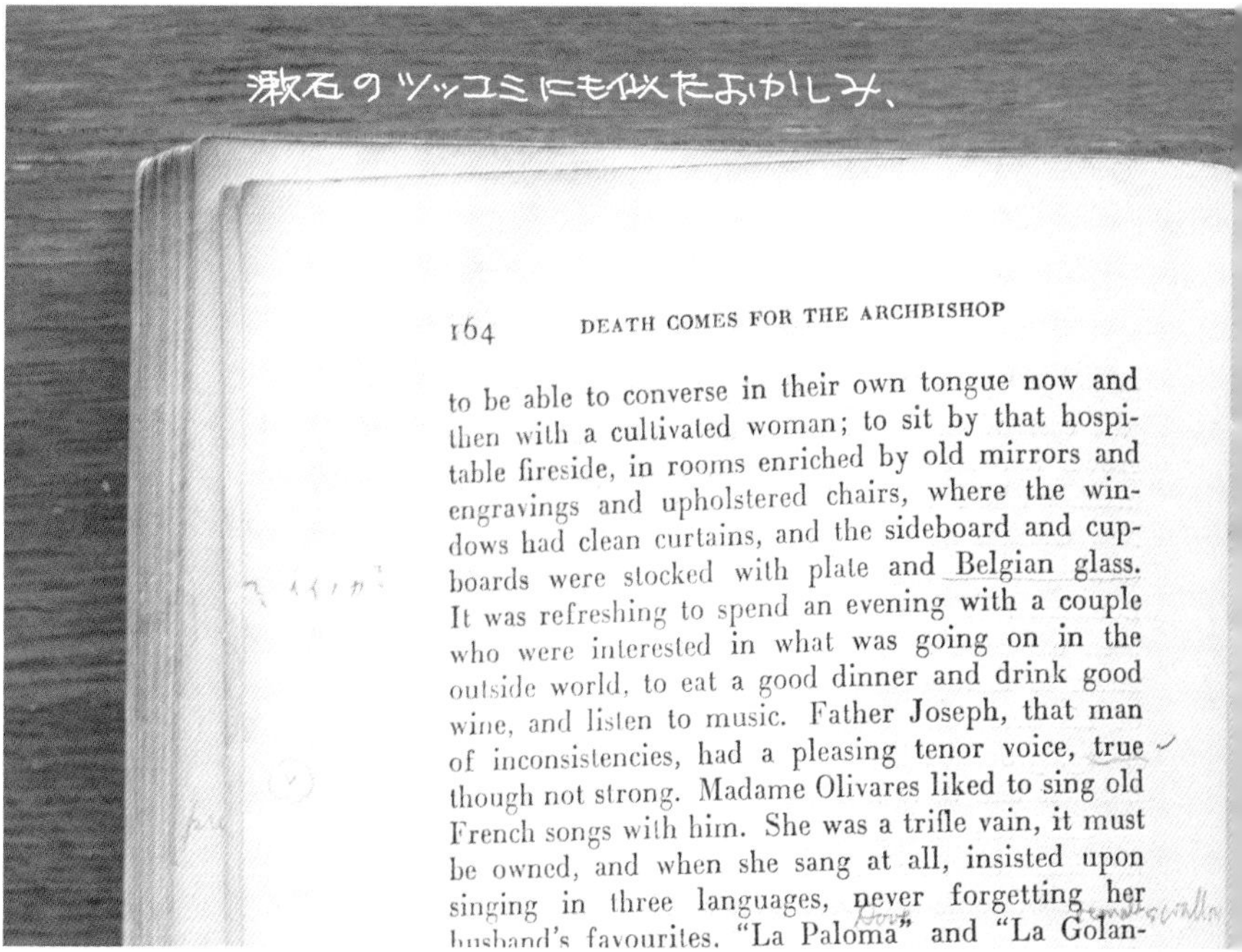

to be able to converse in their own tongue now and then with a cultivated woman; to sit by that hospitable fireside, in rooms enriched by old mirrors and engravings and upholstered chairs, where the windows had clean curtains, and the sideboard and cupboards were stocked with plate and Belgian glass. It was refreshing to spend an evening with a couple who were interested in what was going on in the outside world, to eat a good dinner and drink good wine, and listen to music. Father Joseph, that man of inconsistencies, had a pleasing tenor voice, true though not strong. Madame Olivares liked to sing old French songs with him. She was a trifle vain, it must be owned, and when she sang at all, insisted upon singing in three languages, never forgetting her husband's favourites, "La Paloma" and "La Golan-

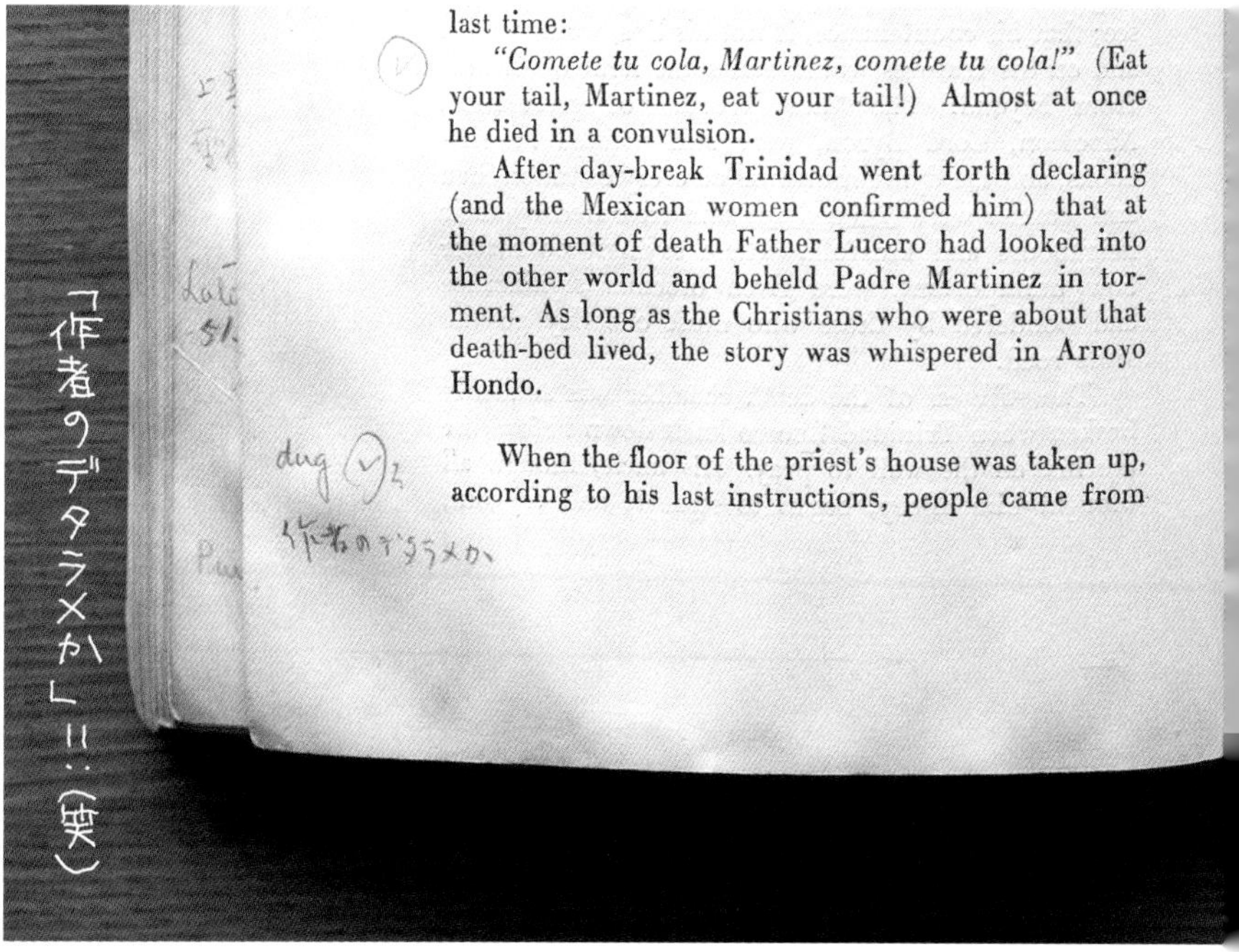

last time:

"Comete tu cola, Martinez, comete tu cola!" (Eat your tail, Martinez, eat your tail!) Almost at once he died in a convulsion.

After day-break Trinidad went forth declaring (and the Mexican women confirmed him) that at the moment of death Father Lucero had looked into the other world and beheld Padre Martinez in torment. As long as the Christians who were about that death-bed lived, the story was whispered in Arroyo Hondo.

When the floor of the priest's house was taken up, according to his last instructions, people came from

dug

作者のデタラメか

「作者のデタラメか」!!（笑）

は、お料理番《りょうりばん》はいないんじゃないか！　家じゃ、かあちゃんがお料理《りょうり》するんじゃないか。」

「わたしがするからって、どうしたのさ。」おかみさんは、なみだをふくと、ちょっとおこった顔《かお》になって、いいました。「お料理《りょうり》する者《もの》が、お料理番《りょうりばん》じゃないのかね？　ほかのお料理番《りょうりばん》が、おひまをとるなら、わたしだって、とれるんだよ。」

「だけど、なぜさ、かあちゃん。」

「それが、いまはやりだからさ、ジョニー。王さまのお料理番《りょうりばん》がおととい、おひまをとったんだよ。それから、二十四時間以内《いない》に、国じゅうのお料理番《りょうりばん》が、お料理《りょうり》するのをやめたのさ。王さまのお料理番《りょうりばん》がお料理《りょうり》をしないのに、わたしたちがお料理《りょうり》をしたら、裏《うら》ぎりみたいなことになるじゃないか。だからなのさ。」

ジョニーは、階段《かいだん》の三段《だん》めに、おとうさんとならんでこしかけました。

「それじゃ、ぼくの休暇《きゅうか》は台《だい》なしだ。たしかに台《だい》なしだ。」ジョニーはいいました。「それに、これじゃ、どいつのも、こいつのも、休暇《きゅうか》は台《だい》なしだ。ごちそうってものが、休暇《きゅうか》に帰《かえ》ってるやつらにとってどんなにだいじか、みんなにはわからないよ。」

「休暇《きゅうか》に帰《かえ》ってるやつらばかりじゃない。」ジョン・ジェンキンソンさんは、胸《むね》の思いをかくそうと、パイプをつめながらいいました。「ほかのやつらもいるさ。」

「こんど、ごはん時になったら、どうするの、

9

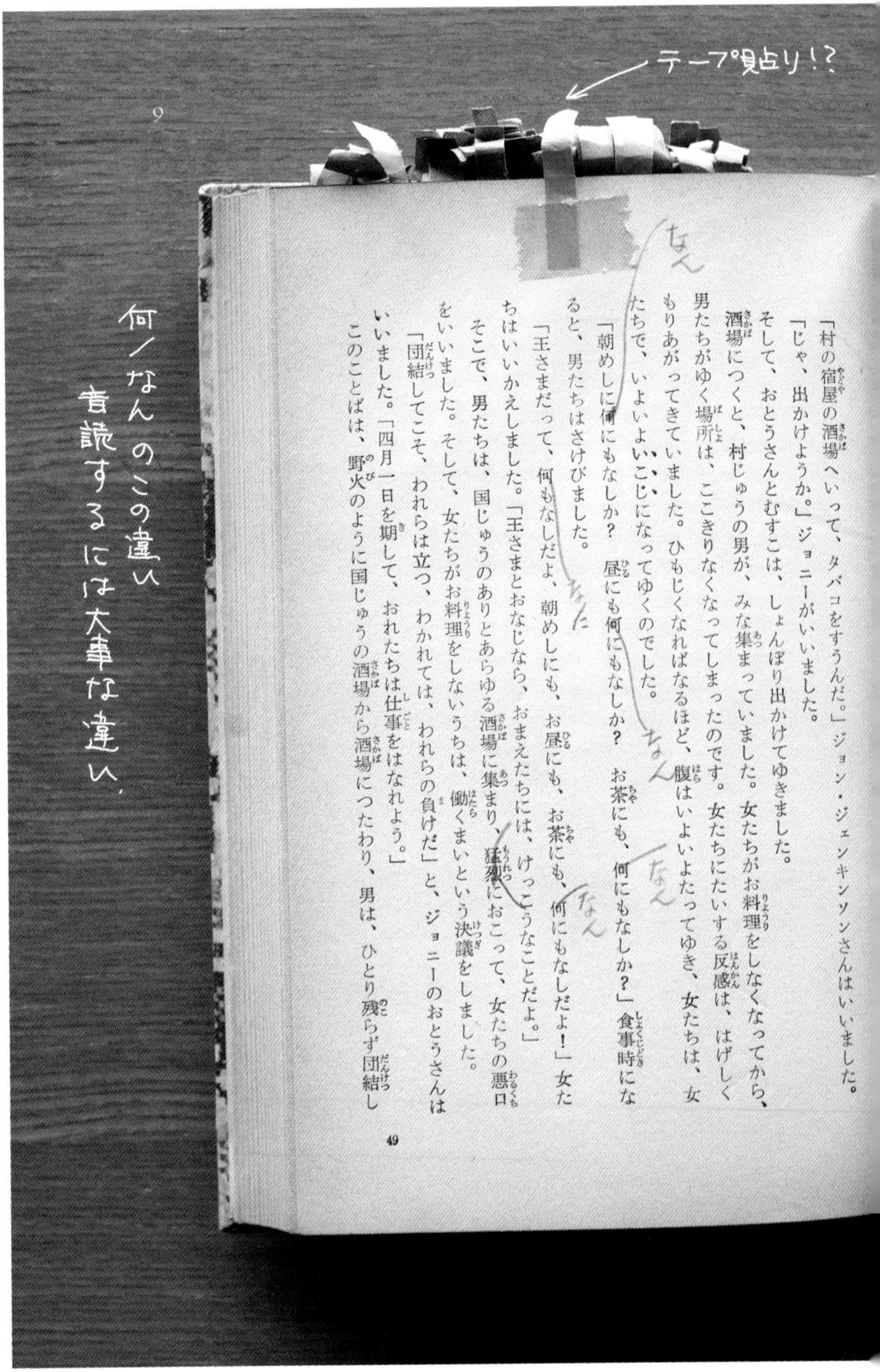

テープ貼り!?
何／なんのこの違い
音読するには大事な違い。
「村の宿屋《やどや》の酒場《さかば》へいって、タバコをすうんだ。」ジョン・ジェンキンソンさんはいいました。
「じゃ、出かけようか。」ジョニーがいいました。
そして、おとうさんとむすこは、しょんぼり出かけてゆきました。
酒場《さかば》につくと、村じゅうの男が、みな集《あつ》まっていました。女たちがお料理《りょうり》をしなくなってから、男たちがゆく場所《ばしょ》は、ここきりなくなってしまったのです。女たちにたいする反感《はんかん》は、はげしくもりあがってきていました。ひもじくなればなるほど、腹《はら》はいよいよたってゆき、女たちは、女たちで、いよいよいこじになってゆくのでした。
「朝めしに何にもなしか？　昼《ひる》にも何にもなしか？　お茶《ちゃ》にも、何にもなしか？」食事時《しょくじどき》になると、男たちはさけびました。
「王さまだって、何もなしだよ、朝めしにも、お昼《ひる》にも、お茶《ちゃ》にも、何にもなしだよ！」女たちはいいかえしました。「王さまとおなじなら、おまえたちには、けっこうなことだよ。」
そこで、男たちは、国じゅうのありとあらゆる酒場《さかば》に集《あつ》まり、猛烈《もうれつ》におこって、女たちの悪口《わるくち》をいいました。そして、女たちがお料理《りょうり》をしないうちは、働《はたら》くまいという決議《けつぎ》をしました。
「団結《だんけつ》してこそ、われらは立つ、わかれては、われらの負《ま》けだ」と、ジョニーのおとうさんはいいました。「四月一日を期《き》して、おれたちは仕事《しごと》をはなれよう。」
このことばは、野火《のび》のように国じゅうの酒場《さかば》から酒場《さかば》につたわり、男は、ひとり残《のこ》らず団結《だんけつ》し
なん
なん
なん
なん
なん
49

E.ファージョン
ムギと王さま
ムギと王さま

◎ 翻訳は精読中の精読と知ってはいたけれど、
石井桃子さんの翻訳は、もう一段深いよう。

◎ 刷りごとに朱筆（鉛筆）を入れつづける
そのスゴサ。

◎ 目で読むだけでなく、音の次元も考慮して
読む経験を設計しているのだ！

◎ 本からニョキニョキ生えるふせんたち。
ここまでつけるとワケが分からなくなりそう
だけど、石井さんの場合はきっと、ひとつひとつ
のふせんを辿って確認していらっしゃったのに
ちがいない。

◎ これらのマルジナリアを見ていると、
自分もちゃんとしなくちゃという気分になる
から不思議

◎ しかしこうなると、石井さんの本を読むときは、
どの刷りかにも気をつけねば！

◎ いつか、石井さんのマルジナリア入りの版も
出るといいなと思ったりもして。
（ご本人はイヤかな……）

このマルジナリアンは、たぶん右上の「この本」「不完全」「煙草」あたりから索引を作り始めている。「煙草」のページが62から始まって、あとから24-29を書き足しているのはその証拠。

――山本貴光の魔改造

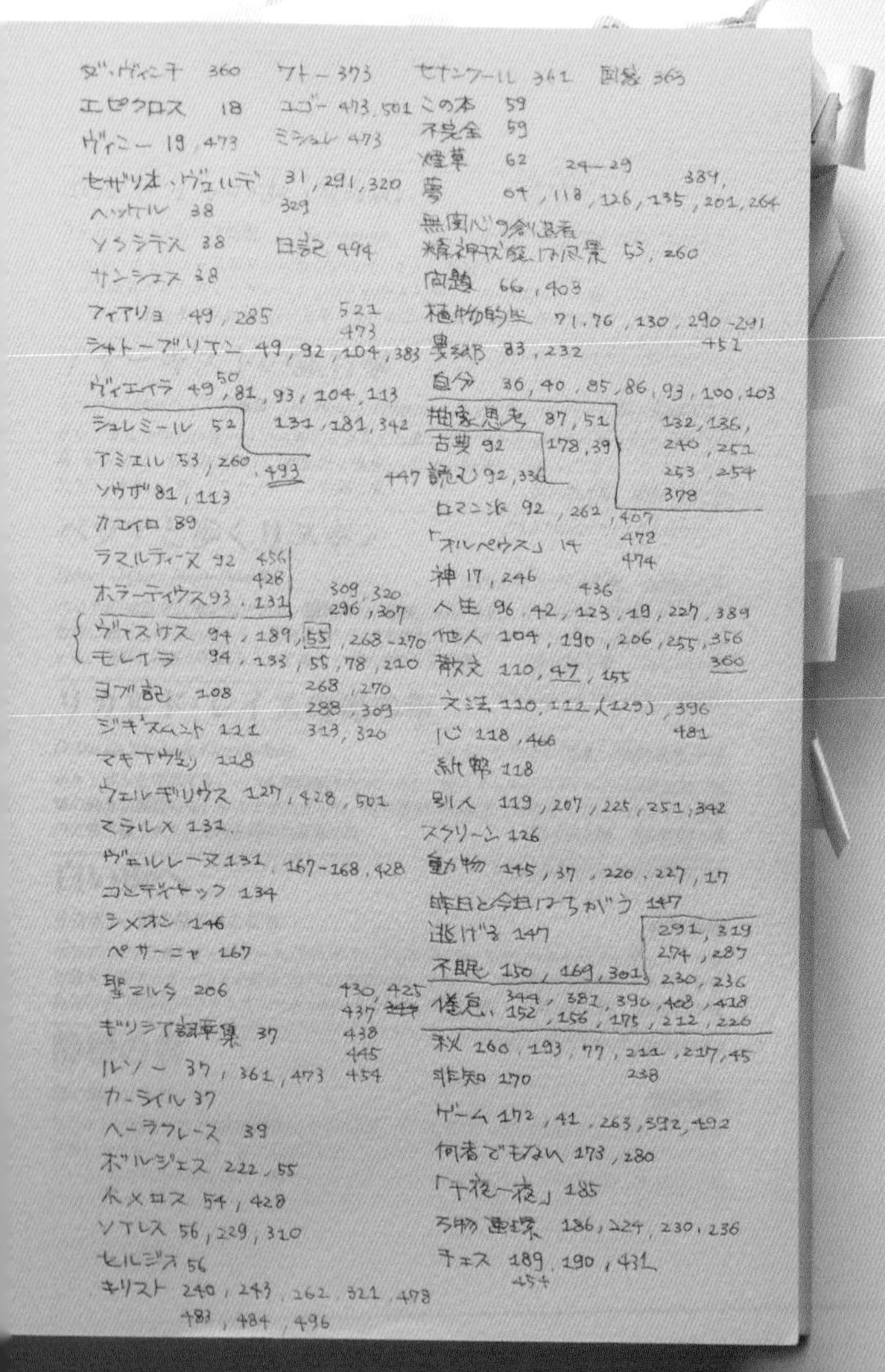

「nの私」トハ？

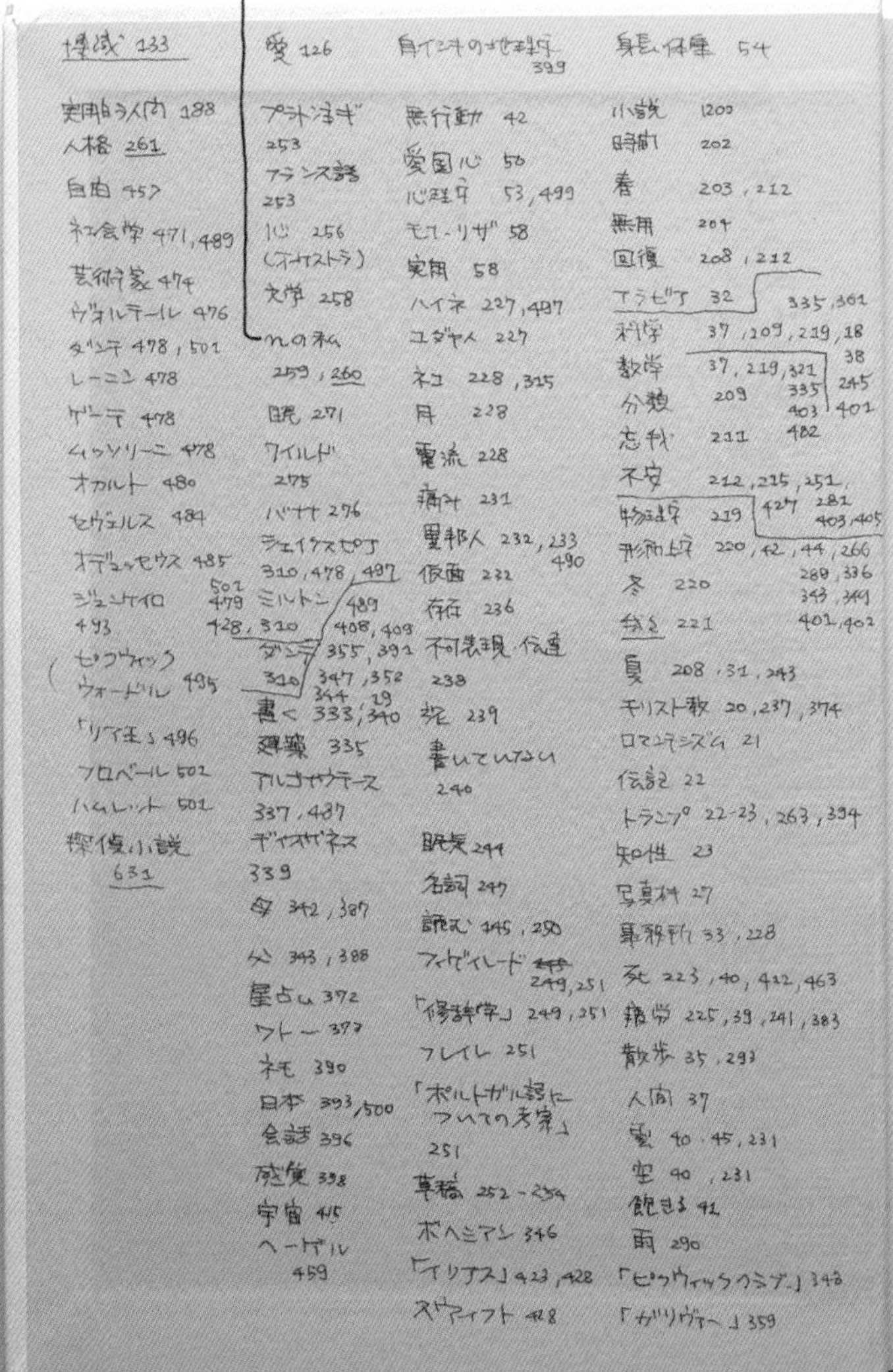

人名は全部拾おうとしている。その他の項目に、この索引を作ったときの関心が見える。

この人はたぶん書評を書こうとしている
（メモの文体もどことなくその本の文体に似る？）

文字の知られざる生態
みなさんもそろそろうすうすお気付きかと思うが、
文字は人間などよりも、およそ長い時間を生きている。
（以上を万葉仮名で？）
今、これを比喩とお思いだろうか。そうだとしたら早計
というものである。

有限の文字で操作を記述できる p.171

もはや、人の手や腕の動きにかかわらず字を書ける
（音楽は電子化でいちはやく）

脳に文字を入れて何かが生じる

今や文字は、あなたの知らないところにも潜み
この世を支配し、差配するに至った。
「仏典から文字コードまで」といえば、文理にまたがる
作家という話かと思う向きもあるやもしれぬが、今いい
たいのはそういうことではない。作家はとうに、ハナから
そういう段階を出ている。

書　華雪
装幀　新潮社装幀室

文字は世界であり宇宙である
人間の限界
タイムスケール
文字渦
はじめに文字あり
（プログラム）
演算としての文字
ライプニッツ
文字の次元拡張

「文字渦」の索引を見ていると、これは一種の昆虫採集のようなものだと思えてくる

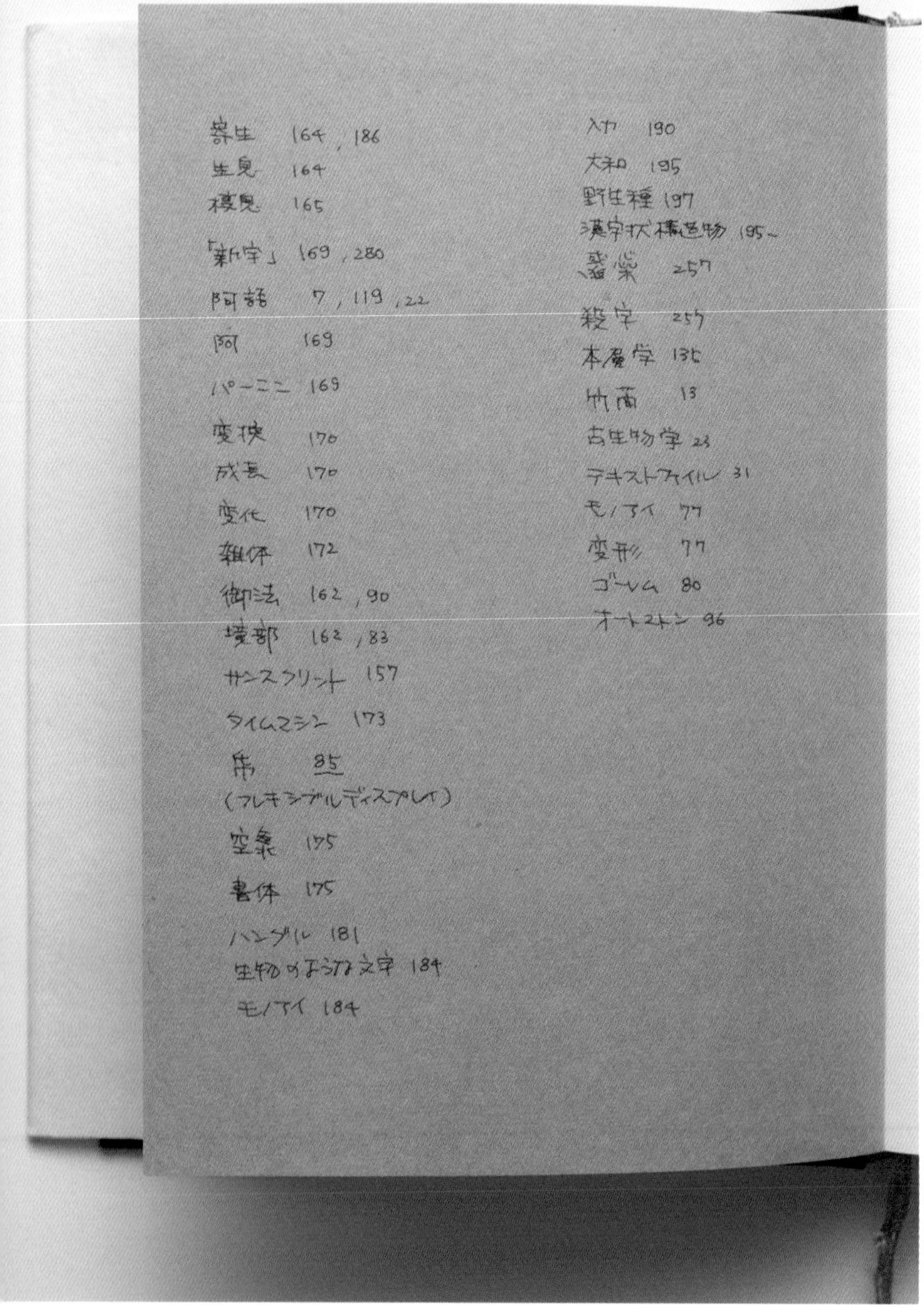

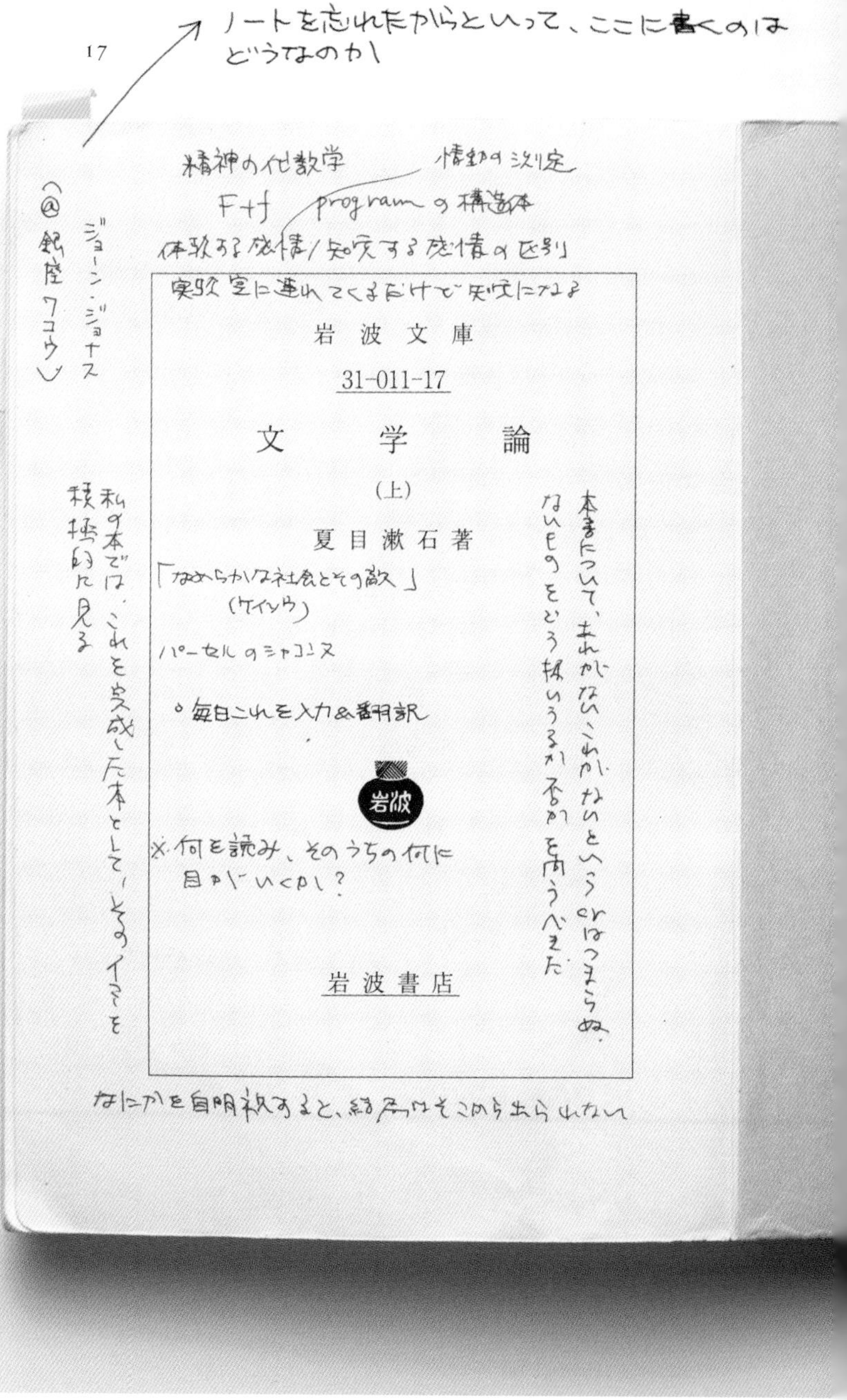
ノートを忘れたからといって、ここに書くのはどうなのか
精神の代数学
情動の測定
F+f program の構造体
体験する感情/知覚する感情の区別
実験室に連れてくるだけで知覚になる
（@銀座ワコウ）
ジョーン・ジョナス
岩波文庫
31-011-17
文学論
(上)
夏目漱石著
「なめらかな社会とその敵」
(ケイソウ)
パーセルのシャコンヌ
。毎日これを入力&翻訳
※何を読み、そのうちの何に目がいくか？
岩波書店
本当について、まれがない、これがないという cr はつまらぬ。ないものをどう扱いうるか否かを問うべきだ
私の本では、これを完成した本として、そのイメージを積極的に見る
なにかを自明視すると、結局はそこから出られない

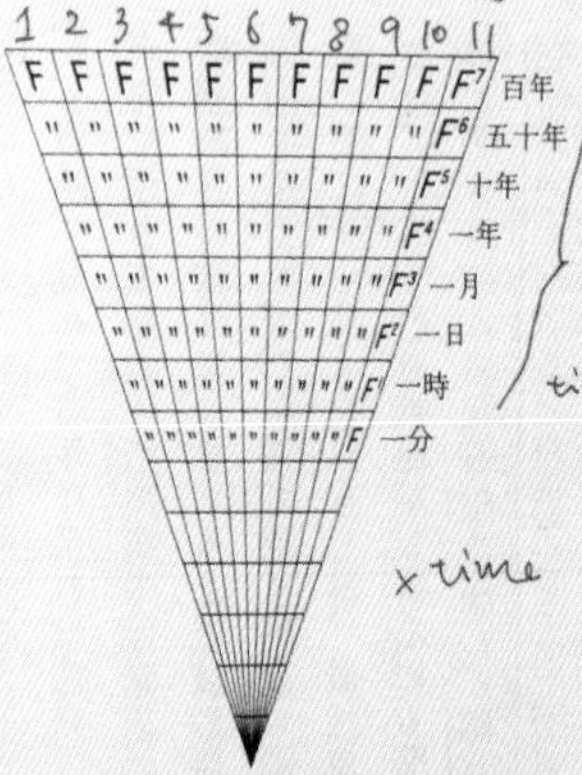

に至るべし。これその漢詩に対する意識次第に識末より焦点に登り更に再び識末に下るに基くものといひ得べし。(三)一世一代のFは通語の所謂《いわゆる》時代思潮(Zeitgeist《ツァイトガイスト》)と称するものにして更に東洋風の語を以てせば勢これなり。古来勢は何ぞやと問へば曰く天なりと答へ命なりと呼ぶ。けだし*xを以てyを解くと類を同じくするものなりと雖《いえど》もこの一語は余が述べるところの広義のFをよく表言して遺憾なし。凡《およ》そ古今の歴史とはかかる時代的Fの不断の変遷をたどるものに過ぎず。

近く例を我邦にとりていへば攘夷《じょうい》、佐幕《さばく》、勤王《きんのう》の三観念は四十余年前維新のFにして即ち当代意識の焦点なりしなり。されば仮に*沙翁《さおう》を凌《しの》ぐ名人その世にありとするも時代のFは到底これを容るる余裕あらざりしなるべく、もしくは第二の*M. Arnold《アーノルド》ありて*Sweetness and Light*(文芸教育を鼓吹せる有名なる論文)の理をとくも恐《おそら》くは、かくの如き世に何人《なんぴと》の視聴をも動かし得ざりしならん。時の意識これを許さざればなり。かの賢人、偉人も勢には抗すべからずとはこの理を示したるものに過ぎず。

よほど気になっているようだ

① 感覚

このcr.! 自分の時までかの趣味に合うもの同感、を、あたかも全文学の代表のように扱う態度へのcr.

㉑ 如《かくのごとく》此意識波形の説並びにFの観念は微妙なる意識単位より出立して広く一代を貫く集合意識に適用すべきものなること明にして図を以てその大略を示せば左（右頁）の如し。㉒ 即ち竪《たて》なる小室は個人意識の一刻より百年に至るFの次序変化を示すものなれども、FよりF^1に、F^1よりF^2に変化するの意味にはあらず、一刻の焦点的意識をF、一時間のそれをF^1にて表はしたるに過ぎず。尚ほ横列なるは時代を同じくする民衆の集合意識にして例へば五十年の部を列《つら》ぬれば一代の五十年間におけるFを集合したるものと認め得。而してこの横列のFは大概或る点において一致すべく吾人はその点を称してその五十年の輿《よ》論《ろん》とし、Zeitgeist と名《なづ》け或は時にこれを勢と呼ぶ。

※どんなしてもよいので、どんな成分からできているか、分解してみよう。→第五編

第二章　文学的内容の基本成分

（分解・分析）　感覚、心理作用

読者への呼びかけ

余《よ》は前章において文学的内容の$(F+f)$なるべきを説きしが、更にここには聊《いささ》かその内容の分類を試み、往々文学をもつて単に高尚なる知的娯楽の具と目し、或は文学に道徳の分子なしなど唱ふる一派の人々に文学の範囲はしかく偏狭ならざるを示さんとす。

→ つまり純だの俗だのライトだの口がうるさい。（当時の潮流は？）

研究の第一着として先づその基礎たるべき簡単なる感覚的要素より説き起すべし。これを説き起すに当つてはかの Groos《＊グロース》 氏が『人の戯』中に排列したる小児娯楽の類目の

感覚的Fの分類（p.63）

さらに細分したければ、してみるとよい。

未来の自分への助言

このラクガキは、のちに「文学問題(F+f)+」で役に立つのだった。

主体は?

文学は間接経験ゆえに楽しい

第二には人事界または天然界にありて直接経験をなす時のf、及び間接経験をなす時のf、即ち記憶想像のFに伴ふて生ずるf、もしくは記述叙景の詩文に対して起すfとを区別せざるべからず。

第一は今論ぜず。第二は数言を費して諸君の参考に資せんとす。如何となれば直接経験より生ずるfと間接経験より生ずるそれとはその強弱及び性質において異なること勿論なればなり。但しこの差違あるがために普通の人事もしくは天然界にありては留意せざるもしくは留意するに堪へざる、聞きづらき、居づらき境遇等も、これらを一廻転して間接経験に改むる時は却つて快感を生ずるに至るなり。即ち普通美しと思はぬもの、もしくは肉体的、精神的に斥《しりぞ》くべきものも一旦文学中のfとなりて現はるる時は吾人はこれを毫も怪まざるのみならず、時としてはこれを歓迎するの傾向あり。病的なる人、もしくは病的なる社会に限らず、何れの世、何れの国にもかくの如きfを文学にありては病的と見なさざることとあり。余は今暫くこの趣味ある問題につき概説するところあるべし。

その原因

さてこの相違を来す原因は果して奈辺《なへん》に存すべきかを考ふるに凡《およ》そ二つあり、而してまたこの二つ以上何らの原因を求むべからざるなり。二つのうち一は著作家自身が与へられたる材料にたいする態度、即ちこの場合にありては与へられたるFは実際において

怖いものでも読みたい
(間接体験なら安全)

人はなぜ悲劇をたのしめるか
cf. アリストテレス「詩学」

は愉快を与ふるものならず、むしろ愉快よりは不快を与ふるFを如何に取り扱ひ、如何に観じ、如何に表現するかによつて異らざるべからず。余はこれを名《な》づけて「表出の方法」と名く。二にはこの叙述詩文を玩味《がんみ》する批評家もしくは一般読者がこの作家の手を経て与へられたる材料に対する態度、即ち直接経験において毫も趣味を生ぜず、また趣味あるも実際上願《ねが》くは避けたしと考ふるか、またはこれに遭遇する時、逃退却走《とうたいきやくそう》せんとするほどの事物を作物《さくぶつ》の上に読む時は非常の興味を以て前後を忘却して賞美するの態度をいふ。換言すれば直接経験が間接経験に一変する瞬間において黒が忽ち白と見え、円が急に四角と化し去るの謂《いい》なり。余はこれを「読者の幻惑」と名く。

第一の表出の具合といふことは、大にしては作家が文学的内容に対する態度、更に一層これを大にすれば作家の世界観、人生観の如き重要問題となるものなり。ここには混雑を避くるため暫くこの種の大袈裟なるものを措《お》き、ただ作家が醜劣、不快なる材料を如何にとり扱ひ、一種の幻惑を吾人に与ふるかにつき一言せんとす。

(一) 感覚的材料。(1) 聯想の作用にて醜を化して美となすの表出法。

この場合にありては物体そのものは実際経験において不愉快なるも、聯想により結びつけられたる観念と共に表出する時、その観念もし美なれば、吾人がこれに対して生ずるfもまた美となるものなり。例へば

思想 75 76, 229, 273 294, 346　スペンサー「文体論」 192
数学 238　修辞学 195
形式 192

投射

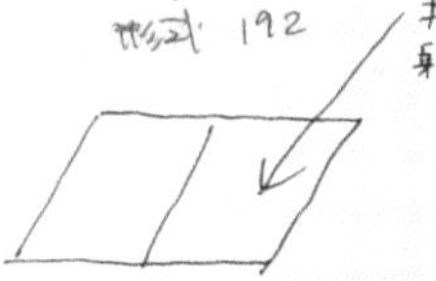

持たれてない本!

索　　引

メガネ型
手に投射

白きれの本
コードでページ
情報
をもつ.

凡　　例

○人名および作品名を中心とする固有名索引を付した．人名・作品名に関しては，欧文表記が中心の漱石の原文に従い，「欧語索引」的(アルファベット順)になるが，和文情報を適宜加えた．
○事項項目は，いくつか重要と思われるものを立項した．
○作品名には〈　〉で作者名を補った(シェイクスピアは「沙翁」とした)。なお作品名は，漱石の表記・略記に従った．正題や原題については注解参照．
○出所は㊤㊦巻の別と頁数で示した．
○作者名，作品名の出所が，本文中の引用文の出典として明記されているときは，頁数をイタリックで示した．
○索引項目の表記が，本文中で異なっていたり略記されたりしている場合は，(　)や＝，→を適宜用いて参照の便をはかった．

〔A〕

電子書籍をいちからつくり直したい！

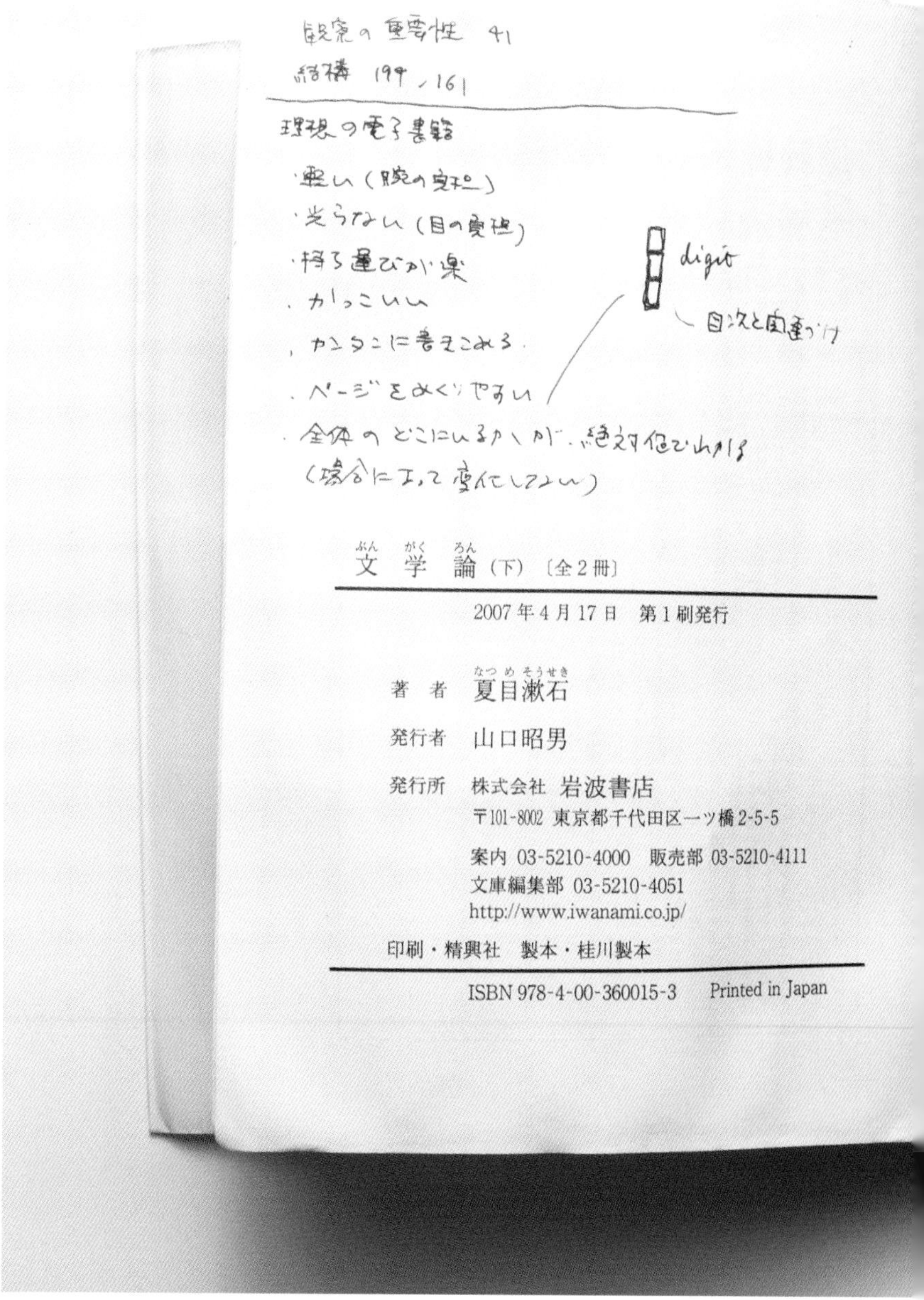
結構 199, 161
理想の電子書籍
・軽い（腕の負担）
・光らない（目の負担）
・持ち運びが楽
・かっこいい
・カンタンに書きこめる
・ページをめくりやすい
・全体のどこにいるかが、絶対位置でわかる
（場合によって変化しない）
digit
目次と関連づけ
文《ぶん》学《がく》論《ろん》（下）〔全2冊〕
2007年4月17日　第1刷発行
著者　夏目漱石《なつめそうせき》
発行者　山口昭男
発行所　株式会社　岩波書店
〒101-8002 東京都千代田区一ツ橋2-5-5
案内 03-5210-4000　販売部 03-5210-4111
文庫編集部 03-5210-4051
http://www.iwanami.co.jp/
印刷・精興社　製本・桂川製本
ISBN 978-4-00-360015-3　Printed in Japan

て種々混雜することなし。地理學は地理學の域、政事學は政事學の域、何れよりして何れ迄其學の域たることを分明識察して、其の境界を正しく區別するを要すへし。故に今政事學を以て專務と爲す人に依りて、器械の事を以て問んと欲するとき、其人縱令器械の學を知ると雖も之を他に讓りて敢て敎へさるを常とす。

漢に於ても其學域と云ふ更に區別あることなし、最近間の事ならんか。

第二　學術技藝　Science and Arts

(朱線)

學術技藝の四字後世學術の二字を取り用へ其中ニ含蓄せしむ。

學の字の性質は元來動詞にして、道を學ふ、或は文を學ふとか、皆な動詞の文字にして、名詞に用ゆること少なし。實名詞には多く道の字を用ゆるなり。學の字は元ト師の兒童に敎ゆるの辭義にして、則ち鬧の如く師の兒童を保護し敎ゆるの形なり。漢太古は道藝の二字を以てし、後に至りて道を行くの行字より生する所の術の字を用へり。學と道とは同種のものにして、我か本朝には和歌の學といはすして和歌の道、或は文學《フミ》ヒの道と云へり。

術は藝の字と同種なり。

術の字は其目的となす所ありて、其道を行くの行の字より生するものにして、則ち術の形ちなり都合克あてはめると云ふの義なり。技は則ち手業をなすの字意にして、手ニ支の字を合せしものなり。支は則ち指の字意なり。藝の字我朝にては業となすへし。藝の字元ト蓺の字より生するものにして、植ゑ生せしむるの意なるへし。學術の二字則ち英語にては Science and Arts をラテン語には Scio ars《私カ物ヲ知ル》 又は artis. 大概此の如しと雖も、其の學問といふ所以を深く知らさるへからす。古昔英人 Sir William Hamilton なる者學問と云ふを區別して云へる

勤勉に調べものをしておいてくれた
過去の自分に感謝

語に science is a complement of cognitions, having, in point of form, the character of logical perfection, and in point of matters, the character of real truth. の如く知るとの積ミ重りの意味なりと雖も、徒らに多くを知るのみを以ては學問とはせさるなり。其源由よりして其眞理を知るを學問と爲すなり。而して其學に定義と云ふあり。則ち definition. 故に政事學は政事學の定義なかるへからす。

國とは何等を指して國と云ふへきものなるや。徒に土地あるを以て云ふ語にあらす。土地ありて人民あり、人民ありて政府ある之を國と云ふ。則ち英語 state. 國の字は元ト或の字なり。其を境界して國と爲すの字なり。

此の如きを國となす。

Art is a system of rules serving to facilitate the performance of certain actions. 原語の如く何事にても、實事上に於て其理を究め、如何(に)してか容易く仕遂へきと工夫を爲す之を術と云ふ。元來學と術とは混雜しやすきものゆゑに synonym なるものありて、文字の意味を分明に區別せさるへからす。則ち羅甸語に In science, scimus ut sciamus, in art, scimus ut producamus.

學とは原語の通り、あるとあらゆるを分明に知り、其根元よりして、既に何等の物たるを知るを云ふなり。術とは生することを知ると原語の通り、何物にても成り立所のもの丶根元を知り、其成り立所以を明白に知るを云ふなり。Therefore science and art may be said to be investigations of truth, but science inquires for the sake of knowledge, art for the sake of production, and science is more concerned with the higher truth, art with the lower.

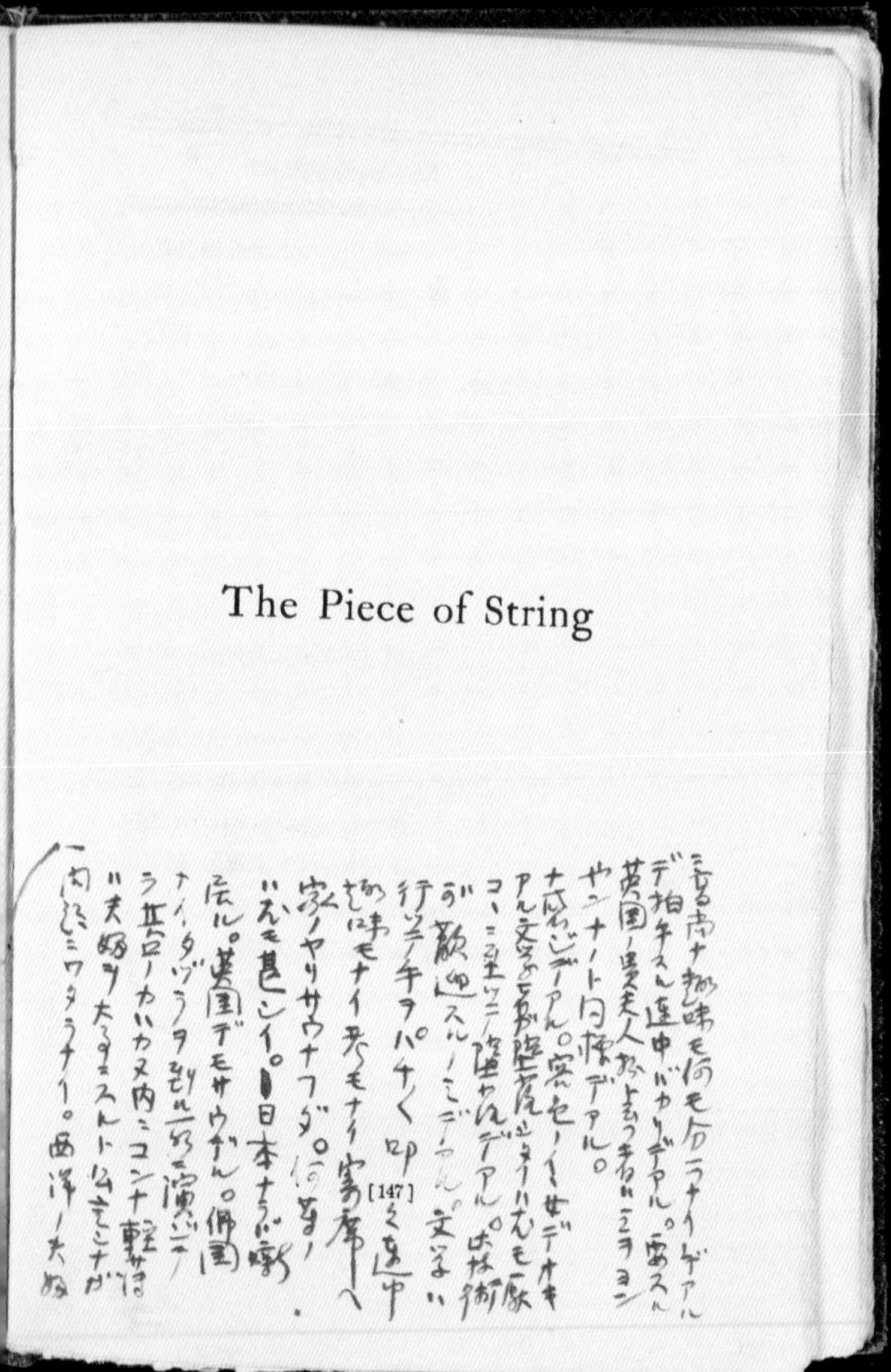

The Piece of String

[147]

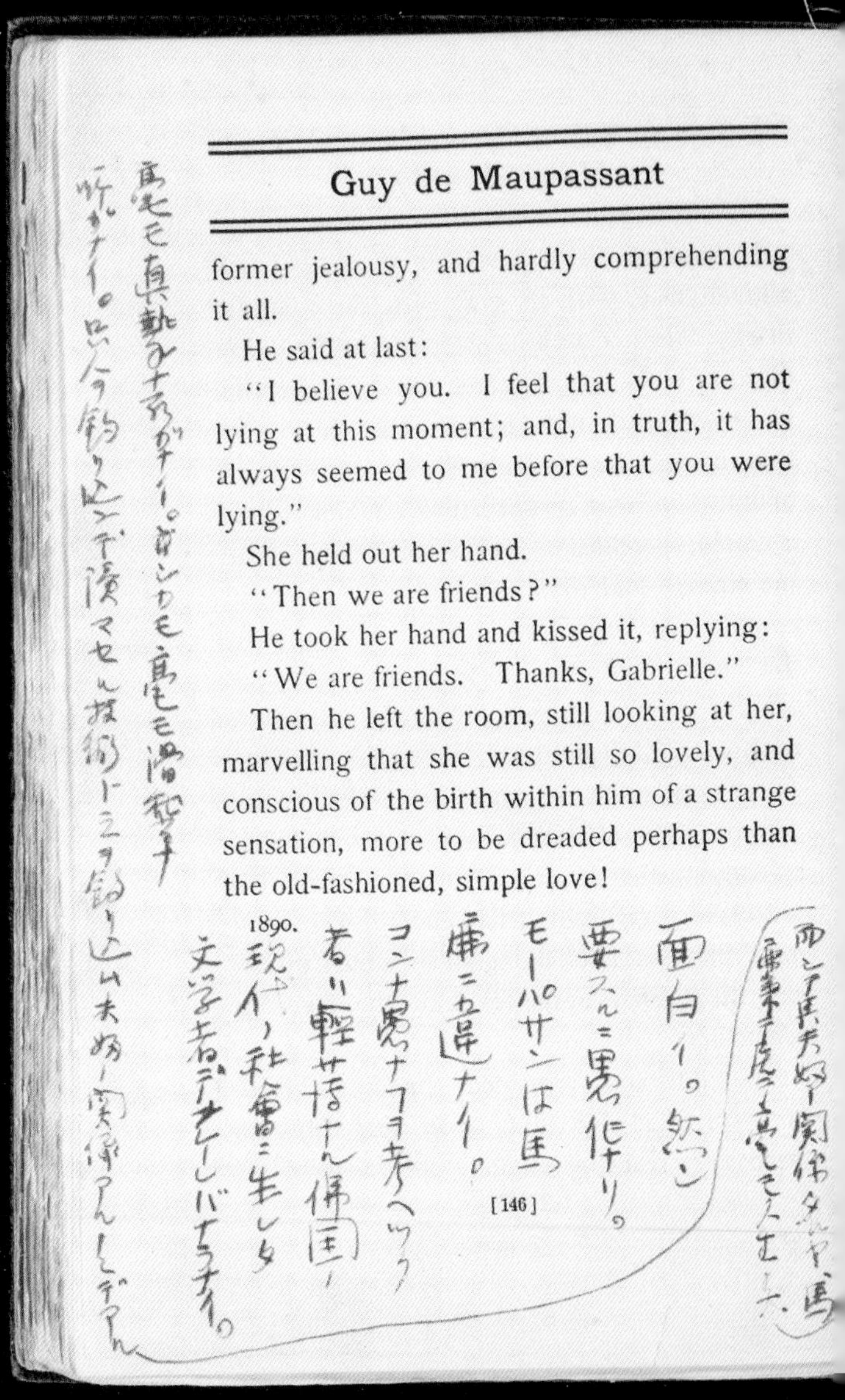

Guy de Maupassant

former jealousy, and hardly comprehending it all.

He said at last:

"I believe you. I feel that you are not lying at this moment; and, in truth, it has always seemed to me before that you were lying."

She held out her hand.

"Then we are friends?"

He took her hand and kissed it, replying:

"We are friends. Thanks, Gabrielle."

Then he left the room, still looking at her, marvelling that she was still so lovely, and conscious of the birth within him of a strange sensation, more to be dreaded perhaps than the old-fashioned, simple love!

1890.

[146]

面白イ。然シ
要スルニ愚作ナリ。
モーパサンは馬
鹿ニ違ナイ。

余白の漱石はとてもイキイキしている
「モーパッサンは馬鹿に違いない」!!

活 — 印刷
活 — 書き入レ

別四段の活
三段の活
別三段の活
下一段の活

○八四種の活の圖　并受るてにをは

	四段の活	上一段の活	中二段
	飽押打逢住鈞	射着似干見居	起落戀試
将然	かさたはまら	いきにひみゐ	きちひみ
	ずでじぬんま	ずでじぬんま	ずでじぬ
連用	きしちひみり		
	てりけるし	てりけるし	てりけるし
	てきぬるつ	てきぬるつ	てきつ
截断	くすつふむる	いるきるにるひるみるゐる	くつふむ
	めらんきでとも	めらんきでとも	めらんき
連体			るるるるる
	かなぞまをよ	かなぞまをよ	かなぞまを
已然	けせてへめれ	いれきれにれひれみれゐれ	きれちれひれみれ
	ぞどば	ぞどば	ぞど

此處四段の活と一段の活とハ切るゝと續くとを兼て一ッなるを中二段の活下二段の活はすべて二ッあり

老	舊	率	得	受	痩	捨	兼	辨	誉	消	枯	飢
い	り	ね	え	け	せ	て	ね	へ	め	え	れ	ゑ

（上段）……の活　（下二段の活）

ずぬじでむぞ　まんし
してけんにて　しる
ときぬるきて　ときぬる

る	る	る	る	る	る	る	る	る	る	る	る	る

めんきべしとうも　とも

るる	るる	るる	るる	るる	るる	るる	るる	るる	るる	るる	るる	るる

ならをもなを　よを

れ	れ	れ	れ	れ	れ	れ	れ	れ	れ	れ	れ	れ

どもど　どもど

受るてにをは

切るゝてには

受るてにをは

続くてには

受るてにをは

いふてには

受るてにをは

此處一段の活中二段の活下二段の活ハ八ッなり又四段の活ハ八二ッより

世にもフシギな「書き方」があったものだ。
書くほうも書くほうだけど、
見つけたほうも見つけたほう。
おかげで「角筆」という、
存在していたのに気づかれていなかった
文章の世界が明るみに出たのだった。

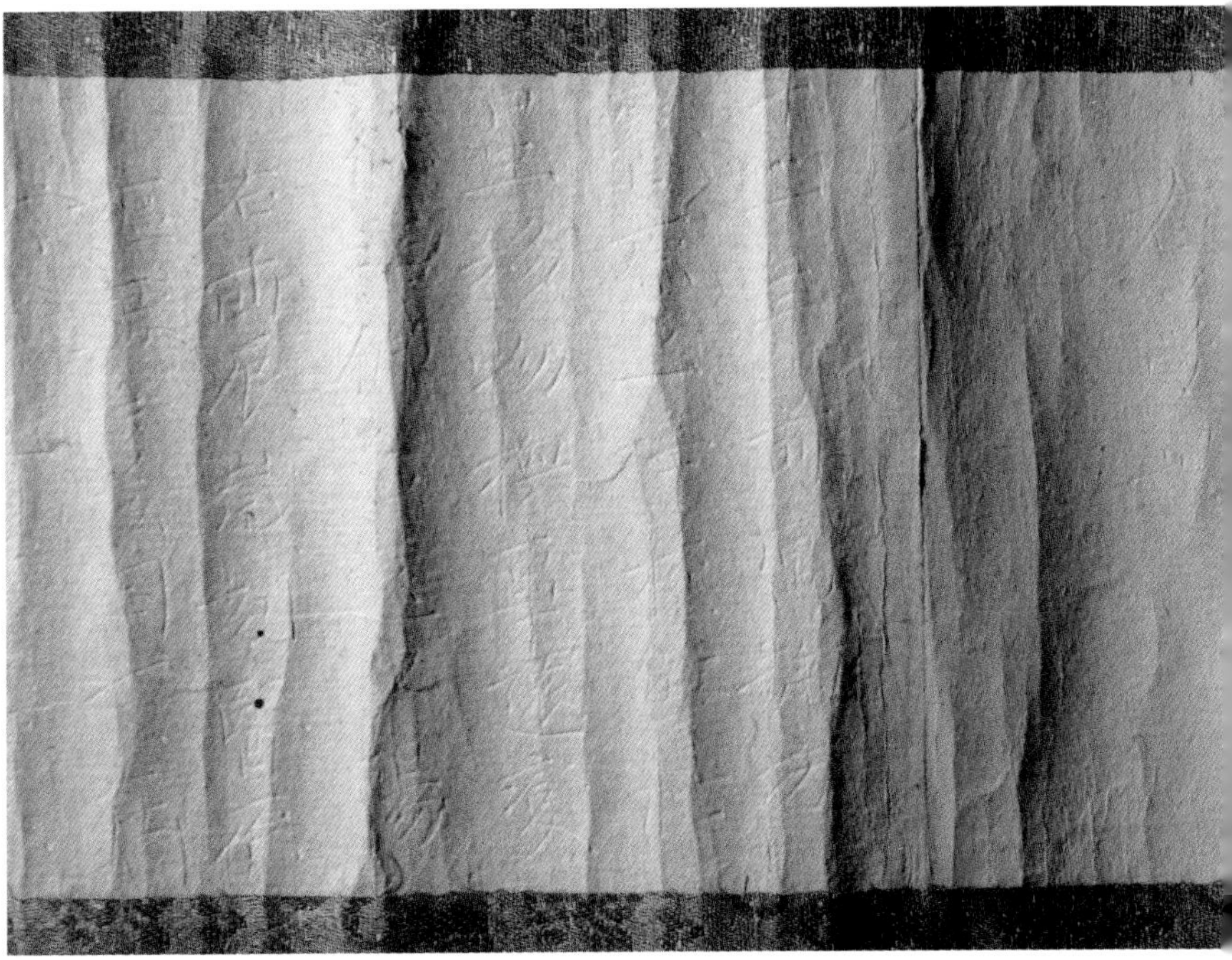

しかし、長英のこの書き方、
紙さえあれば、ペンさえなくとも
ものを書けてしまうのだ。
いや、これをも「書く」と呼ぶのか
は別にしても……
何遍見てもスゴイものだ。

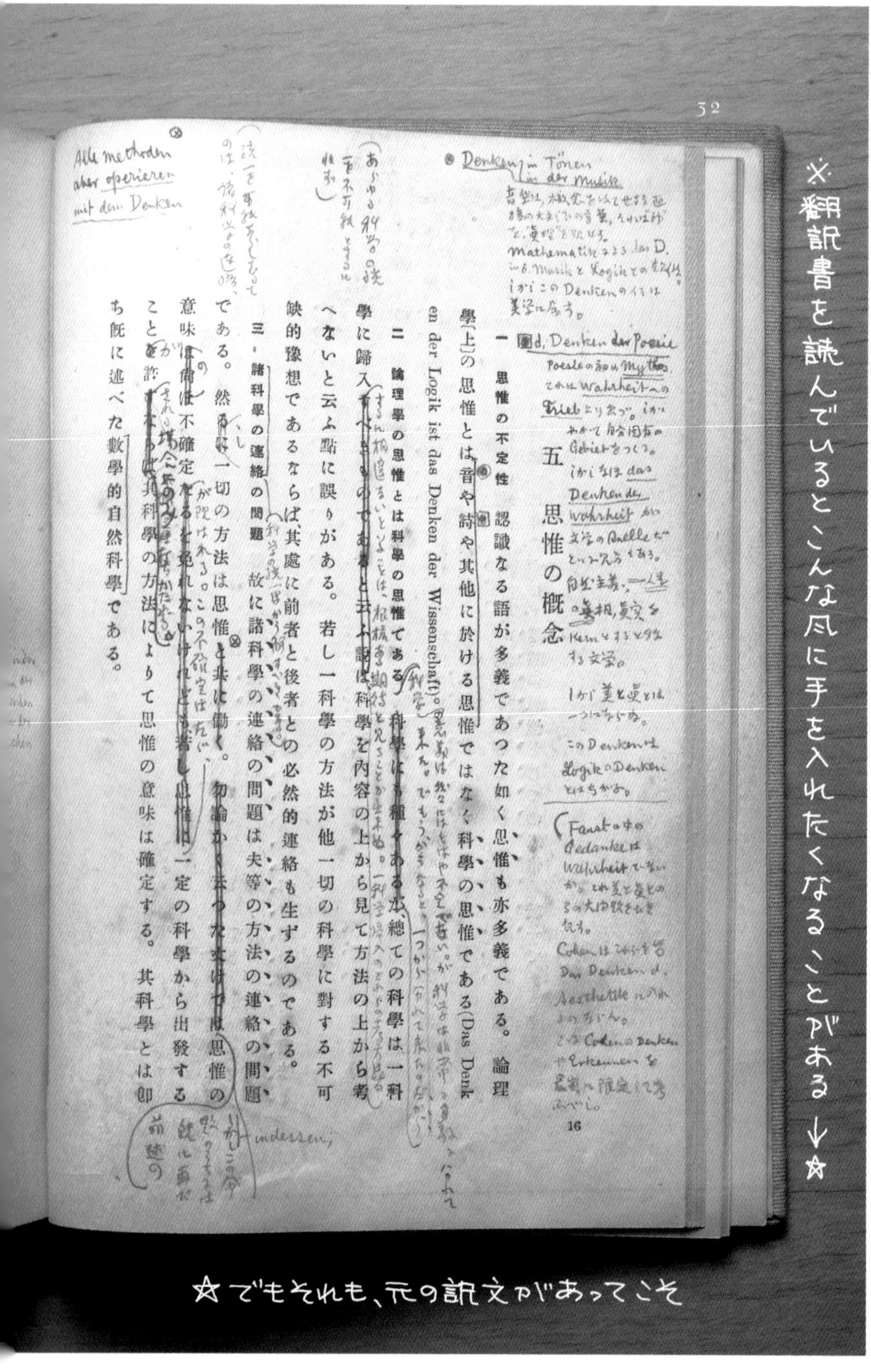
五　思惟の概念
一　思惟の不定性　認識なる語が多義であつた如く思惟も亦多義である。論理學[上]の思惟とは音や詩や其他に於ける思惟ではなく科學の思惟である(Das Denken der Logik ist das Denken der Wissenschaft)。
二　論理學の思惟とは科學の思惟である　科學は種々あるが、總ての科學は一科學に歸入すべきものであると云ふ說は科學を内容の上から見て方法の上から考へないと云ふ點に誤りがある。若し一科學の方法が他一切の科學に對する不可缺的豫想であるならば、其處に前者と後者との必然的連絡も生ずるのである。
三　諸科學の連絡の問題　故に諸科學の連絡の問題は夫等の方法の連絡の問題である。然るに一切の方法は思惟と共に働く。勿論かく云ふただけでは思惟の意味は尙ほ不確定たるを免れないけれども若し思惟は一定の科學から出發することを許すならば其科學の方法によりて思惟の意味は確定する。其科學とは卽ち既に述べた數學的自然科學である。
16

※翻訳書を読んでいるとこんな風に手を入れたくなることがある↓☆

☆でもそれも、元の訳文があってこそ

マルジナリアでつかまえて

書かずば読めぬの巻

山本貴光

はじめに――余白に咲く花の名は

マルジナリア――どこかで聴いたことのあるような、ないような。懐かしいような、そうでもないような。マルジナリアってなんだろう。そこでつかまえてっていうくらいだから、どこかの土地の名前かな。いや、花の名前じゃなかったかな。その花が一面に咲いている野原とか。たしかそんな名前の王国がなかったっけ……。

もしそう思ったとしても不思議はありません。日常でよく目や耳にする言葉というわけでもないだけに。

マルジナリアとは、土地でこそないものの、ある場所に関わりがあります。それはどこかといえば、ページの上。いまご覧のこの本もそうですが、天地左右に余白がありますね。余白のことを英語で「マージン」といいます。ほら、だんだんと見えてきましたか。その余白《マージン》は、ときとしてノートのように使われることもあります。そう、マルジナリアとは、そんなふうにして本の余白に書き込まれたものを指すのでした。

そのつもりで探してみると、あちこちでいろいろなマルジナリアが見つかります。どれも、いつかどこかで誰かがある本に書き込みをしたものです。これはなんだかちょっと面白いことのように思うのです。

普通、読書の痕跡はほとんど残りません。誰かがかたとき本を開いて読む。読むあいだ、知らなかったことを教えられたり、なにかを連想したり、考えが浮かんだり、泣いたり笑ったりドキドキしたりと、その人の心や体になにかが起きて気持ちや記憶も変化します。他方で本のほうはといえば、せいぜい指紋がついたりページがよれたりするくらいのもの。読書とはそういうことであり、もちろんそれでよいわけです。

でももし、その人が読みながら思い浮かんだことを余白に書いたらどうなるか。その書き込みは、本があり続ける限りその本とともに残ります。そして後に、それを当人が見直すこともあれば、誰かの目に触れてものを考えさせたりもすることにもなります。例えば一七世紀の数学者、フェルマーが古い数学書の余白に書いた思わせぶりな言葉は、二〇世紀末に解決されるまで、じつに三〇〇年以上にわたってどれだけの人が振り回されたか、というたいそう人騒がせなものでした（詳しくは本編でお話しします）。

仮に、本がつくられた状態を第一形態とすれば、マルジナリアを施された状態は第二形態とでも言いましょうか。第一形態の本は、たくさん印刷された同じものでもあります。第二形態の本は、二冊と同じものはなく、大袈裟でもなんでもなしに、世界でただ一冊の本でもあるのです。この第二形態の本、つまりマルジナリアを施された本は、第一形態の本とはまた違う出来事を引き起こすわけでした。

本書は、そんなマルジナリアの面白さをご一緒に眺めてみようという趣向で書かれたものです。マルジナリアでなにがつかまるのかは、見ての読んでのお楽しみ。それではさっそく参りましょう。

わが「魔改造」

1. 人類を二つに分けると……

例えば、人類を大きく二つに分けてみることができる。本を読む者と読まない者に。読む者をさらに二つに分けられる。本に書き込みをする者と書き込みをしない者に。あらぬ誤解を避けるために申せば、どちらが偉くてどちらが偉くないという話ではない。かく申す私は書き込みをする者だ。といっても最初からそうだったわけではない。かつて（高校生ぐらいまで）は本をなるべくきれいなままにしたいと願う者であり、書き込みはおろかページを折るのもとんでもない、付箋だってどうかすれば糊が残るといって嫌い、表紙に指紋がつくのも嫌がっていたくらいの者である。さすがに江戸の儒者のように書物をみだりにまたいではならぬとまでは思っていなかったけれど。思えば書物保存至上主義者であった。

その後、本とつきあうなかで、いろいろな試行錯誤の果てに本に書き込みをする者になってかれこれ三〇年近くが経つ。

2．ペンを持たぬと本が読めぬ

さて、本に書き込みをする読者にも、詳しく見ればいくつかの段階がある。いま仮に、これを軽度から重度を両端とするモノサシで測るとしよう。

例えば重度になると、本を読む際、手にペンを持たないとうまく読めない。なにを言っているのか分からないかもしれない。

こんな場面を想像していただきたい。鞄に本を入れてでかける。電車で本を取り出す。ポケットに手を入れると、ない。ペンがない。一応本を読もうとする。するとどうなるか。手はページを繰り、目は文章を追う。大丈夫、読める、読めるぞ、と自分に言い聞かせる。だが、だんだんそわそわしてくる。「線を引きたい」「メモしたい」という欲求が次々と湧いてくるのにどうにもならないからだ。

むむう。ならばせめて後で思い出せるようにとページの端を折り、せっせと犬の耳（dog

ears）をこしらえる。重要度に応じて小型犬から大型犬まで区別したりして。だがいくらも進まないうちに本は犬だらけとなり、もはや区別がつかない。ワンワンワン！

　ページを眺めて目から文字が入り、頭に浮かんだことが記憶から消え去らないうちに当のページに手で書き込む。体に文字を入れて、体から文字を出す。このループが完成しないもどかしさ。気もそぞろとなり、やがて「ああ、やはり読めない……」と天を仰ぐ。それもこれも、あの小さな道具がないためである。

　電車を降りて文具店を探す。ペンコーナーに赴き、当座のしのぎ用にとPILOTのHI-TEC-C 0.25mmレッドを探す。これは人によって好みの分かれるところだろう。私の場合、もともと先の細いペンが好きなこともあるけれど、本の余白や行間に書き込みをする上でも、ペン先は細ければ細いほど便利である。

　ペンを手に入れたら、犬たちを一匹ずつ順番に見てゆく。大半は、なぜこのページを折ったのかすでに分からない。うっすら「この文に感心してなにかを連想したのかもしれない……」と、数十分前に頭のなかで何事かが生じた印象だけがある。昔、人間の意識とは川の流れのようなものだ、とうまいことを言った人があった。流れからとどめておきたいものを掬いだしたかったのだけれど、悲しいかな思い浮かんだなにかをそのまま覚えてお

網羅への意志はプログラマに似ている

F：印象・観念 ＝認識

f：情緒 ＝感性

（あるアプリ、1つのアプリをとらえるのではなく、文字作品全体（SPIを重視したもの）を形成しているプログラムを、作品ぐい人間側からリヴァースエンジニアリングしている！足りないところはアップデートすべし。（感性）

（お客さん担当ではダメ。）

FOCUS ← その他のものの中である部分

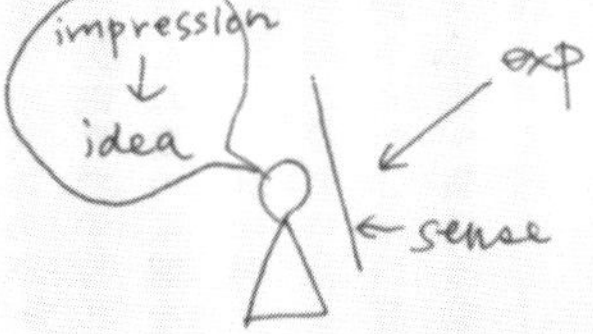

そもそも知力といい感情といい、どこまで妥当な分析なのか！

文学の材料 ＝ F + f

・論理式

・F, f は可変

F によって f

$$\beta \begin{cases} F(\alpha) \\ f \end{cases}$$

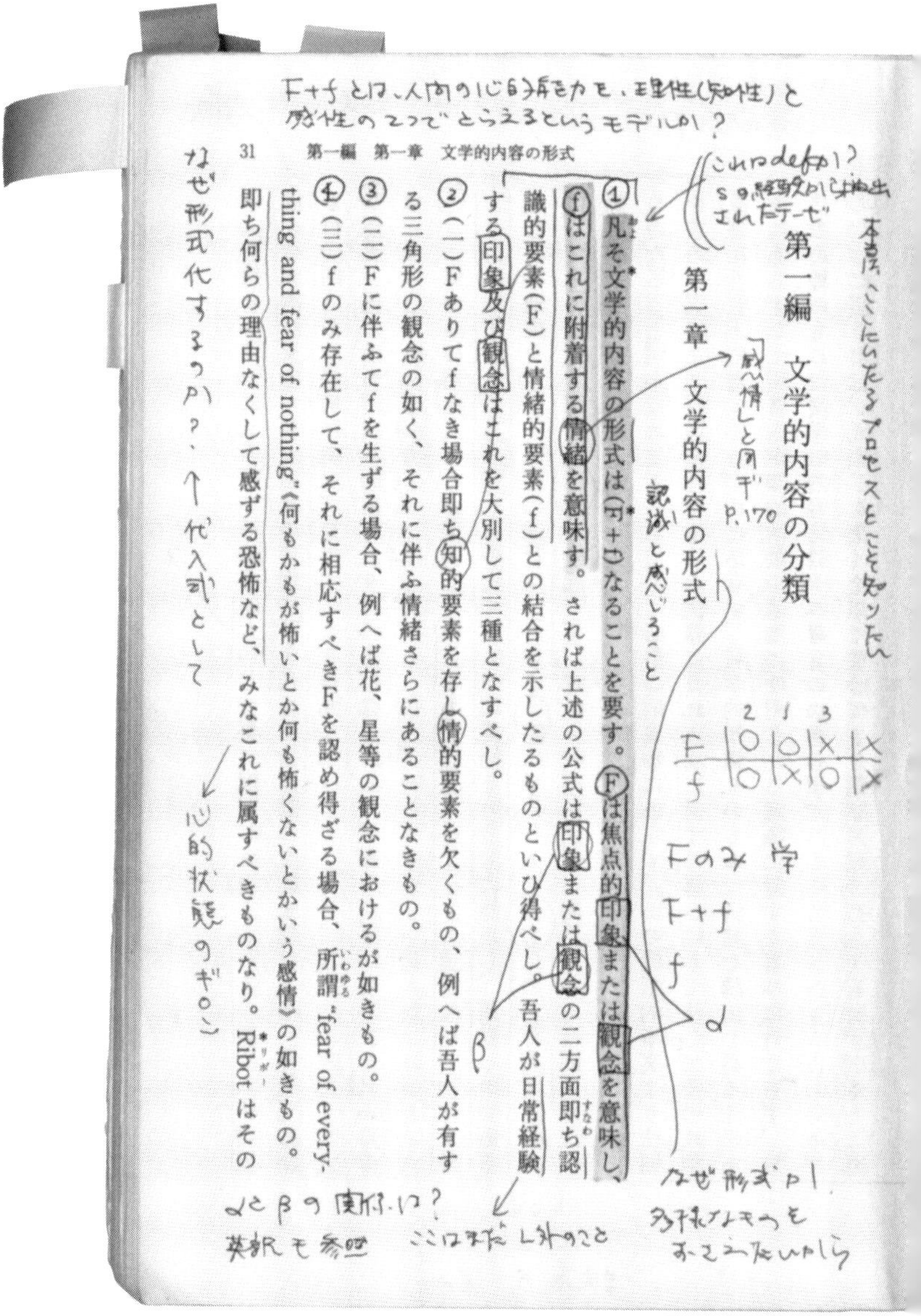

31　第一編　第一章　文学的内容の形式

第一編　文学的内容の分類

第一章　文学的内容の形式

凡そ文学的内容の形式は(F＋f)なることを要す。Fは焦点的印象または観念を意味し、fはこれに附着する情緒を意味す。されば上述の公式は印象または観念の二方面即《すなわ》ち認識的要素(F)と情緒的要素(f)との結合を示したるものといひ得べし。吾人が日常経験する印象及び観念はこれを大別して三種となすべし。

(一)Fありてfなき場合即ち知的要素を存し情的要素を欠くもの、例へば吾人が有する三角形の観念の如く、それに伴ふ情緒さらにあることなきもの。

(二)Fに伴ふてfを生ずる場合、例へば花、星等の観念における如きもの。

(三)fのみ存在して、それに相応すべきFを認め得ざる場合、所謂《いわゆる》"fear of everything and fear of nothing"《何もかもが怖いとか何も怖くないとかいう感情》の如きもの。即ち何らの理由なくして感ずる恐怖など、みなこれに属すべきものなり。Ribot《リボー》はその

筆者の『文学論』（夏目漱石／岩波文庫）書き込み。上巻p30-31

くことができない。

まあまあ、すぐ忘れてしまうようなことは、どうせたいしたものじゃなかったんだし、いいじゃないの。というご意見には半分だけ同意したい。たしかに、書き込みの大半は、後で読んでもなんの役に立つのか分からない。他方でこういうことがある。書き込んだことさえ忘れてしまった後で、そのメモが思わず大いに役立つということが。

3. 本に何を書いているのか（私の場合）

ここでよせばいいのに恥を忍んでお目にかけているのは私の本のページ。夏目漱石『文学論』（岩波文庫、二〇〇七年。口絵17〜23頁も）である。明治の頃、日本にとっては未知の概念だった「リテラチャー」について、漱石はロンドンに留学して研究にとりくんだ。彼は七転八倒しながらつかみ取ったことを、帰国後に帝国大学で講義している。それを本にしたのがこの『文学論』である（原本は大倉書店、明治四〇年）。滅法面白い代わりにすいすい読むというわけにはいかない代物だ。

この本を、なんのためというのでもなく、いわば楽しみのために読んでいた。分からない言葉があれば調べてメモし、混乱しそうなところでは整理を試み、本当に分からない箇所には疑問を記す。巻末には勝手に索引もこしらえるし、目次も拡張する。模型方面の言葉でいえば「魔改造」である。

これらの書き込みは、一読でこうなったのではない。何度も繰り返し読みながら、そのつど手を入れた結果である。モノクロなので区別がつかないかもしれないが、赤ペン、青ペン、灰色のマーカーが使われている。一番多い赤ペンでの書き込みも、おそらく五回か六回に分けてなされたはずだが、いまとなってはどの順で書かれたか分からない。

後にひょんなことから『文学論』について本を書く次第となった（『文学問題（F＋f）＋』二〇一七年に幻戯書房から刊行）。

どれもう一度目を通そうかと本を手にとる。余白にはかつての自分が書き込んだメモがある。中には「オニヘイ」とか「円城塔さん」とか意味不明のダイイングメッセージのような書き込みも少なくないけれど、言葉の意味や要約、疑問点、ここで参照すべき文献のメモなどはまことに重宝する。

例えば上巻の扉のページに「F＋f　programの構造体」というナゾのメモがある。「F＋f」というのは、この本で最も重要な主張で、漱石自身の言葉。文学作品はすべて、人が認識したこと（F）とそれに伴って生じる情緒（f）からできているという仮説だ。他方の「構造体」とは、プログラム言語の文法のひとつ。なんだこれは。

そう思って別のページを見ると「網羅への意志はプログラマに似る」（上巻三〇ページ）、また別のページには「このモウラヘキ」（上巻一九一ページ）、「この網羅ぶりを見よ！」（下巻二二五ページ）という具合に、どうやらかつての私は漱石先生の網羅ぶりにいたく感激している様子が窺える。

ああ、そうか。君はこう言いたいんだな。漱石先生は古今東西の文学と呼ばれるものを一網打尽にしたかった。そのためには漏れがあってはならない。プログラムをつくる場合も同じだ。例えば自動券売機のプログラムなら、お客さんがどういう順でお金を入れ、ボタンを押すかを漏れなく想定しておく必要がある。想定外の操作で反応しなくなったのでは使い物にならないからだ。

なるほど、かつての私は、漱石が文学というものを成り立たせているプログラムを探りだそうとした人だと考えたらしい。面白いじゃないの……——という具合に、過去の自分に教えられることも数知れず。そう、書き込みとは、その時々に生じた思考の痕跡であり、それを読むことはかつての自分との対話、ゲーム風にいえば協力プレイなんである。そして、そんな手助けをしてくれる本は、世界中を探しても余白を駆使したこの一冊しかない(余談だが、私は一度この本を道に落として失いかけたことがあった)。

4. マルジナリアでつかまえて

ところでその余白への書き込みを英語では「マルジナリア(marginalia)」という。一九世紀前半頃につくられた比較的新しい言葉のようだ。これまでいろいろな人たちが、蔵書の余白に書き込みをしたマルジナリアが残っている。そこにはそれぞれの人がどのように本を使ったのかという息づかい、本との接触の痕跡が残っている。それを眺め味わってみることで、ひょっとしたらそれまで必ずしも見えていなかった、その人のある面が見えてくるかもしれない。そんな気持ちを込めて「マルジナリアでつかまえて」と題してみた。

というわけで、これから具体的に見てゆこう。まずは『文学論』の著者である漱石から。彼もまた本に書き込みをしなければ読めない族の一員だった。さてどうなりますか、しばしおつきあいいただければこれ幸い。

読書とはツッコム事と見付たり

1. 我がマルジナリアの師

人はどうやって本への書き込みを覚えるものか。というかその前にみんなはどうやって本を読んでいるわけ？ というので古今の読書論を集め読んだことがあった。そんな折りのことだ。かのマルジナリア狂人に出会ったのは。

その人の名を夏目漱石という。彼もまた、ペンを持たねば本を読めぬ眷族の一人であった。それが証拠に諸君はご存じだろうか。『漱石全集』全巻中、最もエキサイティングな巻を。悪いことは言わない。もしまだお持ちでなかったら、旧全集第二十七巻「別冊下」（一九九七、岩波書店）を買い求めたまえ（いまなら古本がコーヒー一杯分くらいで手に入る）。

この巻には、いろいろ楽しいものが入っているのだが、いま注目したいのは次の二点。

一つは漱石の蔵書二千冊弱の書誌を掲載した「漱石山房蔵書目録」。内訳は一四〇〇冊が洋書で、約四五〇冊が和書。蔵書は人なり。文学を中心に歴史、哲学、科学、芸術、言語、その他と漱石の関心の広がりが感じられる。ロンドン留学時にも買い集めていたとはいえ、今と違って海外から本を輸入するのも一苦労という時代に、よくもこれだけ集めたものである。『本の雑誌』巻頭の「本棚が見たい!」コーナーを楽しみにしている向きなら、棚の写真こそないものの、このリストだけでご飯三杯は行けるはず。

もう一つは、それらの「蔵書に書き込まれた短評・雑感」だ。この第二十七巻は都合八四〇ページ近い大冊で、その半分を漱石による書き込みが占めている。そしてそう、この巻なんである。私がかつてマルジナリアの秘技を教えられたのは。

2. 何ノ事ダカ分ラヌ

論より証拠、漱石が本の余白になにを書いているのか、具体的に見てみよう。私が見るところ、漱石のマルジナリアは大きく①疑問、②賛否、③思考の三つに分類できる。今回ははじめの二つを見てみよう。まずは疑問から。

疑問――?／why?／how?／What do you mean?／What is ～?／何ノ事ダカ分ラヌ

漱石は著者の主張が腑に落ちない場合、こんなふうに書いている。さらには「君ノ云フidealトハ頗ル曖昧デアルモットシッカリ書テ貰ヒタイ」と注文をつけることも。分からぬものは分からぬ。いまの自分には分からない点や著者の議論に疑問があれば、遠慮なく表明すればよい。漱石のこうしたマルジナリアに触れて「なあんだ、それでいいのか（はやく言ってよ！）」と気持ちがおおいに楽になったものだった。

3．読書と云ハツッコム事と見付たり

つぎに一歩進んで賛成反対や評価を加える書き込み。例えばこんなふう。

賛成――Yes!／然リ／然リ然リ／賛成／御尤ナリ／然リ余モ同意見ナリ／余モ同説／僕ハ常ニ斯ク考ヘテ居マシタ大賛成／此思想面白シ／natural!／Natural, I would do the

same.／愉快々々／論得痛快《ろんじえてつうかい》
反対―No!／not absolutely!／変なり／馬鹿ヲ云ヘ／コンナコトハ毫モ証明ニナラヌ／コンナコトハナイ／コンナlogicガ何処カラクル／ナンダコンナ愚論ハ／ソンナ者ヂヤナイヨ／前ト衝突シテ居ルヨ／ソンナコトハ駄目サ／ツマラヌ／此節ノ論アヤシ／コンナ長イ独言ヲ言フ者ガアル者カ
その他―ソーデスカ／ソレダカラ？／成程／左様カ

賛否なら「然り」とか「否」と書けば済みそうなところ、相手に応じて多様な書きぶりなのが面白い。そう、読書とはツッコミなのだ。マルジナリア初心者のみなさんには、先ほどの「?」と「Yes!」「No!」あたりから始めるのを勧めたい。たとえるなら、ライヴで行われるコール&レスポンス（「愛しあってるかーい？」「イエーーーー!」）にも似て、読書中のテンションも上がるわけである。テンションと言えば、漱石がブロンテ『ジェイン・エア』の登場人物に向けたマルジナリアに最高の例がある。

Bad, bad, bad, bad man!

これはブロックルハースト牧師の言動を評した言葉。興奮するのも無理はない。彼はジェインが入れられた寄宿学校の経営者で、子どもたちにも情け容赦なく自分の正義（という名の偏見）を押しつける。ここではジェインのミスを咎めて、彼女を「神から見捨てられた子」「侵入者」「よそ者」と決めつけ、生徒たちにジェインと付き合わぬように言う。どう考えてもバッド、バッド、バッド、バッド・マンである。

4. なぜ書き込むのか

なぜ書き込むのか。比較的分かりやすいのは反対の書き込み。文章に対して「んなことぁない」とまさにツッコミを入れるわけだ。このマルジナリアには「この箇所注意」とか「要検討」といった意味もある。

他方、賛成の書き込みはどうか。ここで恐らくあなたのマルジナリアンとしての資質が問われる。まず単純に言って、この広い宇宙で自分と同意見の人に遭遇できたらうれしさがある。では、文字にするのはなぜか。書こう、感電するほどの喜びを！ということもあ

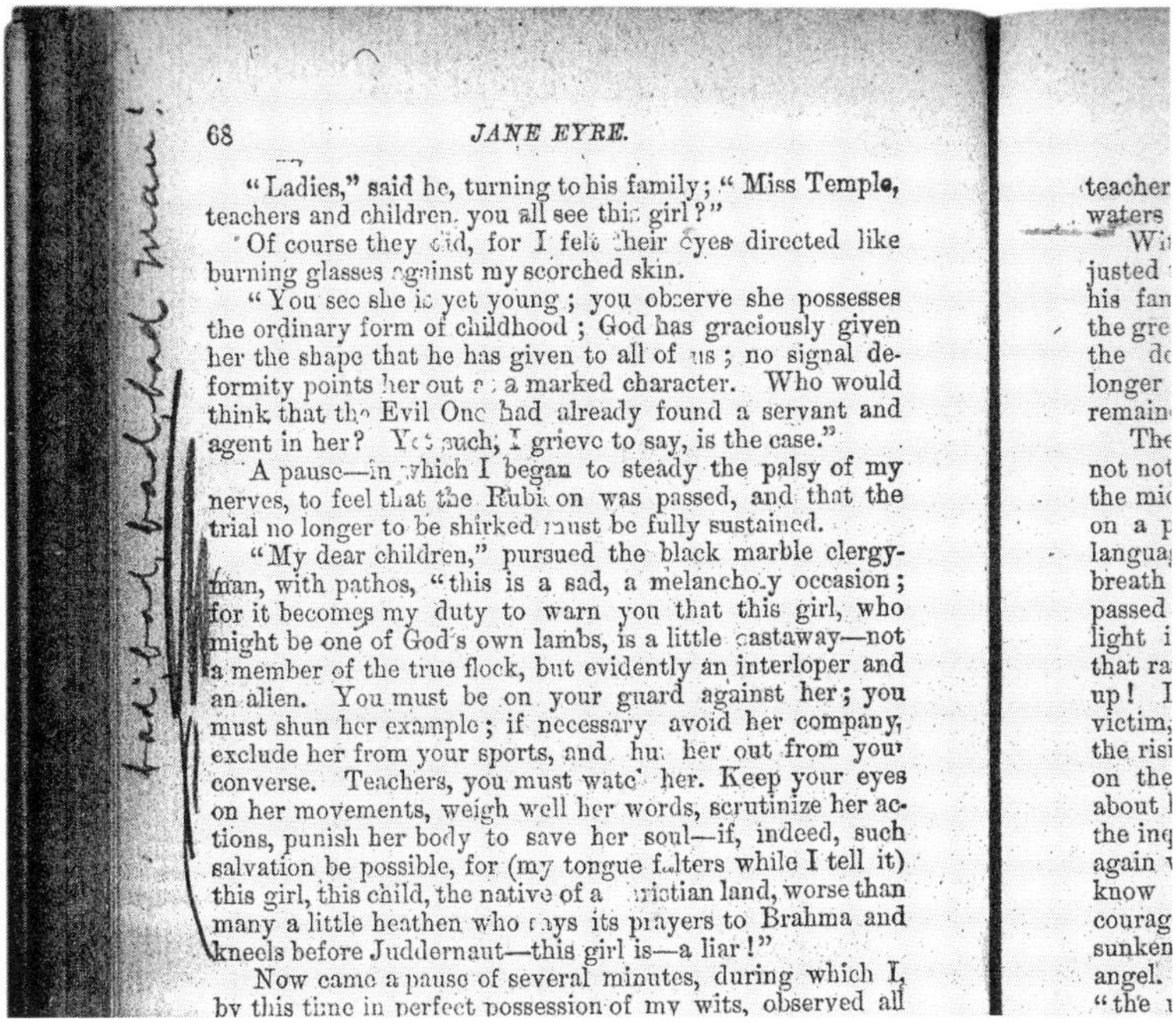

68　　JANE EYRE.

"Ladies," said he, turning to his family; "Miss Temple, teachers and children, you all see this girl?"

Of course they did, for I felt their eyes directed like burning glasses against my scorched skin.

"You see she is yet young; you observe she possesses the ordinary form of childhood; God has graciously given her the shape that he has given to all of us; no signal deformity points her out as a marked character. Who would think that the Evil One had already found a servant and agent in her? Yet such, I grieve to say, is the case."

A pause—in which I began to steady the palsy of my nerves, to feel that the Rubicon was passed, and that the trial no longer to be shirked must be fully sustained.

"My dear children," pursued the black marble clergyman, with pathos, "this is a sad, a melancholy occasion; for it becomes my duty to warn you that this girl, who might be one of God's own lambs, is a little castaway—not a member of the true flock, but evidently an interloper and an alien. You must be on your guard against her; you must shun her example; if necessary avoid her company, exclude her from your sports, and shut her out from your converse. Teachers, you must watch her. Keep your eyes on her movements, weigh well her words, scrutinize her actions, punish her body to save her soul—if, indeed, such salvation be possible, for (my tongue falters while I tell it) this girl, this child, the native of a Christian land, worse than many a little heathen who says its prayers to Brahma and kneels before Juddernaut—this girl is—a liar!"

Now came a pause of several minutes, during which I, by this time in perfect possession of my wits, observed all

漱石蔵書 Charlotte Brontë, Jane Eyre, p.68
東北大学附属図書館　夏目漱石ライブラリ 漱石文庫所蔵

る。だがそれだけではない。ここで記憶の話をしなければならない。

5. 記憶をハッキングする

例えば「バナナ」という語を目にする。その三文字を目にした途端、体のどこかに眠っていた記憶が甦る。しかも勝手に！

ソレガナニカ？と、それこそ漱石先生のごとくツッコミたくなるかもしれない。だが考えてみれば、私たちは自分の記憶だからといって、それほど自在に操れない生きものだ。言葉はそこに働きかける。

ある文章を読む。そんなことでもなければ思い出すことさえなかった考えが浮かぶ。「おお、そうだ。私もそう考えていたよ！」と余白に書くのは、私の体内にありながらどこかにしまい込まれていた自分の記憶と再会したことの記念、私の意識が或る状態をとったことの記録でもあるのだ。

お分かりいただけるだろうか。普段何気なくやっている読書も、その実結構おっかない行為であることが。誤解を恐れずに申し上げよう。本を読むたび、私たちは記憶を攪乱され、組み替えられているのである。この文章をお読みのあなたもすでに、漱石がマルジナリア狂人であったという知識を記憶に注入されてしまっている（ふっふっふ、もう手遅れですぜ）。

文章とは、書く側からいうと、読者の脳と記憶に探りを入れて、そこにあるものを意識にのぼらせてしまう一種のハッキングの技法みたいなものだ。これを読む側から見れば、誰かが書いた言葉の組み合わせを目から脳に文字通り体に入れて、なにが生じてしまうかを自分の体で実験しているようなものである。なにそれコワイ！コワイが楽しい!!

念のためにいえば、そのつどの読書は一度しか生じない。同じ川に二度入れないのと同様である。マルジナリアとは、そうした出来事の観察記録でもあるのだ。

では、漱石のマルジナリアにもう一歩近づいてみよう。実は本とは高度にインタラクティヴな装置である次第が見えてくる。

攻めの読書は創作のエンジン

1．狂人式図書館の本に書き込む方法

つい、勢い余って漱石を「マルジナリア狂人」などと呼んでしまった。他人様を狂人呼ばわりするからには、それ相応の理由が必要である。その話からしよう。

漱石ご本人がウィンチェスター『文芸批評論』邦訳書に寄せた序文でこんな思い出話を書いている。「丁度出版当時の事と記憶するが、大学の図書館に入つて、貪るやうな勢で、頁から頁、章から章へと眼を移して行つた私は、大変な愉快を感じた。私はそれが大学の書物である事を忘れて無暗《むやみ》にペンで棒を引いた。」えー！と衝撃を受けつつ先を読むとこう続く。「あとで自分が新らしいのを買つて、さうして取り換へれば構はないといふ気も交つてゐた」（『漱石全集』第十六巻、六一七ページ）

ほらね。この業の深さをご覧あれ。マルジナリア狂人の二つ名を進呈した所以である。

（よい子は真似しちゃダメよ）

2．比べればもっとよくわかる

さて、その漱石の蔵書から、彼が本をどのように使っていたかを眺めてみようというところ。先ほどは書き込みを大きく三つ、①疑問、②賛否、③思考に分けて、①②を観察したのだった。ここでは③を見てみよう。

「思考」とは、本を読んでなにかを思い出したり、思いついたりすること。文章を読むとき、目から文字列を入れ、脳内でなにかが生じ、そうでもしなかったら思いつかなかったかもしれない事物が心に浮かぶ。

この③を便宜上、さらに二つに分けてみよう。A連想、B発想とする。例えばAの連想についてはこんな書き込みがある。

「スターンを思ひ出す事あり。Man of Feelingを思ひ出す事あり。調子ガ似タレバナリ／スキフトを思ひ出す事あり。fairyノ叙述ある為なり。しかも調子が異なればなり／スチーヴンソンを思ひ出す事あり。adventureがロマンチックなればなり。けれどもボナールのadventureニハトボケた分子多を占むる故ニ異なれり。」

これはアナトール・フランスの小説『シルヴェストル・ボナールの罪』（一八八一）の英訳版への書き込み。文字通り連想が書かれている。ここに名の挙がったスターン、スウィフト、スティーヴンソンの3Sは、いずれも漱石好みの作家たち。面白いことに、漱石はこの三者を連想しながら、それぞれがフランスと違う点に注意を向けている。もし『ボナール』がこれら三者と同じだけだったら比べるまでもない。違いがあるからこそ、そこにフランスならではの味わいが浮かび上がるわけである。

読んだものから別のなにかを思い出して比べてみる。比較すれば特徴が明確になったりもする。例えば、三種類の日本酒を交互に飲み比べてみると味の違いがいっそうはっきり感じられるように。

3. 歯車が動き出すように

次にBの発想について。いよいよここが本丸ですよ。

ものを読む。なにかを連想する。考えが浮かぶ。著者が書いた文章に触れて自分の考えが動く。ちょうど二つの歯車が連動して動き出すように。漱石のマルジナリアには、そういうタイプのものが少なくない。

ニーチェの『ツァラトゥストラかく語りき』英訳版（一八九九）への書き込みはその好例。この本は、漱石をかなり刺激したようで、蔵書のなかでもマルジナリア最多量を誇る。見てみると例によって本に問いかけたり、賛否を示したりするなかで、さらに一歩踏み込んだコメントも見られる。例えばこんな具合（原文は英語）。

「孤独は罪ではなく罰だ。考えてもみよ。なぜ我々は社会をつくるのか。それはただ、この罰を避けるためである。」

ぎゅっと詰まった一文だ。これはツァラトゥストラが「「求める者は道に迷いやすい。

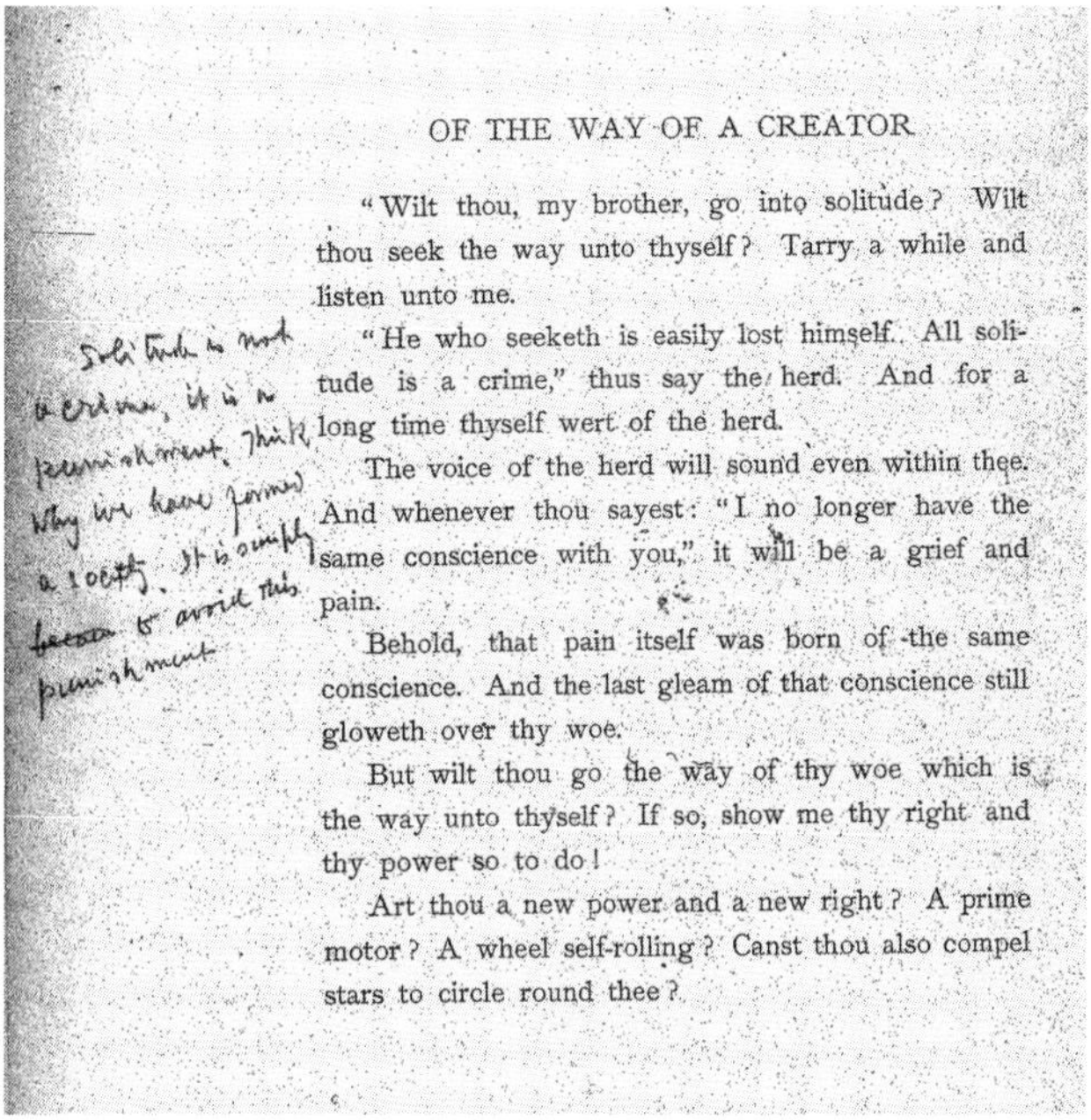

OF THE WAY OF A CREATOR

"Wilt thou, my brother, go into solitude? Wilt thou seek the way unto thyself? Tarry a while and listen unto me.

"He who seeketh is easily lost himself. All solitude is a crime," thus say the herd. And for a long time thyself wert of the herd.

The voice of the herd will sound even within thee. And whenever thou sayest: "I no longer have the same conscience with you," it will be a grief and pain.

Behold, that pain itself was born of the same conscience. And the last gleam of that conscience still gloweth over thy woe.

But wilt thou go the way of thy woe which is the way unto thyself? If so, show me thy right and thy power so to do!

Art thou a new power and a new right? A prime motor? A wheel self-rolling? Canst thou also compel stars to circle round thee?

Solitude is not a crime, it is a punishment. Think why we have formed a society. It is simply ~~because~~ to avoid this punishment

漱石蔵書 F.Nietzsche, Thus Spake Zarathustra. A Book for All and None, p.84
東北大学附属図書館　夏目漱石ライブラリ 漱石文庫所蔵

孤独は総じて罪である」、このように畜群は語る。そして、きみは長らく畜群に属していた」（吉沢伝三郎訳、ちくま学芸文庫、訳文を一部改変）と語るくだりへの書き込み。畜群とは、孤独を恐れて群れる人間たちを指している。

漱石はそうではない、孤独は罪ではなく罰なのだと言う。孤独は人が自ら選びとる罪なのか、他の人たちから与えられる罰なのか。おお、まるで違う見方だ。こんなふうにある意見に触れて、「いや、そうではない」と単なる否定を超えて別の考えが動きだす。その様子が窺えるマルジナリアだ。

4．マルジナリアは作品に出張する

ご覧のように漱石は、人が社会をつくるのは孤独という罰を避けたいからだとも書いている。ニーチェを読んだ漱石の書き込みを読んだ私は思わず「村八分」という言葉を連想した。『世界大百科事典』（平凡社）を覗くと「日本の村落社会において伝統的に行われてきた制裁の一種で，ムラの決定事項に違反した人物なり家との交際を絶ち，孤独な状態に追いやるもの」とある。まさに罰としての孤独だ。

漱石が村八分を念頭に置いていたかは不明だが、そういえば彼は作品や講演でも、しばしば社会と個人の関係を論じていた。曰く、このまま個人主義が行きすぎると、しまいには家族も芸術も成り立たなくなりますぜ。なぜって、お互い他人に我慢できなくなって一つ屋根の下で暮らせなくなるし、自分の作品は自分以外によいと思う人が一人もいなくなって誰にも読まれなくなるからさ。と、『吾輩は猫である』の結末近くで登場人物たちに議論させている。

その一人、哲学者の独仙はこうも言う。「とにかく人間に個性の自由を許せば許すほど御互の間が窮屈になるに相違ないよ。ニーチェが超人なんか担ぎ出すのも全くこの窮屈のやりどころがなくなって仕方なしにあんな哲学に変形したものだね。ちょっと見るとあれがあの男の理想のように見えるが、ありゃ理想じゃない、不平さ」と。

超人とは『ツァラトゥストラ』の最重要キーワード。群衆から離れて孤独のうちに人間の卑小さを克服しようとする者のこと。孤独という罰がイヤだから社会で集まってるのさ、という漱石にしてみれば、孤高の超人なんて恨み節のボヤキみたいなもんだということだろう。言ってみれば『猫』のこの箇所は『ツァラトゥストラ』へのマルジナリアが出張してきたものなのだ。

5. 受けの読書から攻めの読書へ

読書といえば文章を受けとるという受動的なイメージもある。でも漱石は飛んできたボールを打ち返すようにして、余白に言葉を書き込んだ。いわば本と対話するインタラクティヴ読書術だ。

そのポイントを凝縮した「余が一家の読書法」という談話がある。要点は二つ。①本は通読しなくてもよいのでなにか一つでも暗示をもらうつもりで読もう。創作や論文を書く手がかりになればめっけもの。②本を読むなら別の本と比べて関係や共通点を見つけよう。さすれば自分の狭い考えに閉じこもらずに済むし、ダイナミックな読書になる。まさに漱石のマルジナリア術だ。

本を読んで得た暗示をノートに書いてもいいし、電子機器に入力してもいい。ただ、いろいろ試した経験から申せば、本とメモは物理的に近いほうが便利だ。ノートやファイルは時に見失われ、本と行き別れてしまう。でも、本がある限りそんな心配はご無用だ。そう、マルジナリアならね。

マルジナリアは人生も変える

本を読んでいると、ときどき「ん?」となることがある。これといって意識したわけでもないのに、ある言葉や文が目に留まる。例えば「人間はすべからく好奇心を持つ」なんて文を目にして、思わずぴくっとしてしまったりするように。ワープロソフトのスペルチェッカーみたいなものが脳内で勝手に働くのだろうか(入れた覚えはないのだが……)。次に、そんな「ん?」から始まるマルジナリアを眺めてみよう。そして、そのマルジナリアが一人の男の人生を変えてしまった次第についても。

1. 原文を打ち消す!?

ここで取りあげるのは和辻哲郎(一八八九―一九六〇)の蔵書のページ(口絵32頁)。本はドイツの哲学者ヘルマン・コーエンの『純粋認識の論理学』(岩波書店、一九二一)。

藤岡蔵六訳述。同じ本が国立国会図書館のデジタルコレクションでも公開されている。藤岡は芥川龍之介の友人としても知られる哲学研究者だ。余談だが、和辻、藤岡、芥川はいずれも夏目漱石の謦咳に接した人たちでもあった。

さて、ご覧のようにかなりの書き込みがある。その痕跡から和辻が熟読した様子も窺える。マルジナリアは大きく三種類に分けられそうだ。①向かって右側にびっしり書かれたメモ。②本文への傍線。③打ち消し線とメモ。今回注目したいのは③である。元の文章が二重線で消されて、その脇に書き込みがある。なにも知らずに見たら、刊行前の本のゲラに訳者が朱筆を加えたものに見えるかもしれない。しかし和辻はどうして二重線を引いたのだろう？

具体的に見てみよう。四から六行目に注目してみると本文はこんな具合。

「科學にも種々あるが、總ての科學は一科學に歸入すべきものであると云ふ說は、科學を内容の上から見て方法の上から考へないと云ふ點に誤りがある。」

ここで「科学」と訳されているWissenschaftは「学問」と読んだほうが分かりやすい。学問にはいろいろな種類があるけれど、それをひとくくりにできると言う人もある。だがそうした見方は、内容だけで見比べていて、方法の面を考慮していないという誤りを犯している。こんな具合だろうか。

　これに対して和辻はどんな書き込みをしているか。まず冒頭の「科學にも種々あるが」を二重線で消している。そしてその右にこんなふうに書いている。

「科学の意義は我々にはもはや不定でない。が科学は非常に多数に分れて来た。でもう、からなると、一つから分れて来たのだから」

　元の訳文より長い。それからもう一つ、「すべきものであると云ふ説は」もやはり二重線で消されて、こう書き添えてある。

「するに相違ないといふことは、根拠ある期待と見ることが出来ぬ。一科学帰入のこれらの考方は皆」

　やはり元の文より言葉が多い。

2. 本は変身する

　これにはわけがある。実は藤岡による翻訳は抄訳なのだった。つまりコーエンがドイツ語で書いた文章を、藤岡が要約しながら訳したものだ。同書の冒頭でそのことを断ってあるし、「藤岡蔵六訳述」とクレジットしてあるのもそういう意味だった。

和辻はコーエンのドイツ語を読んで、藤岡が省略した部分を訳し直した。その気分を想像すれば、「おやおや、随分手短に訳しているな」とでもなろうか。藤岡訳を借りて補訂しているわけである。

ときどき手に入れた古本でも、ありがたいことに誤植や間違いを朱筆で正してあったり、分かりづらい点に注釈を入れたりしたものがある。これはソフトウェアで言えば、ミスを修正してヴァージョンアップする仕事にも似ている。

手に入れた本を完成品として受け取ってそのまま読むのもよし、こんなふうに自分でさらに手を入れていっそう完成度を高めてもよし、というわけだ。そのマルジナリアによって、何千何万冊も複製された本が、世界に一冊しか存在しないスペシャルヴァージョンに変身する。

3．前のめりの書き込み

面白いことに、和辻の書き込みは原文の復元に留まっていない。ちょっと前のめりのマ

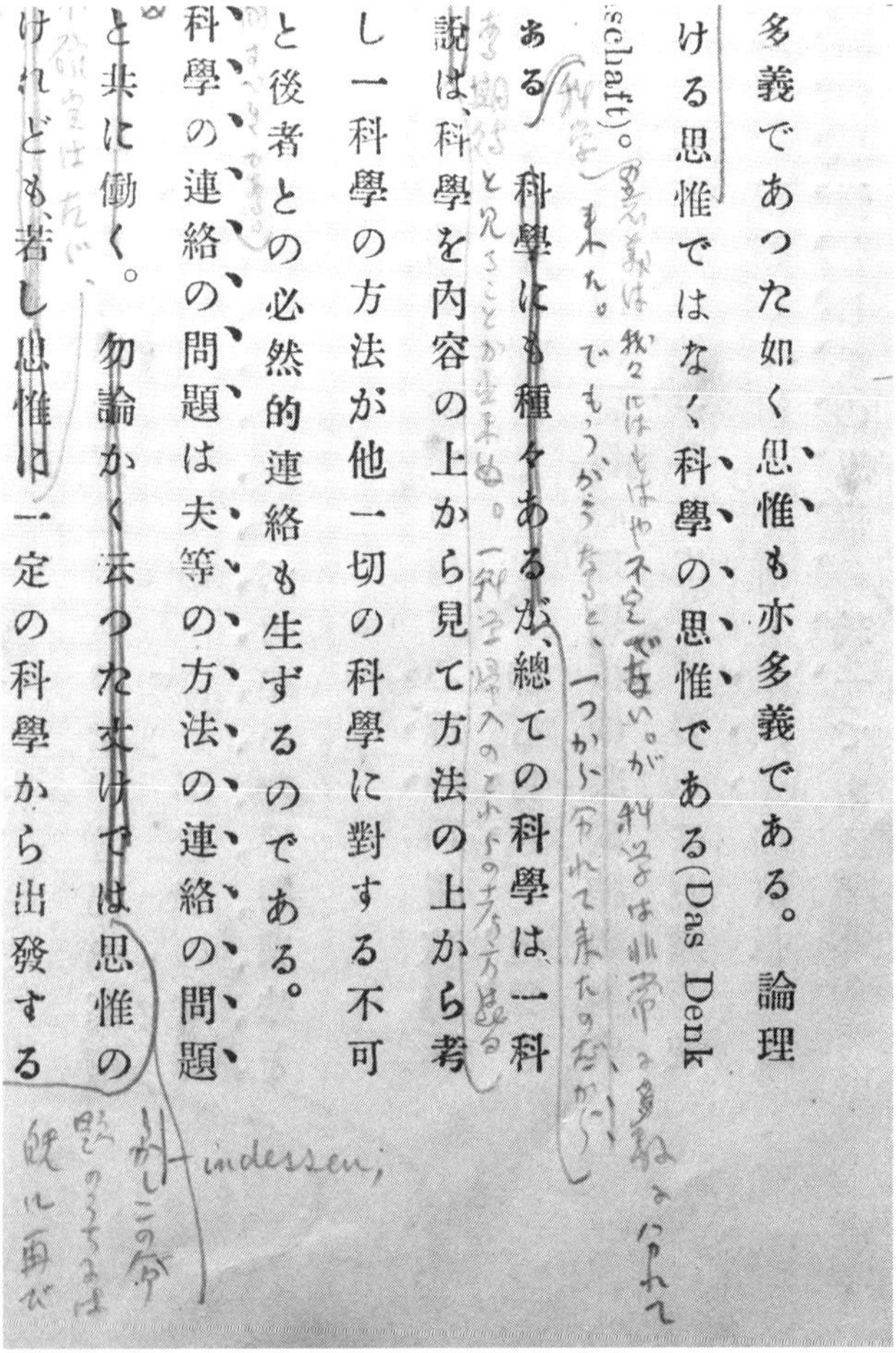
多義であつた如く思惟も亦多義である。論理
ける思惟ではなく科學の思惟である(Das Denk
schaft)。
ある。科學にも種々あるが、總ての科學は、一科
說は、科學を内容の上から見て方法の上から考
し一科學の方法が他一切の科學に對する不可
と後者との必然的連絡も生ずるのである。
科學の連絡の問題は夫等の方法の連絡の問題
と共に働く。勿論かく云つた丈けでは思惟の
けれども、若し思惟は一定の科學から出發する

和辻蔵書 藤岡蔵六訳述『コーエン　純粋認識の論理学』p.16（岩波書店、1921）
ページ全体は口絵P32を参照。法政大学図書館・和辻哲郎文庫所蔵

ルジナリアもある。例えば、先ほど見た箇所を改めて並べてみよう。

・藤岡訳：すべきものであると云ふ説は
・和辻訳：するに相違ないといふことは

この場合、どちらでも大差はない。別のページにはこんな書き込みもある。

・藤岡訳：當初以來〔当初以来〕
・和辻訳：最初から

こうなると翻訳がどうかというよりは、「俺好み」の言い回しという話であろう。気持ちは分かる。というのもどういうわけか、人にはそれぞれ言葉遣いにも好みというものがある。私もときに「ここは自分ならこう書くかな」といった書き込みをしながら本を読むことがある。他人の文章を鏡にして自分の好みに気づかされる。これは善し悪しというよりは、書き手と読み手の言葉遣いの習慣や好みの違いだ。

4. 人生を変えるマルジナリア

この和辻によるマルジナリアには後日談がある。関係者のあいだで「藤岡事件」と呼ばれる出来事だ。この件を詳しく調べて記した関口安義『悲運の哲学者――評伝 藤岡蔵六』(イー・ディー・アイ、二〇〇四)から要約してみよう。

一九二二年、岩波書店の雑誌『思想』七月号に「藤岡蔵六氏のコーエン訳述について」という書評が掲載される。著者は和辻哲郎。藤岡の翻訳に「誤訳」や「誤読」が含まれていると批判を展開した。加えて訳者の「学術的良心を疑ふ」とも述べ、改訂を要求している。控えめに言って最悪の評価だ。

ドイツ留学中だった藤岡はこの批判を読んで『思想』一九二三年二月号に「和辻哲郎氏の批評に答ふ」を書いて反論する。和辻の誤解を正しつつも指摘を謙虚に受け止めて、同書の重版はしないとも述べている。さらに和辻が「藤岡氏の反駁を読みて」(『思想』一九二三年三月号)を書く。

コーエンの解釈だけに議論が集中すれば実りのある論争になったかもしれない。本を離れて訳者の態度（についての憶測や断定）にまで話が及んだのがいけなかった。この点、和辻はやり過ぎである。

とまあ、これで話が終わればよかった。この後、藤岡の就職先として内定していた東北帝国大学の話がご破算になる。当時の関係者のなかには和辻の書評がきっかけだと見る向きもある。仮にそうだとしたら和辻のマルジナリアがその出発点にある。つまり、人がある本をどう読んだかによって、他人の人生を変えてしまったわけである。

先に「前のめり」の書き込みを見た。藤岡事件の顚末を知った後で見ると、そうした過剰とも言える書き込みには、和辻が訳者にダメ出しする気満々で臨んだ読書の様子が映り込んでいるようにも思えてくる。マルジナリアには、書き手の感情や欲望の動きが痕跡として残る。実際どうだったかは、確証しようもないことなのだけれども。

ところで私が古本で手に入れた『悲運の哲学者』もまたマルジナリアを施された本だった。著者がどのような経緯で誰に贈った本かも書かれており、もらった人（著書も多い思想史家）がどこに興味を持って線を引き、いつ読み終えたかも記録されている。かようにマルジナリアには、人間の関係や営みの一端も映り込むものなのである。

マルジナリアンの受難

1．本とともに去りぬ

ここまでお読みいただいた方にはお分かりのように、また、これからお読みの方にもこれからお分かりいただけるように、マルジナリアンにはさまざまな利点がある。

マルジナリアンにとって、本はノートでもある。筆記具さえあれば別途ノートの類は要らない。また、本の余白に書き込んでおけば、メモを書いた紙やファイルが散逸してしまう悩みからも解放されるし、ノートを見て「はて、本文はどうだったかな」と本を探そうにも見つからず往生することもない。それに読んでから五年経とうと一〇年経とうと、自分がそんな本を読んだことや書き込みをしたのを忘れてしまった後でも、読書の痕跡は残っている。しかも書き込みを施した本は、複製が何千冊あろうと世界で一冊だけの特別な本に変身する。ほら、もういいことづくめでしょう？

とはいえ、いいことばかりはありゃしない。そんなマルジナリアにも、私の知る限り一つ、いや、二つばかり弱点がある。

第一に、書き込みした本をなくしたら、ハイ、ソレマデヨ。当然のことながら本もろともメモも丸ごと失われてしまう。私はかつて、何年かにわたって書き込みしながら読んでいた夏目漱石の『文学論』（岩波文庫）を失いそうになったことがある。

雨の日だった。鞄に本を放り込んで外に出た。駅についてさて読もうと思ったら見当たらない。むむむ、鞄の口が開いている。念のため来た道を戻ってみると、おお、水たまりに落ちているではないか。本は水をくってよれよれだったものの、書き込みのインクが流れたりはしていなかった。なにしろ『文学論』に関する本を書いている最中で、メモ代わりのマルジナリアを活用していたところ。このときばかりは「よかったー！」と声に出た。なくしても代わりはない。これは世界で一冊しか存在しない本の宿命なのだ。いえ、もちろん落としたのは私なんだけれどね。

2．耳に残るはキミの声

マルジナリアのもう一つの弱点は古本屋だ。こう書けば、いまでも私の脳裏でこだまする声がある。

私は普段、手に入れた本を手放さないほうなのだが、二度ばかり古本屋の世話になったことがある。というのもご存じのように本は本を呼ぶ。よほど気をつけていないと、日に日に増える本は、仕事部屋はもちろんのこと、玄関から居間や寝室まであふれかえり、床に平積みにした本は塔をなし、塔はやがて地層の様相を呈し、居住空間内の半分以上をそのような書層が占拠するに至る。魔窟の誕生である。

魔窟はなかなか居心地もいい。ただし、それこそ西牟田靖さんの『本で床は抜けるのか』（本の雑誌社）ではないけれど、ときおり「抜けた」というニュースを見かけて不安が脳裏をよぎらないわけではない。そんなこともあろうかと鉄筋の建物を選んで住んでいる。とはいえものには限度がある。それにキッチンから仕事机まで、人ひとりが通れるかどうかというケモノ道ならぬショモツ道を、熱いコーヒーの入ったカップを手にこぼさぬようにぶつからぬようにとアクロバティックに歩いていると時々我に返ったりもする。

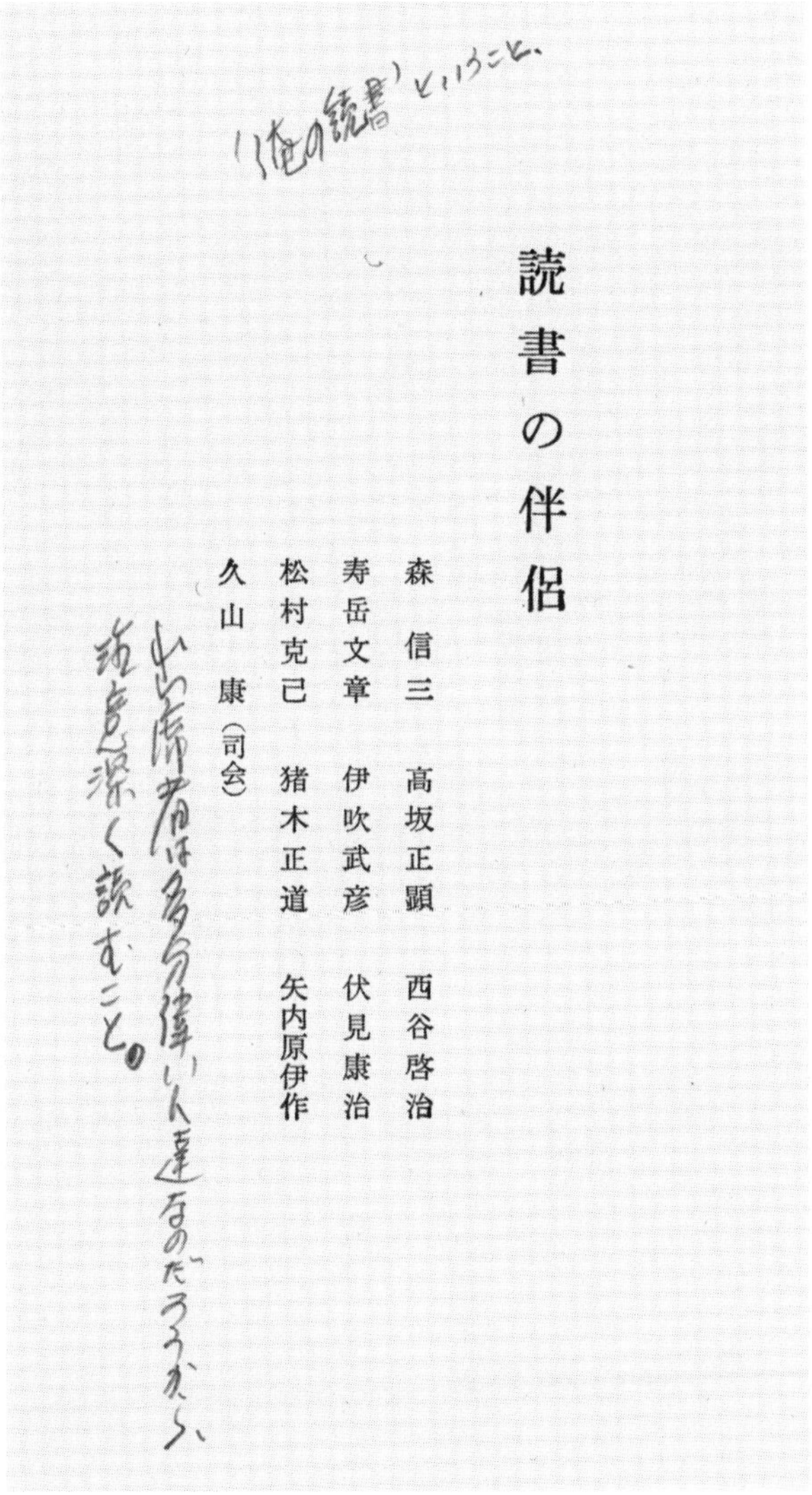

「俺の読書」ということ。

読書の伴侶

森信三　高坂正顕　西谷啓治
寿岳文章　伊吹武彦　伏見康治
松村克己　猪木正道　矢内原伊作
久山康（司会）

出席者は多分偉い人達なのだろうから

『読書の伴侶』扉頁（基督教学徒兄弟団発行、創文社、筆者蔵書）
前の持ち主の書き込みが残る。

「私はなにをしているのか……」と。

というので古本屋さんを呼んで、思い切っていろいろ持っていってもらったのだった。その際、『森鷗外全集』、『坂口安吾全集』、『埴谷雄高全集』、『ドイツ・ロマン派全集』、『網野善彦著作集』、『吉本隆明全著作集』、『植草甚一スクラップ・ブック』、「大航海時代叢書」をはじめとするいくつかの全集類なども手放した。

忘れがたいのは一度目に来てもらったときのこと。その場でめぼしいもの（主に全集類）を確認しながら店主が嘆息して曰く「いやあ、ヤマモトさん、この書き込みがなかったらもっとよかったんだけどねぇ。ジッニモッタイナイ！」。おお、古本は書き込みがないほうが喜ばれるのだ。商品として見た場合、マルジナリアは本の価値を下げるインクの染みのようなものなんである。おかげでしばらく見たことのなかった床が現れ、コーヒーも運びやすくなったのはよかったのだけれど、以来私の記憶のなかでは、マルジナリアと店主の言葉がくっついて離れなくなってしまったのだった。

3. アンタ、誰?

ここで素朴な疑問が湧いてくる。はて、どうやら人は書き込みのある本を嫌うようだ。例えば、古本のコンディション表示に「書き込みなし」とあるのは、これを気にする人が少なくないからであろう。想像を交えつつ少しくその心理に迫ってみよう。

まず、そもそもご自身が書き込みをしない人にとっては、マルジナリアなどもっての外かもしれない。「私も書かないのに、なんでキミが書いているわけ?」みたいな。それどころか、本はもとの姿を可能な限り保存すべし。小口が汚れるのもイヤだし、帯がちょっぴり切れたりしてるのもダメ、という美品至上主義の観点からすれば、マルジナリアなど外道中の外道というもの。

本を買ってきたら自分が最初の読者でありたいという気持ちもあるだろう。そこに誰のものとも知れない字で余白になにやら書き込まれていたり、線がだらだらと引いてあったりしたらどうか。

そもそも書き込みがあると読み方も変わるはず。なにしろもとの本にはない言葉や線などが加えられているのだから、まっさらな状態で読むのと同じではありえない。目に入るものからしてすでに違うわけだ。

この点にもう少しカメラを近づけてみよう。マルジナリアのあるページには、印刷された書体と書き込まれた文字が並ぶ。書体は、客観的といおうか、誰でもない誰かという佇まい。もちろん人がデザインしたものだけれど公共物という面が強い。

これに対してマルジナリアには書き手の個性もそのままに現れる。本を手にした人が、著者と二人きり（単著の場合）、「水入らずだ、ヤッター！」と思っていたら、知らない先客がいて著者に馴れ馴れしく話しかけている。「えー、独り占めだと思ったのに」とがっかりしても無理はない。そら、イヤだよね。

4．三百年経てば……

以上マルジナリアにも弱点がある。と、ここまで書いてきて、だからといってなんでも「ジッニモッタイナイ！」と残念がられたり、「著者さんの話を聞きたいんだから邪魔しないでよ」と疎まれたりするわけではない可能性に思い当たった。ふふふ。

例えば、著名人効果。アインシュタインが書き込みをした本があるとしたらどうか。さすがに「ああ、これ、書き込みがひどいですな。値はつきませんけど、なんなら処分しておきますよ？」とかなんとか言われないのではあるまいか。

あるいは持ち主効果。密かに好意を寄せている人から借りた本に書き込みがあったら、かえって本文よりそちらのほうが気になってしまうのではあるまいか（今日、そのような状況がいかほどあるのか存じ上げないのだけれど）。

だからもしあなたが書き込みをした本を万が一古本屋に持ってゆくようなことになった場合、こう考えるとよい。店主が密かにあなたに好意を寄せていて、あなたのマルジナリアを喜ぶという可能性はあまり高く見積もれない。だが、もう一つの可能性にチャンスがある。つまり「将来私が書き込みをした本ということで値が上がるかもしれませんよ」と売り込むわけである。大丈夫、三百年もすれば立派な歴史史料になるから。幸運を祈る。

広めにお願いします

1．世界思わせぶりコンテストがあれば……

マルジナリアとは本などの余白への書き込みのこと。marginaliaと英語で綴ると、これがマージン（margin）やマージナル（marginal）といった語と姉妹である様子も見えやすい。マージンには「余白」とか「ゆとり」とか「利ざや」とか、文脈に応じていろんな意味がある。マージナルには「へり」とか「端」、「辺境」とか「ぎりぎりの」だなんて意味もある。どうやら元になっているラテン語のマルゴー（margō）は、「縁」とか「へり」「境界」を指すようだ。

面白いのは、マルジナリアとは語源からすれば、本の場合は余白、いってみれば場所のこと。他方で和本の世界では「書き入れ」という具合に動作に注意を向けた言葉を使う。

この余白としてのマルジナリアについては、おそらく世界で最もよく知られた文句がある。数学者のピエール・ド・フェルマー（一六〇一―一六六五）が『算術』という本の余白にこう書いたという。

私はこの問題について誠に驚くべき証明を発見した。だが、この余白（マージン）はそれを捉えるには狭すぎる。

もし「世界思わせぶりコンテスト」があったら、間違いなく歴代ブッチギリの優勝ものである。この問題は「フェルマー予想」と呼ばれて、二〇世紀末にアンドリュー・ワイルズが証明するまで、数学史上屈指の難問として君臨しつづけたのだった。

2．どのくらい狭かったのか

フェルマーが読んだ『算術』という本は、三世紀頃の古代ギリシアの数学者ディオパントス〔ディオファントス〕の主著。原題は『アリスメティカ（Αριθμητικα）』といって、現代では「数論（arithmetic）」と呼ばれたりもする。整数を中心とした数の性質を探究する分野だ。

　えー、数の性質なんてとっくに丸わかりじゃないの？と思うかもしれないがさにあらず。例えば素数の正体はいまだに解明されていない。いや、素数がどんなものかは分かっているけれど、全素数を一網打尽にするような方法が見つかっていないのである。だからときどき「最大の素数が発見された！」という話がニュースにもなる。もしすべての素数を表現できる式があれば、もっと簡単に発見できる道理。というわけで、素数の正体は文字通りの賞金首問題である。

　話を戻せば、フェルマーはディオパントスの『算術』を読み込んで、余白に書き込みを施していたらしい。そうした読み方は、フェルマーに限らず、ある本を熟読したり検討する際に学者たちのあいだで広く行われていた。フェルマーやニュートンやコウルリッジのように、本の余白を使って自分の考えを発展させた人も少なくない。

　で、フェルマーは『算術』の第二巻の第八問で提示されている問題「平方数を二つの平方数の和で表せ」について右のように書き込んだ。まことに残念ながら、書き込みした本は残っていないようだ。実際のところ、フェルマーが読んだ本は、そんなに余白がなかったのだろうか。ためしに、彼が使っていた本と同じと思われる版（左頁）を見てみよう。

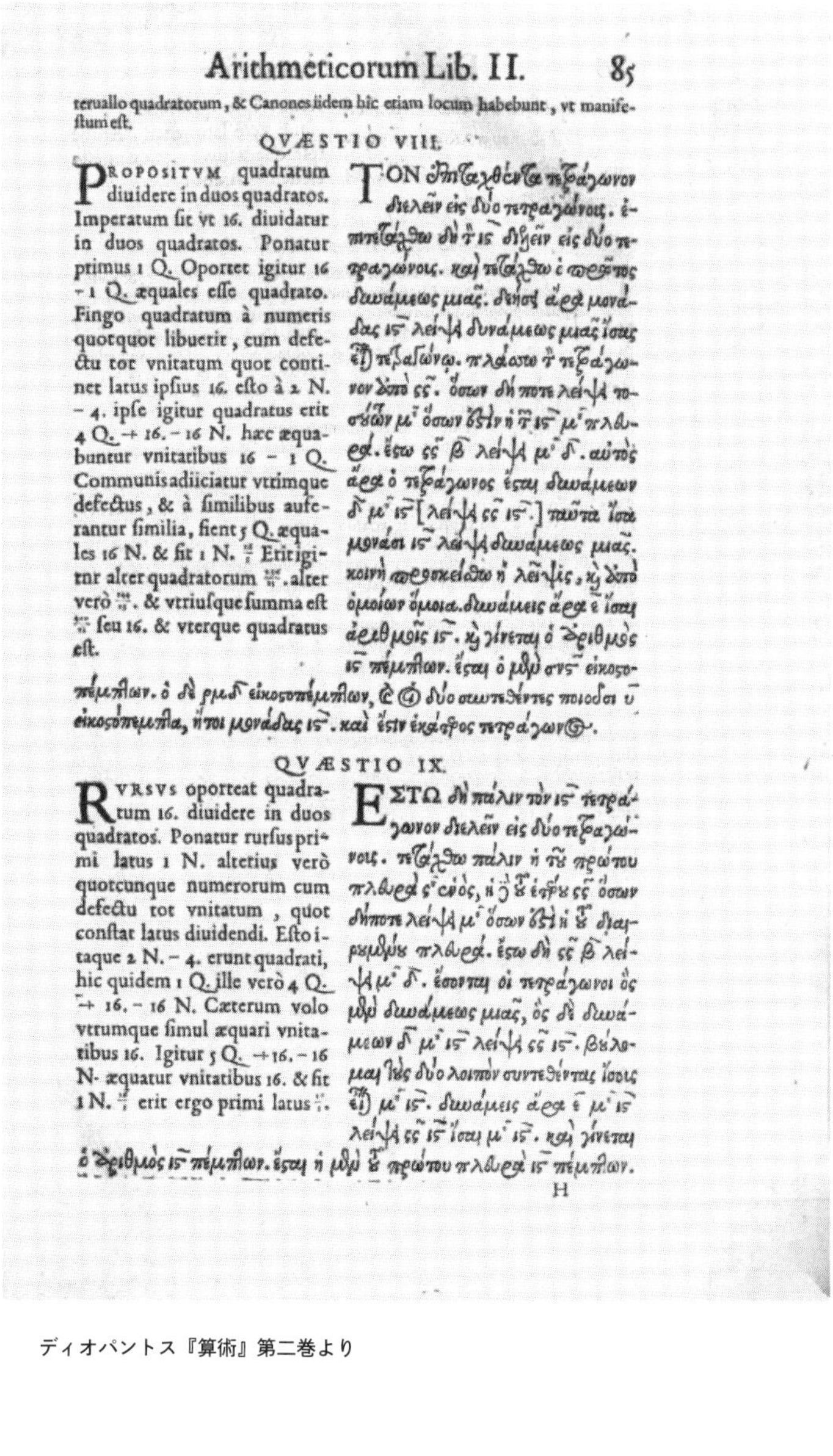

teruallo quadratorum, & Canones iidem hic etiam locum habebunt, vt manifestum est.

QVÆSTIO VIII.

Propositvm quadratum diuidere in duos quadratos. Imperatum sit vt 16. diuidatur in duos quadratos. Ponatur primus 1 Q. Oportet igitur 16 − 1 Q. æquales esse quadrato. Fingo quadratum à numeris quotquot libuerit, cum defectu tot vnitatum quot continet latus ipsius 16. esto à 2 N. − 4. ipse igitur quadratus erit 4 Q. + 16. − 16 N. hæc æquabuntur vnitatibus 16 − 1 Q. Communis adiiciatur vtrimque defectus, & à similibus auferantur similia, fient 5 Q. æquales 16 N. & fit 1 N. $\frac{16}{5}$ Erit igitur alter quadratorum $\frac{256}{25}$. alter verò $\frac{144}{25}$. & vtriusque summa est $\frac{400}{25}$ seu 16. & vterque quadratus est.

Τὸν ἐπιταχθέντα τετράγωνον διελεῖν εἰς δύο τετραγώνους. ἐπιτετάχθω δὴ τὸν ις διελεῖν εἰς δύο τετραγώνους. καὶ τετάχθω ὁ πρῶτος δυνάμεως μιᾶς. δεήσει ἄρα μονάδας ις λεῖψει δυνάμεως μιᾶς ἴσας εἶναι τετραγώνῳ. πλάσσω τὸν τετράγωνον ἀπὸ ςς. ὅσων δήποτε λεῖψει τοσούτων μ° ὅσων ἐστὶν ἡ τῶν ις μ° πλευρά. ἔστω ςς β λεῖψει μ° δ. αὐτὸς ἄρα ὁ τετράγωνος ἔσται δυνάμεων δ μ° ις [λεῖψει ςς ις.] ταῦτα ἴσα μονάσι ις λεῖψει δυνάμεως μιᾶς. κοινὴ προσκείσθω ἡ λεῖψις, καὶ ἀπὸ ὁμοίων ὅμοια. δυνάμεις ἄρα ε ἴσαι ἀριθμοῖς ις. καὶ γίνεται ὁ ἀριθμὸς ις πέμπτων. ἔσται ὁ μὲν σνς εἰκοστοπέμπτων. ὁ δὲ ρμδ εἰκοστοπέμπτων, καὶ οἱ δύο συντεθέντες ποιοῦσι υ εἰκοστόπεμπτα, ἤτοι μονάδας ις. καὶ ἔστιν ἑκάτερος τετράγωνος.

QVÆSTIO IX.

Rvrsvs oporteat quadratum 16. diuidere in duos quadratos. Ponatur rursus primi latus 1 N. alterius verò quotcunque numerorum cum defectu tot vnitatum, quot constat latus diuidendi. Esto itaque 2 N. − 4. erunt quadrati, hic quidem 1 Q. ille verò 4 Q. + 16. − 16 N. Cæterum volo vtrumque simul æquari vnitatibus 16. Igitur 5 Q. + 16. − 16 N. æquatur vnitatibus 16. & fit 1 N. $\frac{16}{5}$ erit ergo primi latus $\frac{16}{5}$.

Ἔστω δὴ πάλιν τὸν ις τετράγωνον διελεῖν εἰς δύο τετραγώνους. τετάχθω πάλιν ἡ τοῦ πρώτου πλευρὰ ς ἑνός, ἡ δὲ τοῦ ἑτέρου ςς ὅσων δήποτε λεῖψει μ° ὅσων ἐστὶν ἡ τοῦ διαιρουμένου πλευρά. ἔστω δὴ ςς β λεῖψει μ° δ. ἔσονται οἱ τετράγωνοι ὃς μὲν δυνάμεως μιᾶς, ὃς δὲ δυνάμεων δ μ° ις λεῖψει ςς ις. βούλομαι τοὺς δύο λοιπὸν συντεθέντας ἴσους εἶναι μ° ις. δυνάμεις ἄρα ε μ° ις λεῖψει ςς ις ἴσαι μ° ις. καὶ γίνεται ὁ ἀριθμὸς ις πέμπτων. ἔσται ἡ μὲν τοῦ πρώτου πλευρὰ ις πέμπτων.

H

ディオパントス『算術』第二巻より

本の寸法は、およそ縦三五センチ、横二三センチ。そのうち右側の余白は五・四センチほど。現在日本で刊行されている多くの書物と比べて余白はたっぷりあるように見える。逆にいうと、余白が少ない本は、読者が書き込むという使い方を想定していないとも言えそう。

いずれにしてもフェルマーにとっては、この余白は狭すぎたようだ。実際、ワイルズが発表した論文はA4で一〇〇ページ強、米粒のような字で書いたとしても、ここに書けるものではない（といってもフェルマーがワイルズと同じ証明を考えていたというわけではないのだけれど）。

3. そりゃあ狭くもなるわね

余白狭いモンダイについては、もう一つ検討すべきことがある。ポイントは、フェルマーの文章、言葉遣いにある。どういうことか。先ほど引用した「狭すぎる」の前にはこんなことが書かれていた。なるべく原文の趣を保つように訳せばこうなろうか。

立方数を二つの立方数の和に、四乗数を二つの四乗数の和に、また一般に平方より大きな任意の冪《べき》について、二つの冪乗数の和に分けることはできないのだが、これについて私は誠に驚くべき証明を発見した。この余白はそれを捉えるには狭すぎる。

いかがだろう。内容は分からなくても構わない。ここで注目したいのは、その書きぶり。妙な感じがしないだろうか。そう、数式ではなく文章で書かれている。ちなみに「四乗数」と訳した言葉は、元の文では quadratoquadratum と長い。現代風に記せばこうなる。

3以上の自然数 n について

$x^n+y^n=z^n$

を満たす自然数（x, y, z）の組みは存在しない。

おお、数式のコンパクトなこと！ これに比べるとフェルマーの書き方はまだるっこしく感じられるかもしれない。

念のためにいえば、フェルマーがうっかりしていたわけではない。どうしてこうなったか。当時はまだ現在のような数学の統一的な表記が整備されていたわけではなく、みなが思い思いの表記を工夫していた。彼らが「何度も出てくる言葉はもっと短く書こう」と工夫したりした結果、私たちはその恩恵にあずかっているのである。

もしフェルマーが数式で書いていたら、同じ余白でも、もうちょっと多くのことを書き込めただろう。余白の広さは、物理的な面積もさることながら、表記法によっても変わるわけである。

4. 本を育てる

ひょっとしたらモヤモヤしているかもしれない。あれれ、フェルマーが書き込んだ本が残ってないとしたら、書き込んだ文章はどうして分かるの？ 作り話？

実は、彼の息子のクレメント＝サミュエル・フェルマーが、父の没後、一六七〇年に『算術』への書き込みも含めた本を刊行したのだった。右でご紹介した文章も、その印刷本によって後世に伝わっている。控えめに言って、この仕事にはグッド・プリンティング大賞をさしあげるべきだろう（賞乱発）。だって人騒がせな「フェルマー予想」だって、彼が証明を発見したと書いたメモがその本で伝わったからこそ、後の数学者たちが勇気づけられたり、野心をそそられたりしたのだから。

そんなふうにして、余白のメモが活字化されることで、より多くの人の目に触れるチャンスも生まれる。言ってみれば、マルジナリアが本文に昇格したわけである。そのつもりで眺めると、このような「昇格」は、書物の歴史のあちこちで生じてきた様子も目に入る。例えば、古来『聖書』や漢籍に対して施されたマルジナリア、書き入れが、後には刊本に組み込まれて蓄積されてきた経緯もある。つまり、マルジナリアによって本が代々ヴァージョンアップされ、成長してゆくわけである。マルジナリアは本を育てるのだ。

というわけで、出版社のみなさまにお願いしたい。未来のフェルマーのためにも、本の余白はひとつ広めにお願いします。

試論は続くよどこまでも

1．エクストリーム・マルジナリア

マルジナリアとは、本の余白に書き込みをすること。それ自体はたいしてハードルが高いわけではない。本と書くものとその気さえあれば誰でも試せる。他方で、次元が違うというか、ちょっと真似できないようなエクストリーム・マルジナリアもある。

例えば、この世に数冊とない稀覯本に書き込もうと思っても、そもそものような本を持っていなければ始まらない。また、仮にお宝本が手元にあるとしても、いざ書き込もうとなったら二の足を踏むかもしれない。とはいえ、これはまだ蔵書があればできない相談ではない。これから見るマルジナリアは、もう一段条件が厳しい。蔵書といえば蔵書だけれども、なかなか入手が大変な類の本である。

2. 自分で……

早速だが画像をご覧いただこう（次々頁）。これ、なんだかお分かりだろうか。中央に四角く見えるのが活字で組まれた本文で、その周りを埋めているのは手書きのメモなのだ。しかも「ちょっとどうしちゃったの?」という感じの凄まじい書き込みぶり。

これはフランスの思想家ミシェル・ド・モンテーニュ（一五三三―一五九二）によるマルジナリアだ。問題は彼が書き込みをした本のほう。実はこれ、ご本人の著作である『エセー』のページなんである。お分かりいただけるだろうか。自分で書いて印刷された本に自分で書き込みをした、いわば自己ツッコミである。こればかりは自著がなければしたくてもできない。稀覯書とはまた別の意味でエクストリーム・マルジナリアの一種と認定したい。

私も、はじめてこのページを目にしたとき、自分がなにを見ているのかよく分からなくなった。というのも、人が自分でこしらえた本にこれほどたくさん書き込みをすることがあろうとは露とも想像していなかったためである。しかしご覧の通り、モンテーニュは、やる。しかも徹底的に（これがゲラならDTP担当者泣かせである）。

3．本だって第五形態くらいまで成長します

ちょっと状況を整理しよう。モンテーニュが『エセー』の最初の版を出したのは一五八〇年のこと。全二巻で九四章からなる。一五八二年には増訂した第二版を刊行。ざっと三〇〇箇所ほど手を入れたらしい。その五年後には第二版と内容は同じまま第三版を刊行している。このあたりまではよい。ややこしくなってくるのはこの後だ。

第三版を出した翌年、一五八八年には先の二巻に大幅な増補改訂を加えるとともに、第三巻一三章を刊行した。この時点で『エセー』は全三巻一〇七章の本に成長したわけである。著者は一五九二年に亡くなっており、この三巻本が生前刊行された最後の版となった。ただし話はまだ終わらない。

モンテーニュはこの一五八八年版を手元に置いて、没するまで余白に加筆や訂正を施し続けたようだ。この、本人が書き込みをした手沢本は「ボルドー版」と呼ばれている。そしてモンテーニュの没後、一五九五年には、このマルジナリアを反映した『エセー』が刊行された。この版については評価が分かれ、それとは別に校訂版が刊行されるなど、この後もさまざまなヴァージョンが現れるが今は置いておこう。

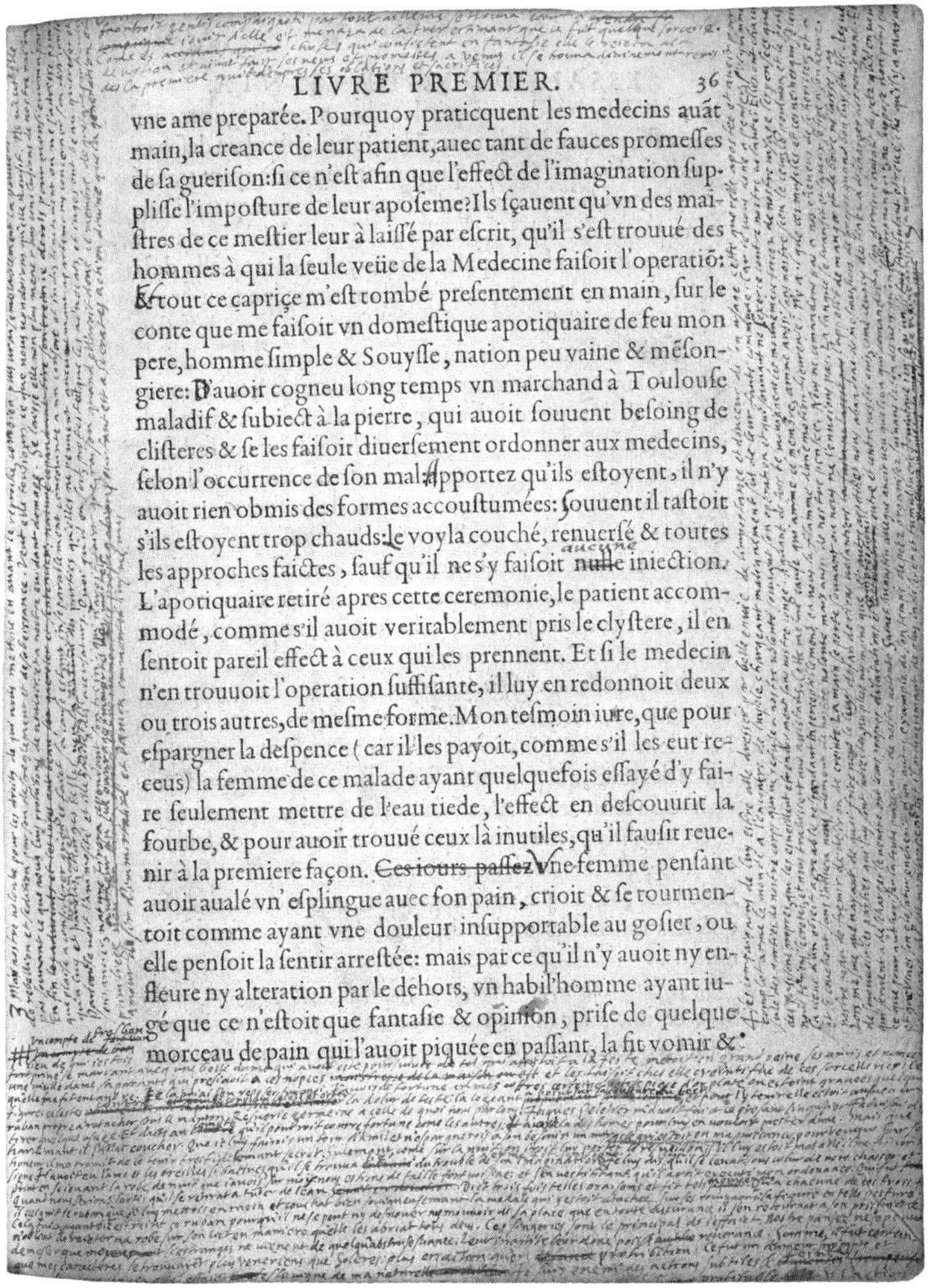

LIVRE PREMIER. 36

vne ame preparée. Pourquoy praticquent les medecins auāt main, la creance de leur patient, auec tant de fauces promesses de sa guerison: si ce n'est afin que l'effect de l'imagination supplisse l'imposture de leur aposeme? Ils sçauent qu'vn des maistres de ce mestier leur à laissé par escrit, qu'il s'est trouué des hommes à qui la seule veüe de la Medecine faisoit l'operatiō: Et tout ce caprice m'est tombé presentement en main, sur le conte que me faisoit vn domestique apotiquaire de feu mon pere, homme simple & Souysse, nation peu vaine & mensongiere: D'auoir cogneu long temps vn marchand à Toulouse maladif & subiect à la pierre, qui auoit souuent besoing de clisteres & se les faisoit diuersement ordonner aux medecins, selon l'occurrence de son mal: Apportez qu'ils estoyent, il n'y auoit rien obmis des formes accoustumées: souuent il tastoit s'ils estoyent trop chauds: Le voyla couché, renuersé & toutes les approches faictes, sauf qu'il ne s'y faisoit nulle iniection. L'apotiquaire retiré apres cette ceremonie, le patient accommodé, comme s'il auoit veritablement pris le clystere, il en sentoit pareil effect à ceux qui les prennent. Et si le medecin n'en trouuoit l'operation suffisante, il luy en redonnoit deux ou trois autres, de mesme forme. Mon tesmoin iure, que pour espargner la despence (car il les payoit, comme s'il les eut receus) la femme de ce malade ayant quelquefois essayé d'y faire seulement mettre de l'eau tiede, l'effect en descouurit la fourbe, & pour auoir trouué ceux là inutiles, qu'il faulsit reuenir à la premiere façon. Ces iours passez Vne femme pensant auoir aualé vn'esplingue auec son pain, crioit & se tourmentoit comme ayant vne douleur insupportable au gosier, ou elle pensoit la sentir arrestée: mais par ce qu'il n'y auoit ny enfleure ny alteration par le dehors, vn habil'homme ayant iugé que ce n'estoit que fantasie & opinion, prise de quelque morceau de pain qui l'auoit piquée en passant, la fit vomir &

書きこみが施されたモンテーニュ『エセー』より

ここでは、モンテーニュによる自著へのマルジナリアが、後に本人とは別の人によって活字にされ、新たなヴァージョンが生まれたという次第を確認しておきたい。そう、著者が死んでも本は育つんである。

4. なにをそんなに書いたのか

それにしても、一旦刊行した本になにをそんなに書き加えることがあろうか。私もかつてはそう思っていたことがあった。いまならモンテーニュの気持ちがちょっぴり分かるような気がする。

ご承知のとおり、本に書いたことは紙にインクで固定される。他方で書き手のほうは本を出した後も身心ともに変わり続ける。するとどうなるか。場合によっては、かつて本を書いたときとは考えが変わったり、あれは不十分だった、えらいすまんかった、と感じたりすることもある。そんなときどうするか。「ダメダコリャ。次行ってみよう!」と前進するのもいい。他方で気づいたことをとりあえずは本に書いておくという手もある。モンテーニュは後者を選んだ。

では、いったいなにを加筆したのか。その様子を具体的に覗いてみよう。第二巻第一〇章の「書物について」にこんなくだりがある。以下の引用文中の記号はそれぞれa＝一五八〇年版、b＝一五八八年版、c＝ボルドー版の文章であることを示している。つまりaは初版、bが増補改訂分、cはマルジナリアである。訳文は原二郎訳（岩波文庫、第二分冊、三六〇ページ）からお借りした。ここでは見分けやすいようにbには傍線を、cには波線を付してみた。

（a）私は本を読みながら困難にぶつかっても、いつまでも考えてはいない。一突き、二突き当たってみて、あとはそのままほっておく。

（b）そこに立ちつくしてみても、ぼんやりと時間を失うだけである。私は早呑込みのほうだからだ。一ぺん攻めてみてわからないことは、固執すればするほどわからなくなる。私は楽しみながらでなければ、何一つしない。そして持続（c）とあまりに強い緊張（b）は私の判断をくらませ、悲しませ、疲れさせる。（c）私の視力はそのために混乱し、散漫になる。（b）だから、判断を呼び戻して、何度もやり直しをさせなければならない。

いかがだろうか。『本の雑誌』としては見逃せない読書を論じた章である。実際にはこのあともう一文を挟んでからようやくaに戻って「私はこの本がいやになればあの本を取り上げる」と続く。

モンテーニュの加筆の様子を実感するには、まずaだけを読む。次にaとbを読んでcは無視する。そして最後にcも含めて全部読む。という具合に三通りに読んでみるとよい。初版aでは、読書中によく分からないところがあったら放っておいて、なんなら別の本に行くよね、と言っている。増補改訂版bは、どうして放っておくのかという理由を、だって時間の無駄だよねと述べている。マルジナリアcは、さらに文意を強調してはっきりさせている。

こうして比べてみると、最初はポーンポーンと軽やかに大きく飛んで歩いていたところに、もうちょっとジャンプの幅を小さくする足場を置いて、さらに飛ばずとも歩いて進めるようにした、という丁寧な文章に変わっている様子が分かる。

この箇所はマルジナリアが比較的おとなしいけれど、長いものになると一段落とか、まるまる一ページ分の書き込みがなされていることも珍しくない。推敲の鬼である。

5. エセーだもの

こうしたモンテーニュの書きぶりは、『エセー』という書名にふさわしいように思う。エセーとは、英語でいえばエッセイのこと。いまでは文章のジャンル名にもなっている。モンテーニュの時代には、エセーといったら「試してみる」という意味だった。つまり、試しに判断してみる、試しに考えを進めてみるということだ。試しに考えて書いてみたことを、後から思い直してまた試す。エセーとはそうした思索を積み重ねた試論なのである。ということはあれですか。モンテーニュがその後も生きていたら、『エセー』はいったい第何形態まで発展したのでありましょうか。試論は続くよどこまでも。それも余白があればこそ。

描いたっていいじゃない

1．できるかな

今回はみなさんにちょっとしたチャレンジをしていただきます。なあに、大丈夫。そんなに難しいことではありません。フランツ・カフカの『変身』を一冊ご用意ください。どの言語のどの版でも構いません。まず、日本語訳なら、岩波文庫、角川文庫、光文社古典新訳文庫、集英社文庫ヘリテージシリーズ、新潮文庫、白水uブックス、その元となった「カフカ小説全集」（白水社）など、さまざまな版があります。できたら余白が広いほうがいいですね。

え、そんな急に『変身』なんて用意できるわけないだろ、ですって？ ごもっともごもっとも。そんなこともあろうかと、この場でも済むようにご用意しておきました。

『変身』のご用意がある方は、冒頭の第一段落を読んでみてください。そう、例の文学史上でも屈指の有名な冒頭部分です。お手元にない方は以下をどうぞ。

ある朝、グレーゴル・ザムザが不安な夢から目を覚ましたところ、ベッドのなかで、自分が途方もない虫に変わっているのに気がついた。甲羅のように固い背中を下にして横になっていた。頭を少しもち上げてみると、こげ茶色をした丸い腹が見えた。アーチ式の段になっていて、その出っぱったところに、ずり落ちかけた毛布がひっかかっていた。からだにくらべると、なんともかぼそい無数の脚が、目の前でワヤワヤと動いていた。

（池内紀訳、「カフカ小説全集4 変身ほか」、白水社）

では次にもうひとつ。ここからが本番です。いまお読みになったグレーゴルの様子を絵で描いてみましょう。『変身』をお持ちの方は本の余白に描いておくと、あとで読み直すときにちょっと楽しいかもしれません。本に書き込むなんてやだよという方はノートや紙切れでももちろん構いません。

上手か下手かは関係ありませんのでお気軽にどうぞ。なんならイメージに近い写真を探してモデルにするのもいいですね。コツは、あまり考えたり恥ずかしがったりせずに、さっと手に任せて線を引いてしまうことです。

いかがですか。言葉で読んだものを絵にしてみたわけです。やりづらかったですか。それとも思ったよりよく描けましたか。人によっていろいろだったかと思います。

2. 虫の名は。

——と、手を動かしていただいたのは他でもない。今回のテーマに深く関わりがある。マルジナリアを調べていると落書きやスケッチのようなものに遭遇することがある。例えば『ロリータ』や『青白い炎』などで知られるウラジーミル・ナボコフは、本にさまざまな書き込みをしたヘヴィ・マルジナリアンの一人。なかには絵を描いたページもある。ここに掲げたのはナボコフが書き込みをした『変身』英訳版の冒頭。ウラジーミル・ナボコフ『ナボコフの文学講義 下』（野島秀勝訳、河出文庫）で見ることができる。

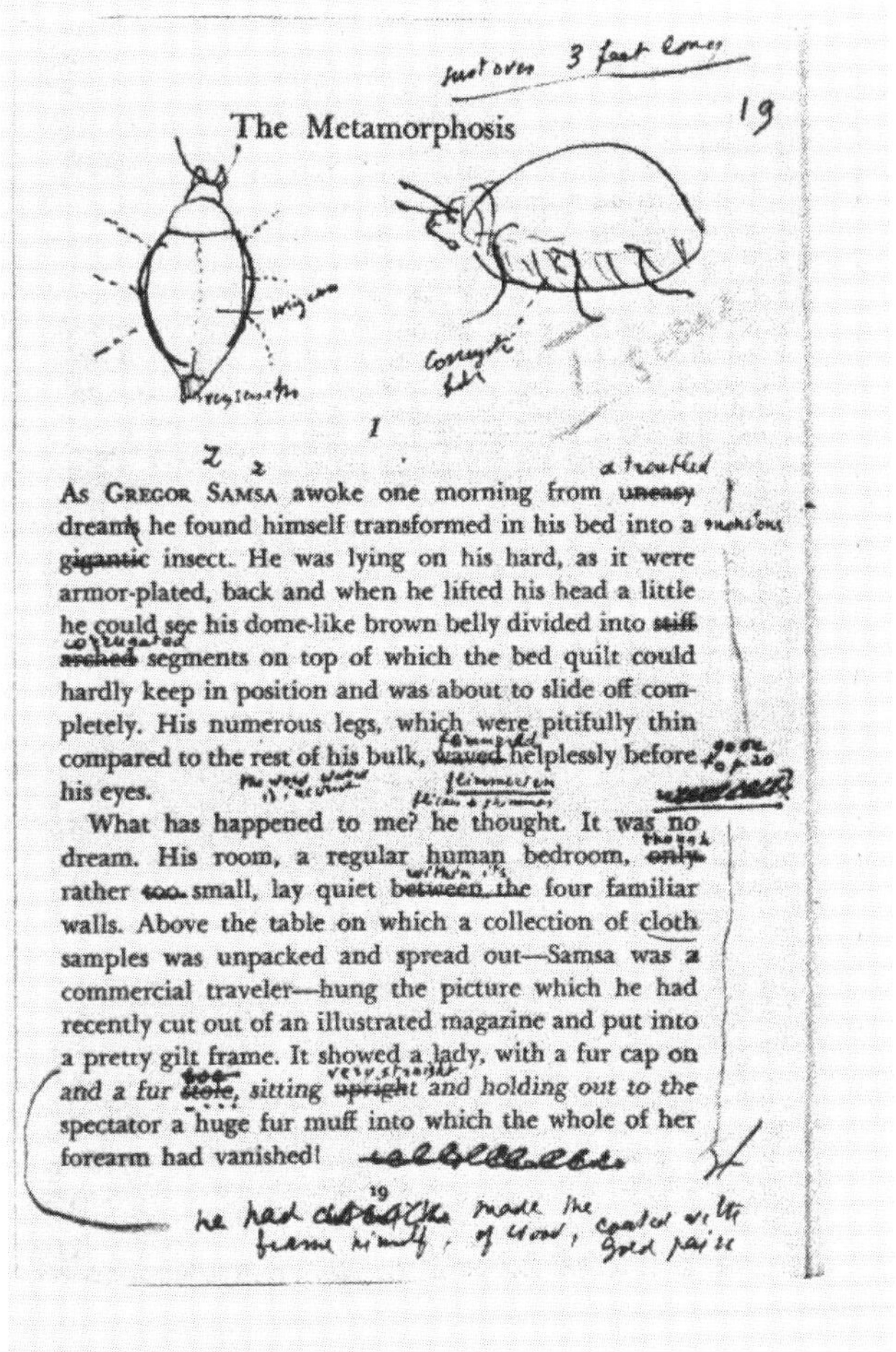

The Metamorphosis

1

As Gregor Samsa awoke one morning from uneasy dreams he found himself transformed in his bed into a gigantic insect. He was lying on his hard, as it were armor-plated, back and when he lifted his head a little he could see his dome-like brown belly divided into stiff arched segments on top of which the bed quilt could hardly keep in position and was about to slide off completely. His numerous legs, which were pitifully thin compared to the rest of his bulk, waved helplessly before his eyes.

What has happened to me? he thought. It was no dream. His room, a regular human bedroom, only rather too small, lay quiet between the four familiar walls. Above the table on which a collection of cloth samples was unpacked and spread out—Samsa was a commercial traveler—hung the picture which he had recently cut out of an illustrated magazine and put into a pretty gilt frame. It showed a lady, with a fur cap on and a fur stole, sitting upright and holding out to the spectator a huge fur muff into which the whole of her forearm had vanished!

19

『ナボコフの文学講義 下』p.140（河出文庫）より

おお、まるまるとした虫よ！ コガネムシにも似た印象。改めてカフカの描写から特徴を抜き出すとこんな具合だった。

・甲羅のように固い背中
・こげ茶色をした丸い腹
・アーチ式の段（腹）
・かぼそい無数の脚

ナボコフは先の講義の『変身』を扱った回で、この虫は正確にはなんだろうかという問いを提示している。註釈者のなかにはこれをゴキブリだと言った人もいたが、ナボコフは形が違うと斥ける。だってほら、ゴキブリは平たいけど、カフカは「丸い腹」をしていると書いているでしょう。また、お手伝いの女性が「マグソムシ」と呼んでいるけれど、それはこの虫の正式名称というよりは、愛称として「マグソムシちゃん」という感じで呼んでいるのであって実際にはそうではないと、これも斥けている。

というので描いてみせたのがこの図である。彼は、これは「大きな甲虫」（a big beetle）だと指摘している。また、固い背中は翅鞘《ししょう》をほのめかすものだとも。翅鞘の下には「薄く小さな羽根」（後翅）がしまわれていて、飛ぶときにはこれが広げられる。コガネムシやカブトムシが飛ぶ姿を思い出していただくとよい。

ナボコフは、甲虫のグレーゴルはきっと空も飛べたはず。なのに本人は気づかなかったのだと指摘している。「たいへん精緻な観察だ」と自分の知見にちょっぴり誇らしげでもある。そういえば彼は蝶の蒐集家としても知られていた。そう言われて見直すと、ナボコフが描いた甲虫の背中には、正中線が点線で記されている。ここで翅鞘がぱかっと左右に広がるわけだ。しかも、翅鞘の下端、甲虫のお尻の辺りには、翅鞘からちょっとだけ後翅がはみ出して見えているのはさすがに芸が細かい。

また、彼はこの小説の文章（英訳）に手を入れる書き込みもしている。例えば“~~gigantic~~ insect”（~~巨大な~~虫）という具合に「巨大な」という形容詞を線で消している。それと同時にイラストの上辺りに“just over 3 feet long”（せいぜい三フィートくらい＝約九〇センチ）と書き込んでいる。これは小説中、グレーゴルが上顎を使ってドアの鍵を回す描写からその程度のサイズであると推定したようだ。

3. 本を読むときに何が起きているのか

　さて、ナボコフの絵とご自分の絵を見比べてみてどうだっただろうか。たぶん完全に一致！ということはないと思う。面白いのは、そんなふうに同じ言葉（あるいは対応する英語か日本語）を読んでいるのに、人によってその描写から必ずしも同じイメージをするわけではないというところ。例えば、それ以上の説明がなく、「若い男」とか「犬」とか「リンゴ」と書かれていたら、具体的にどんな人を思い浮かべるかは読み手によって違うだろう。それに同じ人でも、読むたび同じものを思い浮かべるとも限らない。

　また、今回は「できるかな」といわれてシブシブ絵にしてみたかもしれないけれど（ノリノリだった？）、実際に小説を読むときには、こんなふうにいちいちヴィジュアルを具体的に思い浮かべているとは限らない。目にした文章から情景を映像化するでもなくそのまま読むということもあるだろう。それこそナボコフのように昆虫に興味のある人なら、虫の描写が現れるつど、こんな虫かなと思い浮かべたくなるかもしれない。人はそれぞれ興味関心も違うので、映像を思い浮かべたくなるポイントも違っているだろう。

本を読むとき、私たちの中で何が生じているのか。実はこれ、いまだによくわかっていないことの一つである。ブックデザイナーのピーター・メンデルサンドが、『本を読むときに何が起きているのか』(細谷由依子訳、フィルムアート社)という本で、まさにこの疑問に取り組んでいる。例えば小説を読むとき、私たちは登場人物の顔をありありと思い描いたりしているのだろうか。また、その際は知っている顔をあてはめたりするものなのかどうか。

将来、読書中に思い浮かべたことを確認できる装置なんてものでも造られれば別だけど、目下そういうものは存在しない。本を読んでイメージしたことを確認したいと思ったら、書きとめておくにしくはない。その際、描いたっていいじゃない、というのが、ナボコフ先生から教えてもらったことなのでありました。

引きすぎにご用心

1．読書という実験

本を読んでいると、頭のなかで実にいろんなことが起きる。例えば、「いいこと言うなア」「ちょっと何言ってるかわからない」「へえ、そうなんだ。これは覚えておこう」「おいおい、なんてことを言うんだ」などなど、心の状態は文字通り千変万化する。この面白さがあるから本を読むのは止められない。目から文字を入れたら何が起きるか。自分のカラダで実験しているわけである。

マルジナリアンはそんなとき、本のページに痕跡を残す。私の場合、種類を問わず本を読むさいには片手にペンをもつ。というよりも、ペンをもたないと落ち着かず、うまく読み進められない次第については以前お話しした（もはやマルジナリア廃人）。

2. 矢印の意味

実際にはなにを書いているのか。一番多いのは矢印である。主に二種類ある。ひとつは、文章の行頭から外へ向かう矢印。これはなにか。人によって用途は違うだろう。私の場合、「後で調べる」「データベースに転載」という意味である。

例えばピエール・ブルデューの『知の総合をめざして』（藤原書店）を読んでいると、「ラディカルに告発することは必然的にウールガーの言う「解釈懐疑主義」に……」なんて一節に出会う。すると「はて、これはどういう人かな」という興味が湧いてきて「後で調べよう」となる。また、そうした名前は、人物や作品や年表のデータベースをつくって登録している。

ただ、読書中に調べ物やデータベースへの登録を始めてしまうと、読むほうがお留守になってよろしくない。そこで、いまは余白にマークだけ残して一読した後でまとめてやろうという心算。要するに未来の自分に手がかりを残すわけである。

これに対して逆向きの矢印を書く場合がある。つまり余白から文章の行頭に向かって描かれる矢印である。これは「要注目」を意味する。この箇所には、いまの自分にとってなにか重要なこと、考える材料になることが書かれている。だから後でまた検討しよう、というマークである。やはり未来の自分に向けた書き込みだ。

3. 小さな手

さて、ここで触れてみたいのは、この「要注目」のマルジナリアである。どこかで「☞」という記号を目にしたことはないだろうか。この記号は英語で「マニクル（manicule）」と呼ばれる。ラテン語で「小さな手」を意味する「マニクラ（manicula）」に由来する語だ。ついでながらラテン語では「手」のことを「マヌス（manus）」という。英語の「マニュスクリプト（manuscript＝手書きのもの）」とか「マニュアル（manual＝手による、手で持てる冊子）」といった語にも通じる言葉。

　この人差し指を伸ばした小さな手、ヨーロッパの本に由来するもののようだ。古くは一一世紀頃の手稿（マニュスクリプト）に描かれた例があり、一四、一五世紀頃には広く使われるようになったという。実例をご覧になりたい方は、maniculeで画像検索をかけるとたくさんの例を眺められる。

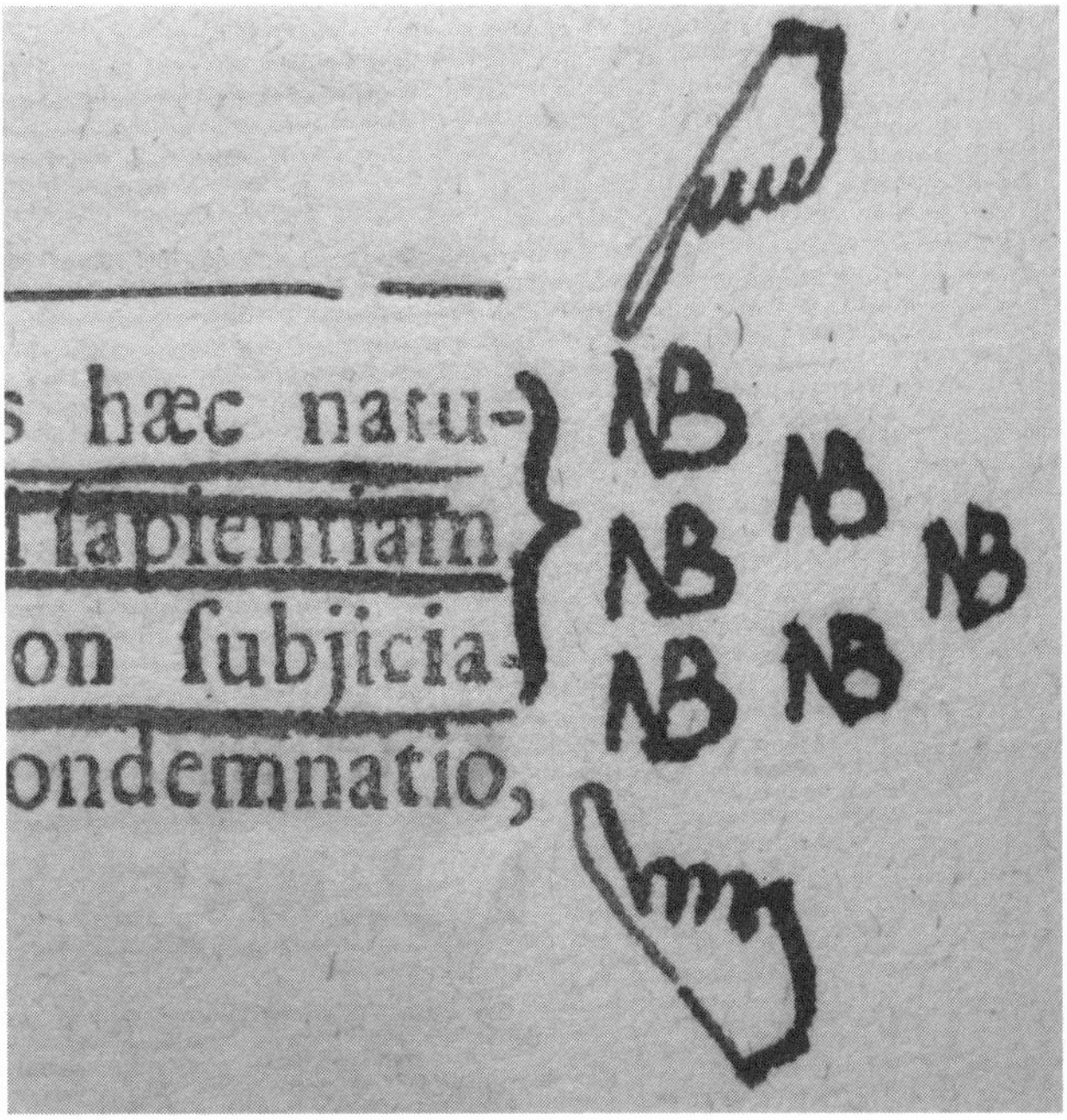

※「More manicule mania!」
(https://scolarcardiff.wordpress.com/category/ken-gibb/page/2/) より

ここでは一例を掲げてみた。ご覧のように、まっすぐ伸ばした人差し指が特徴で、まさに指さしている。「ここ、重要！」「要注目！」という次第。なぜこんなことをするのか。ごく単純な理由としては、覚えきれないからだ。印をつけずにおくと、どこがどこだかすぐに分からなくなる。

これと似たものに線引きがある。重要だと感じて線を引く。線を引けば、整然と並ぶ文章のなかから、その行が目立って浮かび上がる。「要注目」というなら、これで足りそうなものだ。でも、図のように線を引いた上でさらにマニクルを描いている例もある。これはなんなのか。

4．重要箇所がありすぎる！

自分の経験を交えた推測なのだけれど、線を引いていくと、やがてページが線だらけになる。あっちにもアンダーライン、こっちにもアンダーライン。するとどうなるか。「ここ重要」「要注目」と思って線を引いていたはずが、気づけばあっちもこっちも要注目。どこが本当に重要なのか、分からんように成り果てる。強調のための線が、強調の働きを失ってしまうという困った状態が現れるのだ。本を付箋だらけにするのと似ている。

そんなこともあろうかと奥の手がある。下線を引いたなかでもさらに重要度の高い行にマーカーで色をつける。するとどうだろう。いままで氾濫する下線に埋もれていた超重要箇所が、一段と強く浮かび上がってくるではないか。ふふふ、これでよし。と安堵していられるのも束の間。自分にとって重要な本であればあるほど、マーキングしたくなるもの。欲望の赴くままに線を引き、マーカーを走らせるとどうなるか。元の木阿弥とはこのことだ。

だがここで挫けたり諦めたりしてはいけない。そう、われわれにはまだ余白がある。そこで矢印の登場である。ほら不思議。「ここ」と矢印を描けば、下線やマーカーではもはや重要度が見失われてしまうかと思えた文章が、さらにいっそう際立って見えるではないか。下線が「重要」、マーカーが「超重要」なら、矢印は「絶対超重要」とでもいおうか。余白すごい！

——と考えたかどうかは分からないけれど、図にお示しした本の読み手は、行にアンダーラインを付しただけでは済まず、マニクルを二つ描き、さらに一行ずつにご丁寧に「NB」と書き込んでいる。「NB」とは、これまたラテン語で「よく注意せよ」を意味する

“nota bene”の略記。つまりこの読み手は、この三行に線を引き（重要）、NBを付し（超重要）、マニクル（絶対超重要）でとどめを刺しているのである。

この書き込みを教えてもらったケン・ギッブ（Ken Gibb）さんのブログ記事「さらにマニクル・マニア！（More manicule mania!）」によれば、この本には数百のマニクルが書き込まれているそうで、一冊の本に描かれた数としては最多数ではないかとのこと。

私たちの発想なら、すっと矢印を描けば二画か三画で済みそうなのに、ご丁寧に手を描いているところが面白い。先ほど述べたように画像検索でマニクルを見てゆくと、手が独立した生き物のようになっていたり、やたらとリアルに描かれていたりと、ヴァリエーションも豊富。手間のかけ方が違う。

5. 紙上のトマソン

この矢印やマニクル、実際に使う際にはちょっと気をつけたい。その箇所をはじめて読んだとき「お、これは」と感じて矢印を描き入れる。さて、一通り目を通したあとで、本を冒頭から繰って見直す。すると多くは「そうそう、これこれ」と思い出す。他方で「あれれ？　なんでここ、要注目だったんだっけ……」と、過去の自分の気持ちが分からなくなったりすることも少なくない。こうなると、それはただの矢印、本の余白に描かれた純粋矢印である。

かつて赤瀬川原平さんたちが街中で見つけた用途不明となり果てた建造物を「トマソン」と呼んだ。登ってすぐに降りるしかない純粋階段や、塀や柵などがあるわけでもなく門だけがぽつんとある無用門などなど。かつてはなんらかの用途でつくられたはずだが、後に周囲が変化したり一部が取り除かれたりして意味不明となった構造物である。この顰《ひそ》みにならって、以後これを紙上のトマソン、マルジナリアのトマソンと呼ぶことにしたい。線と矢印、引きすぎにご用心。

デジタルだって書き込みたい！

1．ところでデジタル方面は？

文字や本の歴史を振り返ると、古くは紀元前三千年頃、古代メソポタミアやエジプトで粘土板や建造物の壁などに文章が刻まれたり書かれたりしていた様子に行きあたる。それから五千年ほどのあいだ、パピルス、木簡、石、羊皮紙、紙などなど、人類はじつにさまざまなモノに文字を刻んできた。その最新版がご存じ各種のデジタル装置、コンピュータを使った読み書きの道具である。

本書ではこれまで、もっぱらコンピュータ登場以前のマルジナリアの例を取り上げてきた。それは故のないことではない。元来マルジナリアは本への書き込み術として発展してきたものだからだ。とはいえ読み書き環境が多様化しつつある二一世紀初頭のこと。このへんでちょっとデジタル環境でのマルジナリアについても眺めておこうという心算。

2. デジタル・マルジナリア前夜

さて、一口にデジタル環境といっても多種多様。例えば現在なら、スマートフォンやパソコンを使えば、インターネット上の厖大なウェブページを閲覧できる。加えてKindleのような電子書籍用装置なども各種ある。

少し思い出話をお許し願えば、私がインターネットを使い始めたのは一九九〇年のこと。当時のネットはいまのような賑やかな場所ではなかった。閑散としていた。そもそもアマゾンや楽天といった商業用サイトはなかったし、ヤフーやGoogleのような検索サイトさえなかった。というか、ウェブそのものがなかった。気分としては、ネットの大海を小さな船で進んでゆくと、ときどきぽつりぽつりと孤島が浮かんでいるといった状態だ。

そうした孤島のなかに、古典作品のテキストデータを公開している奇特なものがあった。プラトンやアリストテレスの英訳、シェイクスピア、ダーウィン、マルクスなどのいわゆる名著だ。データは基本的にプレーンテキストだった。つまり装飾がついていない文字だけのテキストデータだ。ネット上でそんな場所を発見したらこれ幸い、せっせとダウ

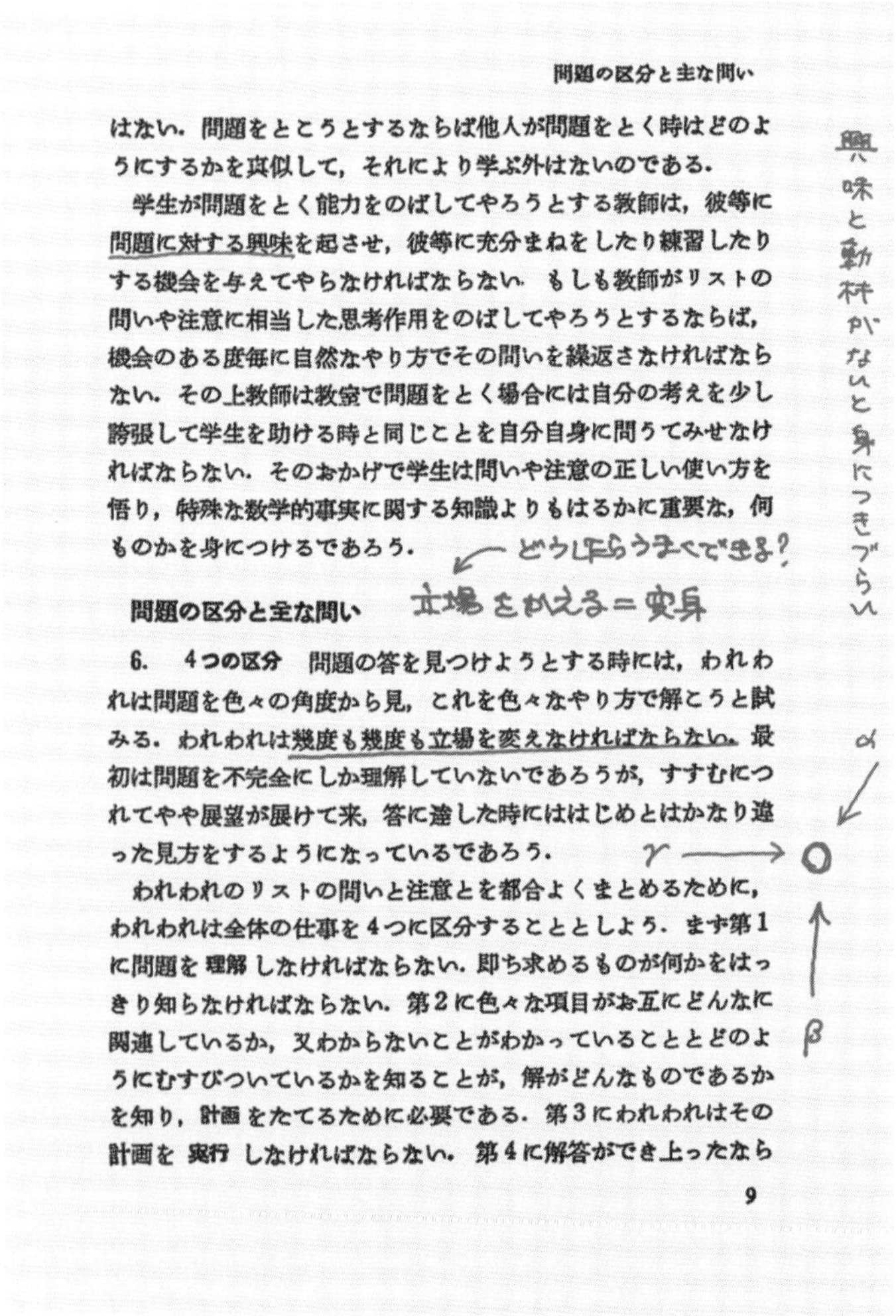

問題の区分と主な問い

はない．問題をとこうとするならば他人が問題をとく時はどのようにするかを真似して，それにより学ぶ外はないのである．

学生が問題をとく能力をのばしてやろうとする教師は，彼等に問題に対する興味を起させ，彼等に充分まねをしたり練習したりする機会を与えてやらなければならない．もしも教師がリストの問いや注意に相当した思考作用をのばしてやろうとするならば，機会のある度毎に自然なやり方でその問いを繰返さなければならない．その上教師は教室で問題をとく場合には自分の考えを少し誇張して学生を助ける時と同じことを自分自身に問うてみせなければならない．そのおかげで学生は問いや注意の正しい使い方を悟り，特殊な数学的事実に関する知識よりもはるかに重要な，何ものかを身につけるであろう．

問題の区分と主な問い

6.　4つの区分　問題の答を見つけようとする時には，われわれは問題を色々の角度から見，これを色々なやり方で解こうと試みる．われわれは幾度も幾度も立場を変えなければならない．最初は問題を不完全にしか理解していないであろうが，すすむにつれてやや展望が展けて来，答に達した時にははじめとはかなり違った見方をするようになっているであろう．

われわれのリストの問いと注意とを都合よくまとめるために，われわれは全体の仕事を4つに区分することとしよう．まず第1に問題を 理解 しなければならない．即ち求めるものが何かをはっきり知らなければならない．第2に色々な項目がお互にどんなに関連しているか，又わからないことがわかっていることとどのようにむすびついているかを知ることが，解がどんなものであるかを知り，計画 をたてるために必要である．第3にわれわれはその計画を 実行 しなければならない．第4に解答ができ上ったなら

9

G.ポリア『いかにして問題をとくか』（柿内賢信訳、丸善出版）への
筆者デジタル書き込み

ンロードしたものだ。電話回線でピーピーガーガーいいながらの通信で、いまから見るとよくあんなのでやっていたなという低速度だった。

そうしたテキストファイルは、読むにも書き込むにも便利、というわけにはいかない。当時のパソコンがしょぼかったということもある。もちろんその気になれば、テキストエディターなどで開いて、自分でも書き込みをしながら読んだりできる。ただし、注意しないと元のテキストと区別がつかない。だってほら、本文も書き込みも同じフォントの文字だから。そんなこともあって、当時私は手にいれたテキストファイルをいちいちプリントアウトして読むようにしていた。もちろんペンで書き込まないとうまく読めないからである。

3. ウェブにだって書き込みたい！

その後、一九九〇年代半ばあたりを境にインターネットが普及する。各種ウェブサイトもつくられて、従来の本に限らず、ほとんど無数のと言いたくなるほどの文字や画像がネットにあふれ始めた。私も友人の吉川浩満くんと「哲学の劇場」というサイトをこしらえて、書評やエッセイを書いた。一九九七年のことだった。

以来これまで長いこと、ウェブサイトは基本的にマルジナリアに馴染まないものだったと思う。というよりも、制作者はそういう使い方を想定していなかったように思う。いや、本の余白に書き込みをするように、ウェブページに書き込みをする手段がまったくなかったわけではない。ただ、多くの人はそのような使い方をしてこなかったのではないか。どちらかというと、ウェブページは読むためのもの、あるいは切り取ってどこかへ保存しておくもの、コピー&ペーストの材料として使われることのほうが多いと思う。

また、道具の制限もあった。タッチパネル普及以前、そもそもコンピュータの画面に自分で文字を書こうと思ったら、マウスをなんとか動かすか、絵描き用のタブレットとペンを使うかしかなかった。よほど慣れないとマウスで文字を書くのはしんどい。

私はウェブでも本のように手軽に書き込めるようになるといいのにと思っていた。もっと言えばウェブだけでなく、コンピュータの画面に表示されるものならなんであれ、そこにペンで書き込めるようになったらいいのにと考えてきた。ないならつくればいいじゃないの精神で、設計メモまではこしらえてあるのだが、いかにせんプログラムしている時間を捻出できずにいる。

と思っていたら、同じことを考える人はいるもので、最近その方面で朗報がある。Windows10用のブラウザ（ウェブ閲覧ソフト）Microsoft Edgeに書き込み機能が搭載されている。画面に表示したウェブページにマーカーで線を引いたり、色と太さを選んだペンで書き込みしたりと自由自在である。タッチパネルを搭載したタブレットやスマートフォンなら、ペンを片手に本に書き込みをするような感覚でウェブにマルジナリアを施せる。これぞ私が求めていた仕組みである。おお。

また、同じようにPDF形式のファイルに対して、ペンやタッチで書き込みしやすいソフトもある。少し細かい話になるけれど、ご興味のある向きがないとも限らないので述べれば、タブレットのiPad ProにPDF Expertというアプリを入れて、画面に表示した文書（PDF）に対してApple Pencil（書き込み用のペン）で書き込みをしている。これはなかなか快適で、論文でも本でもゲラでも、さほど長いものでなければデジタル環境でのマルジナリアを活用できる。

4．理想のデジタル・マルジナリア

こうしてコンピュータでマルジナリアを施してみて実感することがある。本は実に手間が少ない道具だ。なにしろ本とペンさえあれば、すぐにでも読んで書き込みができる。そんなの当たり前じゃんと思うかもしれない。

しかしコンピュータの場合、①オンにする（なんならパスワード入力や指紋認証もする）、②読みたいファイルを画面に表示する（閲覧用アプリを選んで起動する）、③ペンによる書き込みコマンドを選ぶ、という準備を経てようやく書き込める。現実的にはさらに④ペンを使える状態にする（充電、通信設定）、⑤他のアプリからのお知らせに気をとられない（要集中力）、という条件も加わる。要するに本とペンの組み合わせに比べると、書き込める状態になるまでの手数が明らかに多い。

もちろんだから本がよくてコンピュータがダメという話ではない。デジタル・マルジナリアにもよい点がある。例えば、本に書き込みをするのは抵抗がある人でも、デジタルなら気軽にできるのではないか。なにしろ不要になったり、消したくなったらいつでも削除してきれいに戻せる。ページの拡大縮小もお手のもの。狭いところを拡大して書き込んだりもできる。

では、このデジタル・マルジナリアをさらに快適にするにはどうしたらよいか。一つは先に述べた①から⑤の手間を最小化することである。例えばAIスピーカーのように読みたい本や文章のタイトルを話すとそのファイルが自動的に開く。画面にペンをタッチすればすぐ書き込める。

さらに付け加えるなら、ページ同士の相互参照機能なども充実させたい。例えば本へのマルジナリアでも、一二ページの余白に「この点は二八八ページ参照」と書いたりすることがある。この場合、読者はもちろん自力でそのページを開くことになる。デジタルなら「二八八ページ」という書き込みを触ればそこに飛ぶということも仕組みとしては簡単にできる。あるいは、読者によるマルジナリアの言葉も自動的に集計して索引がつくられる。「?」を書き込んだ箇所のリストが自動生成されて、自分の疑問集ができる、などなどこうなったらいいなあという夢は尽きない。というか、誰かはようつくって！

残響のマルジナリア

1. 貼りすぎた付箋はキノコのように

「こ、これは……！」ジャングルの奥地で、そんなところにあるはずもない本が落ちている。拾い上げてみると、天から植物が繁茂したように青いものがもさもさと這い出している。未知の生き物に寄生されたように……

——というのは空想で、私はいま、かつら文庫にお邪魔している。『うさこちゃん』『クマのプーさん』『ピーターラビット』など、児童文学の翻訳で知られる石井桃子さんの自宅であり仕事場であり、子供たちに開放された図書館でもある場所だ。

石井さんの書斎は二階にあって、いまもありし日のように蔵書が置かれている。私が手にしたのは、エリナー・ファージョンの『ムギと王さま』（岩波少年文庫）だった。天から無数の付箋が生えた（そう、生えたと言いたくなる）本は、無機物というより、なにか生き物らしさを感じさせる。私の脳裏に浮かんだのは、木の幹に群生したキノコ、あるいは『風の谷のナウシカ』に登場する王蟲の触手だった（口絵8〜11頁）。

2. きみは付箋じゃないのかい？

付箋といえば、文具店で売っている小さな細長い紙片の端に糊のついたものが思い浮かぶ。束になった付箋から一枚はがして本に貼るあれだ。古文書学の用語では、疑問や覚え書きなどを記して、糊で本に貼り付ける小さな紙片を付箋というらしい。私はいまこの説明を、『世界大百科事典』の「付箋」の項目で教えられたところなのだが、説明によればどうもこうした小紙片にも区別があるようだ。付箋に対して、なにも書かずに「ここ」という目印にする場合は「付け紙」とか「貼り紙」というらしい。

ちょっと待って。私がこれまでずっと付箋だと思っていたあれは、付箋じゃなかったの？　というのも、私の場合、メモは余白に書き込んで、付箋（だと思っていた付け紙）を貼るのは「ここだよ」という目印のためなのだった……。

ついでに言えば、付け紙は小紙片に限らないとも書かれている。つまり、もっと大きな紙片を挟む場合も「付け紙」になるわけだ。さらには、紙片の一部ではなく全面に糊を塗って貼り付ける場合は「押紙」というらしい。ものを知らぬとは、まことに困ったものである。私は以後、この違いに気をつけて余生を送りたいと思う。

そういう目で見直すと、石井さんが本に挟んでいる紙はどうか。まず小紙片である。古い本の場合、挟まっているのはなにかの紙を切ってつくったとおぼしきもの。その小紙片にメモが書かれている場合（付箋）もあれば書かれていない場合（付け紙）もある。また、石井さんはそうした小紙片をテープで貼り付けている。本の保存を考える人が見たら卒倒するかもしれない。比較的現在に近い本では、市販のものと思われる付箋というか付け紙も使われている。

3. 貼られすぎた付箋は……

付箋や付け紙もまた、本を活用する上で、マルジナリアと同様に重要なものだ。というか、これまた本の余白（マージン）の活用法である。なにしろ先ほど述べたように、本の天や小口から紙片がぴょこっと飛び出ていれば、「そうそう、ここここ！」と大事な場所

かつら文庫の石井桃子蔵書より

が一目瞭然にもなろうから。

と言いたいところだが、ここでちょっと残念なお知らせがある。そう、「ここ大事」「これ後で戻ってこよう」「なにこれ面白い！」とペタペタ無計画に思うさま付箋を貼りまくったらどうなるか。やがて本の天からはニョキニョキと色とりどりの紙が生え、どこがどこやら、なにがなにやら分からなくなり果てるんである。記憶のよすがになるはずだった付箋が、むしろ本を混沌の渦へと巻き込むのだ。なにそれコワイ。

4. 三十余年以上も

怖がっていてもはじまらない。気を取り直して本に目を戻そう。いったいこれだけの付箋を貼り付けるとは、どういうことだろう。私はかつて愛読していた『ドリトル先生アフリカゆき』（岩波書店）を手に取った。表紙は見覚えのあるデザインだ。この本を気に入った石井さんが編集者として下訳をして、井伏鱒二が仕上げた。

付箋や付け紙を頼りにページを繰ると、半ば予想していたこととはいえ、至るところに朱筆が入っている。やはり優れた翻訳者や文筆家は、こうして自分がたずさわった本についても厳しく点検を怠らないのだ。万が一増刷するようなことがあったら、そのときなんとかしようなどと呑気に構えている私は思わず襟を正した。

　ページに書き込まれた赤字を読んでみると、いくつかの種類がありそうだ。一つは、訳語の点検をした箇所で、原語が書き込まれている。原文はこう書いてあるが、訳文はこれでよいか、というわけであろう。また、場所によっては「カキナオシ」（！）や、ページの半分をトル（!!）とか、図をトル（!!!）などの激しくて、こちらまでドキドキするような指定も見える。

　ちょっと待って（再）。ドリトル先生の岩波少年文庫版って一九五〇年代だよね。この本は、もっと新しく見えるけど……いそいそと奥付を見るとこうある。

　1985年10月8日 第23刷
　第二三刷……！　初版が一九五一年六月二五日だから、実に三四年の歳月と二二回の増刷を経てもなお、これだけの点検をするとは。

　私はページから目をあげて、書棚に並ぶ石井さんの訳書や自著の背に目をやった。そこかしこに付箋が見える。『幻の朱い実』にいたっては、初版から刷違いが順番に並んでいる。そう分かるのは、背表紙に何刷かを示すラベルがついているからだ。ある気持ちがわき起こる。これは……畏怖の念というやつだろうか。訳書や著書を彫琢し続ける作家や翻訳者の話は耳にしていたけれど、こうして本の形で実感したのは初めてだった。それもマルジナリアによって。

私はかつら文庫の書斎で途方に暮れ、次に岩波書店の担当編集者のことを思い、刷とはなにかという深遠な哲学的問題を思い浮かべた。

5. 読み込んだ本は……

気を取り直そう。もう一つ気になることがあった。優れた翻訳者は原書をどんなふうに読んでいるのだろうか。とりわけマルジナリアはどうか。そんな疑問を念頭に書棚に目を戻す。そう、マルジナリア探偵にとって、誰かの蔵書はそれだけで宝の山なんである。

こんなとき、私が目をつけるのは背が曲がっている本だ。造本の仕方にもよるけれど、何度も開いて一ページずつしっかり読み込んだ本は、手擦れを起こして背が斜めにゆがむ。そのつもりで見ると、ほら、あった。ウィラ・キャザーのDeath Comes for the Archbishop（死を迎える大司教）やMy Mortal Enemy（私の不倶戴天の敵）はどちらも背が斜めによれている（口絵6〜7頁）。

開いてみると案の定、そこかしこに鉛筆による小さな字でさまざまな書き込みがあって、よく目を通した様子も窺える。ざっと見た限りでも、「イイノカ?・」「ほゝえましい／おろかにも」といった感想型マルジナリアのほか、「19ｃ中ごろから20ｃのはじめまでよい社会のsymbolだった」という説明型、あるいはLa Palomaというスペイン語にdoveと英語の意味を添える翻訳型などのマルジナリアが確認された。やはり本を使い込む人は、本に問いかけ、疑義を呈し、自分なりに補足して、本を改造してゆくのだ。

6. 残響のマルジナリア

特に絵本については、読点の位置の修正が多いことに気づいた。どこで区切るかを微調整しているのだ。どちらでもよさそうに思えるとしたら早計である。これは黙読していると気づかない。おそらく子供たちを相手に朗読をするうち、音の調子を見て行ったものだろう。かつてこの絵本を手にして読んだ朗読のお姉さんや子供たちの声こそどこかへ消えて久しいけれど、その声の響きはこうしてマルジナリアに痕跡をとどめているのだった。

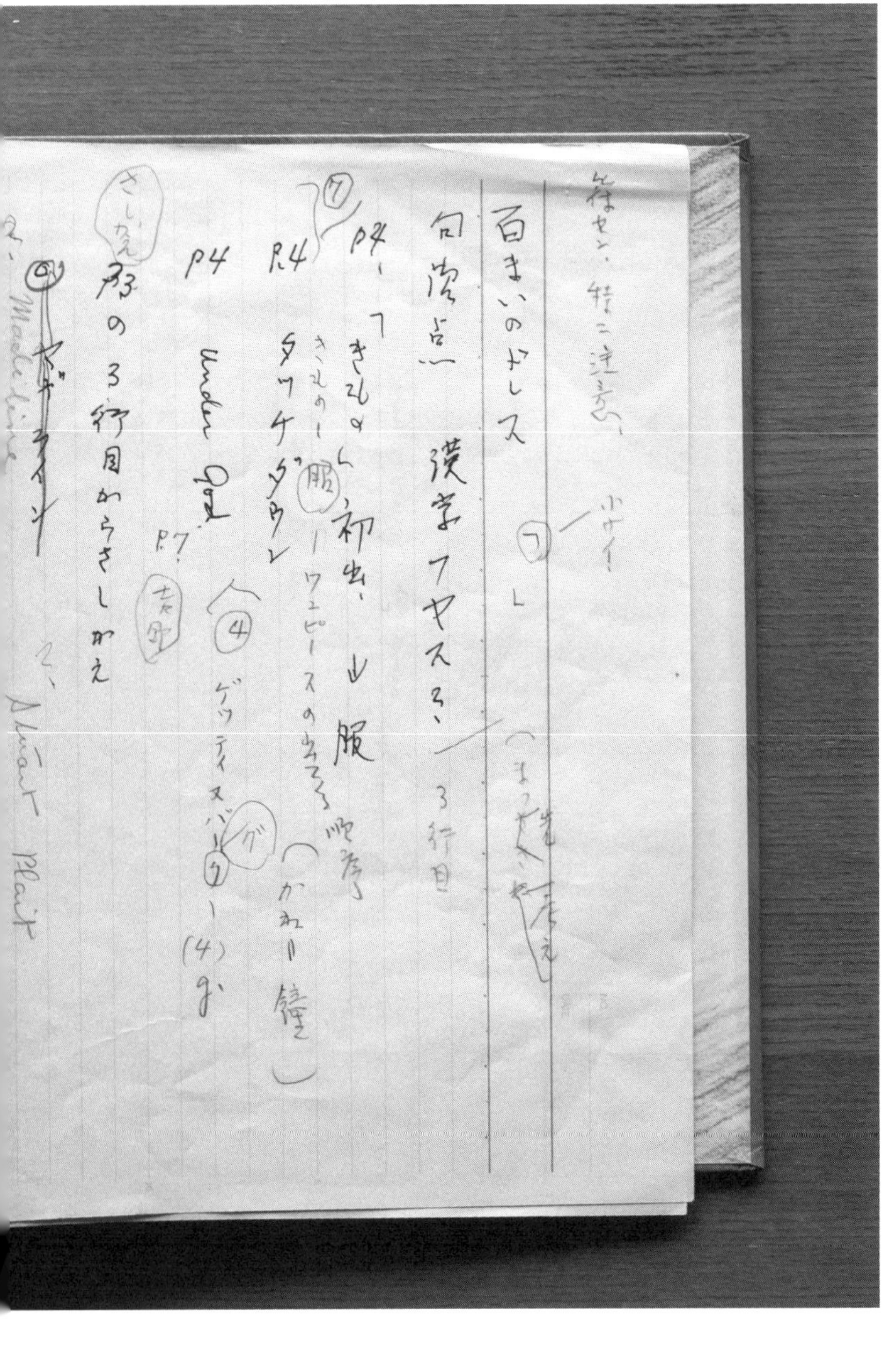

合せて、特に注意、
小サイ
百まいのドレス
句読点
漢字フヤスる、
3行目
P4、「きれい」初出、↓服
P4 タッチダウン
ワンピースの出てくる順序
(かねー 鐘)
P4 Under God
ゲッティスバーグ
(4) p.
P7
P3の3行目からさしかえ
さしかえ
ヤギライン

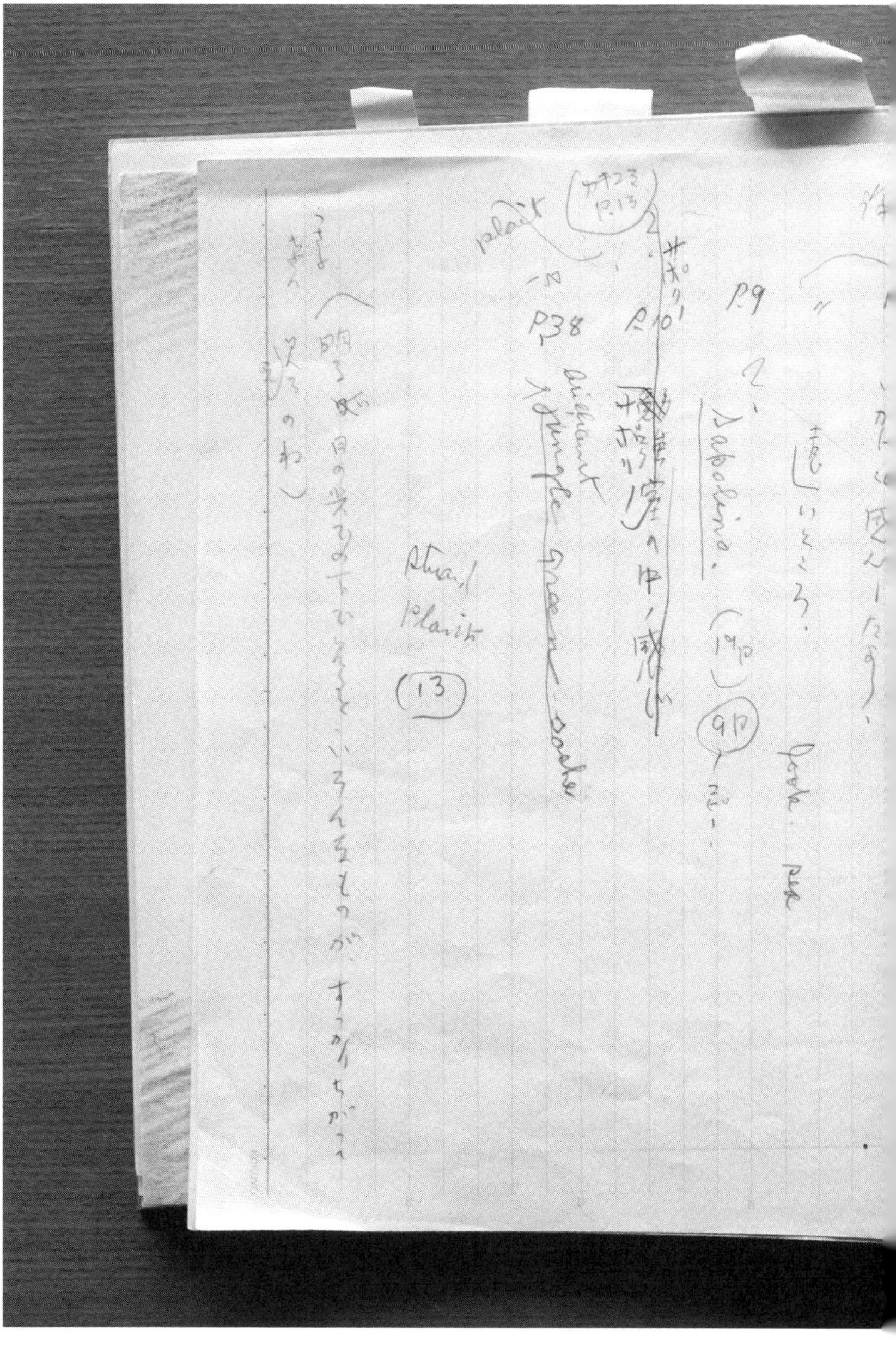

『百まいのきもの』から『百まいのドレス』へ。石井桃子の改訳メモ。かつら文庫の石井桃子蔵書より

足りなかったら書けばよし

1. そんなにしてまで

このところ翻訳に取り組んでいる。『時間の地図製作法――年表の歴史（Cartographies of Time: History of Timeline）』（二〇一〇）といって、その名の通り、年表の歴史をたどる本だ。著者はいずれも歴史学者のダニエル・ローゼンバーグとアンソニー・グラフトン。グラフトンは面白い本を山ほど書いていて、その方面ではよく知られた人物かもしれない。日本語で読めるものに『カルダーノのコスモス――ルネサンスの占星術師』（榎本恵美子、山本啓二訳、勁草書房）や『テクストの擁護者たち――近代ヨーロッパにおける人文学の誕生』（ヒロ・ヒライ監訳、福西亮輔訳、勁草書房）などがある。

主に学問がいまのように専門分化しきる前といおうか、占星術や錬金術など、ちょっとした妖しさも含んでいた時代のヨーロッパの文化を主な研究対象としている。お時間があったらGoogleの画像検索で“book wheel”を検索されたい。すると一六世紀のヨーロッパで造られた回転式書見台の画像が現れる。水車のような装置に大きな本が数冊設置されていて、読者は労せずしてあちこち行ったり来たりしながら読めるという珍妙な装置である。「そんなにしてまで読みたいのか！」はじめてこの図を見たとき、思わず笑ってしまった。でも、考えてみると一理ある。というのも、大きな辞書や本を何冊か開いて、あちこち見比べるには意外とスペースが要るし、一度開いて置いたらおいそれと動かしたくない。回転式書見台はなかなか悪くない発明なのではあるまいか。

次に、今度は“book wheel”に“Anthony Grafton”を加えて検索しよう。グラフトン氏とその書斎に置かれた回転式書見台の写真が出てくる。まさか使っている人がいるとは！

2. 自作年表にも手を入れる

さて、そもそも年表という表現はどんなふうに生まれてきたのか、それはどんな試行錯誤を経て、いまのような形に落ち着いたのか。『時間の地図製作法』は、そうした変遷をたくさんの実例を写真で紹介しながら見せてくれる楽しい展覧会図録のような本である。

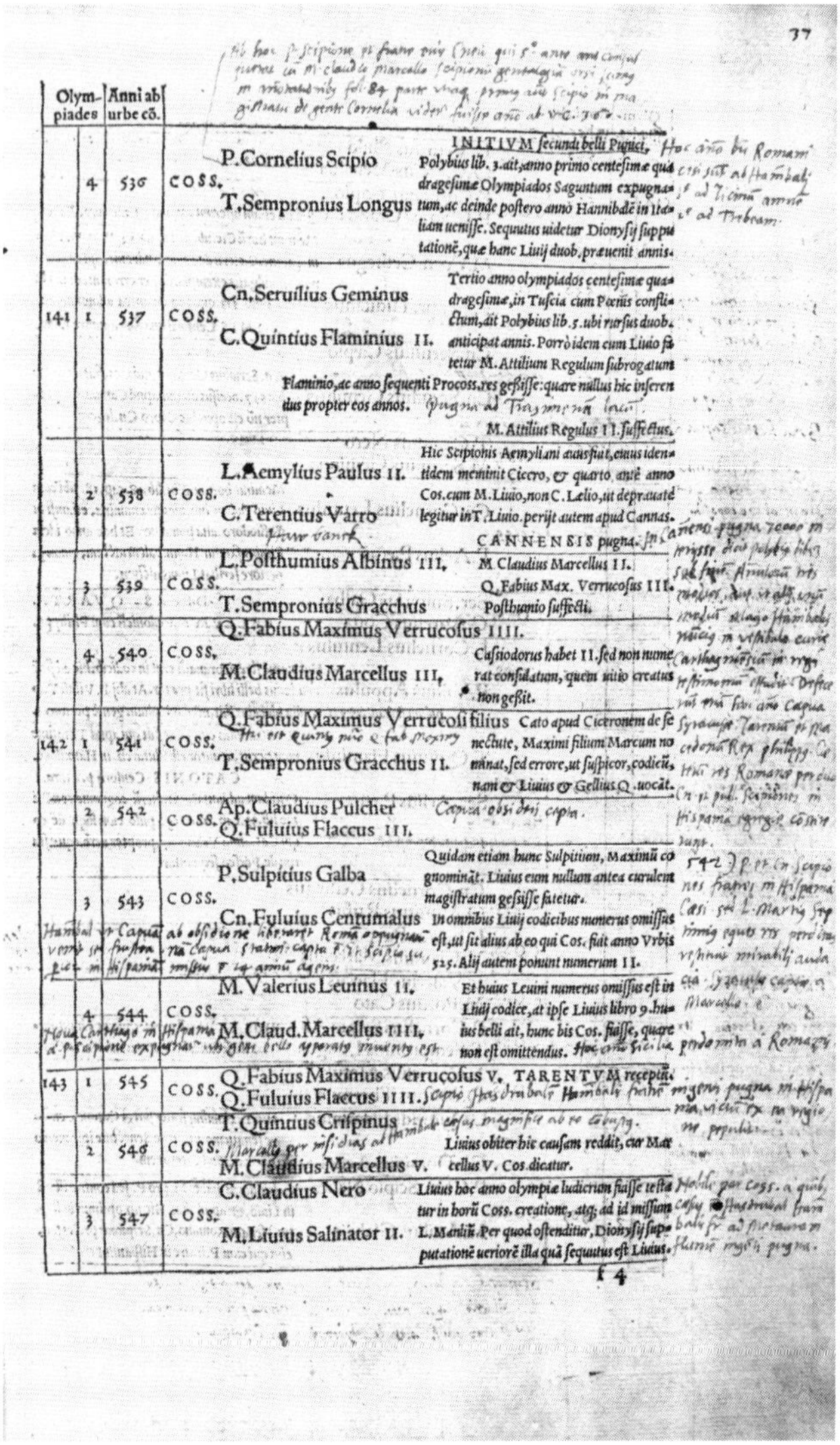

37

Olympiades		Anni ab urbe cõ.			
	4	536	COSS.	P. Cornelius Scipio / T. Sempronius Longus	INITIVM secundi belli Punici. Polybius lib. 3. ait, anno primo centesimæ quadragesimæ Olympiados Saguntum expugnatum, ac deinde postero anno Hannibalẽ in Italiam uenisse. Sequutus uidetur Dionysij supputationẽ, quæ hanc Liuij duob. præuenit annis.
141	1	537	COSS.	Cn. Seruilius Geminus / C. Quintius Flaminius II.	Tertio anno olympiados centesimæ quadragesimæ, in Tuscia cum Pœnis conflictum, ait Polybius lib. 5. ubi rursus duob. anticipat annis. Porrò idem cum Liuio fatetur M. Attilium Regulum subrogatum Flaminio, ac anno sequenti Procos. res gessisse: quare nullus hic inserendus propter eos annos. M. Attilius Regulus II. suffectus.
	2	538	COSS.	L. Aemylius Paulus II. / C. Terentius Varro	Hic Scipionis Aemyliani auus fuit, cuius identidem meminit Cicero, & quarto antè anno Cos. cum M. Liuio, non C. Lelio, ut deprauatè legitur in T. Liuio. perijt autem apud Cannas. CANNENSIS pugna.
	3	539	COSS.	L. Posthumius Albinus III. / T. Sempronius Gracchus	M. Claudius Marcellus II. Q. Fabius Max. Verrucosus III. Posthumio suffecti.
	4	540	COSS.	Q. Fabius Maximus Verrucosus IIII. / M. Claudius Marcellus III.	Cassiodorus habet II. sed non numerat consulatum, quem uitio creatus non gessit.
142	1	541	COSS.	Q. Fabius Maximus Verrucosi filius / T. Sempronius Gracchus II.	Cato apud Ciceronem de senectute, Maximi filium Marcum nominat, sed errore, ut suspicor, codicũ, nam & Liuius & Gellius Q. uocăt.
	2	542	COSS.	Ap. Claudius Pulcher / Q. Fuluius Flaccus III.	
	3	543	COSS.	P. Sulpitius Galba / Cn. Fuluius Centumalus	Quidam etiam hunc Sulpitium, Maximũ cognominăt. Liuius eum nullum antea curulem magistratum gessisse fatetur. In omnibus Liuij codicibus numerus omissus est, ut sit alius ab eo qui Cos. fuit anno Vrbis 525. Alij autem ponunt numerum II.
	4	544	COSS.	M. Valerius Leuinus II. / M. Claud. Marcellus IIII.	Et huius Leuini numerus omissus est in Liuij codice, at ipse Liuius libro 9. huius belli ait, hunc bis Cos. fuisse, quare non est omittendus.
143	1	545	COSS.	Q. Fabius Maximus Verrucosus V. / Q. Fuluius Flaccus IIII.	TARENTVM receptũ.
	2	546	COSS.	T. Quintius Crispinus / M. Claudius Marcellus V.	Liuius obiter hic causam reddit, cur Marcellus V. Cos. dicatur.
	3	547	COSS.	C. Claudius Nero / M. Liuius Salinator II.	Liuius hoc anno olympia ludicrum fuisse testatur in borũ Coss. creatione, atq; ad id missum L. Manliũ. Per quod ostenditur, Dionysij supputationẽ ueriorẽ illa quã sequutus est Liuius.

f 4

※『クロノロジア（年代記）』巻末年表
（https://catalog.princeton.edu/catalog/5339462）より

それぞれの時代に年表や年代記をつくった人たちが、やっぱりというべきか、先人の本を参考にしていた様子も見えてくる。ある人が時間を目に見えるようにするために、うまい工夫をすると、それを見た他の人が「いいね！」と言ったかどうかは知らないけれど、どんどん真似をして、なんならさらに改良も施す。そうした積み重ねを経て、私たちの手元にあるような年表のスタイルが洗練されてきた。

そうした年表制作者たちが所有していた本のなかには、びっしり書き込みのあるものがある。例えば、グラレアヌス（一四八八―一五六三）というスイスの音楽理論家として知られる人の本にすさまじいマルジナリアがある。彼は古代ローマの歴史家リウィウス（紀元前五九―紀元後一七）の『ローマ建国史』を読み込んで注釈を書いた。その注釈を本にしたのが『クロノロジア（年代記）』といって、一五四〇年にバーゼルで刊行された。

その本の巻末に六〇ページにわたる年表がついている。どうやらグラレアヌスがその前後に何度も改訂をしながらこしらえたものらしい。問題はこの年表である。ページの余白や年表中に、赤字で所狭しと書き込まれている。同書はプリンストン大学がウェブで全ページを公開している（https://catalog.princeton.edu/catalog/5339462）。

例えば、オリンピアード一四〇期第四年、ローマ建国年五三六年の欄を見てみる（右図）。

そう、この年表はお馴染みの「西暦」ではなく、古代ギリシアの暦とローマ帝国の暦で年号が振ってある。西暦に換算すると紀元前二一七年のこと。こうした年号と、そのときのコンスル（執政官）の名前と出来事が書かれている。コンスル欄には「プブリウス・コルネリウス・スキピオ」「ティベリウス・センプロニウス・ロングス」と見える。また、出来事欄には「この年は第二次ポエニ戦争が始まった。ポリュビオス『世界史』第三巻。オリンピアード一四〇期第一年にサグントゥムが陥落し、その翌年にはハンニバルがイタリアへ攻め込んだ云々」とある。世界史の教科書にも出てくるあの戦争だ。

この項目には二つのマルジナリアが見える。一つはスキピオについて。スキピオと兄弟やその系譜については何ページを見ろといったコメントが書かれている。人物にかんする補足情報だ。もう一つは出来事について「ローマはこの年二度にわたってハンニバルに敗れた。一度目はティーキーヌムで、二度目はトレビアで」と見える。いずれも印刷された本文と同じくラテン語で書かれている。

面白いのは、印刷された原文にはハンニバルによる侵攻という大事件が書かれており、年表としてはそれだけでもよさそうなのに、ローマが二度敗れたと、詳しい情報を追記しているところ。ただし、例えばそのとき部隊を率いていた将軍は誰かとか、何月何日のことだったかなど、むしろ知りたい気もする情報は見当たらない。スキピオもセンプロニウスもハンニバル率いるカルタゴ軍に敗北を喫しているはずだが、この二人が敗れたとも書いていない。武士の情けか。

この箇所はまだかわいいほうで、ページによっては余白いっぱいにこうしたコメントが書き込まれている。しかも、グラレアヌスは先生でもあって、自作年表への書き込みについて、学生たちにも同じようにマルジナリアをコピー（というか筆写）させたらしい。ここでお目にかけているのは、まさにそのようにして学生が筆写したという本である。

3．長く使うものこそ

考えてみれば、年表というものにはどこか無理がある。例えばこの一年間だけをとっても、地球上で（あるいは宇宙を含めて）生じた出来事はどれほどあるだろう。極端な話、少なく見積もっても、生きている人類の数だけなにかが起きている。そのなかから「この一年の出来事」を年表にまとめようとなれば、否でも応でもほんのごく一部を選ばざるを得ない。

では、どうやって選ぶか。まず、選ぶ人が知っている出来事が材料となる。そのなかからさらに選者が重要だと思うものが選ばれるだろう。その年表のテーマや狙いに応じて、ぐっと絞り込むわけである。

そんな年表だから、グラレアヌスのように過去の自分がつくった場合もさることながら、他人がこしらえたものを見れば、なおのことなにかしら不満というか、物足りなく感じるところが出てくる道理。そうなれば、先ほど見たように、その年表にどしどし手を入れて、自分好みにカスタマイズすることになる。そうして手を入れ続けてゆくと、やがて最初は他人がつくった年表だったものが、いつしか自分だけの理想の年表に近づいていくわけである。

マルジナリアとは、本を自分専用にカスタマイズすることだ、とは本書で何度か確認してきた。年表や辞書のようなリファレンスブックこそ、改造のしがいもあるというものだ。だってほら、なにしろ長く使うのだしね。この発想は、あらゆる書物についても言える。読んで不足を感じたところは文句を言う暇を使って自分でよいように改造してゆけばよいわけである。

ところで『時間の地図製作法（仮題）』（吉川浩満との共訳）はフィルムアート社から遠

からず刊行の予定。同書でもマルジナリア談をお楽しみいただければ幸いである。

やがて消えゆくマルジナリア

1．なぜゲラの話をしているのか

このところ、いつも以上に多くのゲラを手にする機会があった。ゲラとは印刷用語のひとつ。現在ではもっぱら出版物の校正のために刷ったものを指す。

といっただけではイメージしづらいかもしれない。もう少し具体的にはこんな様子を想像していただければよい。まず、書き手が文章をこしらえる。昔は原稿用紙に書く場合が主だったようだけれど、途中からワープロを使う人もあらわれ、いまではパソコンの文書作成ソフトを使って原稿を書く（打つ）人が多いと思われる。

原稿は多くの場合、「こういう言葉を並べます」という具合に、編集者に内容を伝えるために書かれる。なにを言っているかというと、原稿では、文章の見た目、使用する書体やサイズ、天地左右の余白、一ページの行数、一行の文字数などについては、必ずしも配慮していない。極端な例では、最終的に縦書きで印刷される本の文章を、原稿では横書きで書いている場合もある。他方で人によっては、最初からInDesignのようなDTPソフト（組版ソフト）でレイアウトを含めて文章を書く人もある。いずれにしても、多くの場合、書き手は原稿にどんな文章かという内容を記すのを第一の仕事としている。

さて、その文章を編集者が受けとる。そしてデザイナーに渡してレイアウトをつくる。つまり、どんなページにするかという文章の見た目を整える。その結果つくられるのが、先に述べたゲラである。要するに「何事もなければ、このまま本（雑誌）として印刷されますよ」という状態をあらわしたものである。

マルジナリアはどこへ行ったのか。ここからが本題である。

2. 校閲というマルジナリア

ゲラができるとどうなるか。そのゲラを校閲担当者が見る（ゲラ以前に原稿の段階で見る場合もある）。書かれている文章に間違いやその可能性が含まれていないかをチェックするわけである。このとき、校閲担当者は、鉛筆などで疑問や示唆を余白に書き込む。ほら、マルジナリアっぽくなってきた。

そのようにして校閲を施されたゲラを編集担当者が確認したうえで書き手に渡される。人によっては、校閲による疑問ゼロというまっさらなゲラしか見たことがないというケースもあるのかもしれないけれど、私の場合に限っていえば、毎回いろいろなご指摘をいただいている（褒められたことではない）。

例えば「進学データベース」と書くつもりが「神学データベース」になっているとか、「校了しろん」ってなんだろうと思ったら「光量子論」のことだったり、「ゾンビが俳諧する」とか、漢字変換ソフトの横暴に対抗できないまま翻弄される人類の末路を見るような事態がゲラに残っていたりする（単に確認不足なだけなのですが……）。

あるいは人名を思い違いで書いていたり、慣用表現を誤って使っていたりと、もしそのまま印刷物になってしまったら目も当てられないようなミスを事前につぶせるのは、ひとえに校閲者が目を光らせてくれているおかげである。

3．やがて消えゆくマルジナリア

そんな具合に校閲者や編集者によって書き込みを施されたゲラを手にした書き手はどうするか。私の場合でいえば、ゲラを平らな場所に置いて赤ペンを持つ。デザインされ、チェックされた己の文章を虚心坦懐にゆっくり読む。

このとき、およそ二つのことをする。第一に、先ほど述べた校閲者からのコメントを検討してどうするかを決める。誤記などの指摘があれば「ありがとう、ほんとうにありがとうございます」と言いながら、修正する旨をやはり余白に書き込む。あるいは「先ほどは「ひとつ」と書いてあったが、今度は「一つ」と書いてある。どちらかに統一？」といった疑問が提示されていれば、必ずしも統一の必要はないのでここは「ママ」などと記す。そんなふうにして文章と校閲のコメントをつきあわせる。他人によるマルジナリアとの対話である。

第二に、自分の文章を読み直して気になる点の確認をする。というのも、一度ゲラを手放してしまえば、あとからおいそれと直すことはできない。複製されて全国に運ばれた数千冊の本を一冊ずつ直して歩くわけにはいかない。そこで、印刷する前に可能な限りよい状態にする必要がある。変な文章が印刷物として残るのは、やはり恥ずかしいものだし。

というわけで、ゲラが手元にきたら目を皿のようにして読む。いや、それなら原稿の段階でそうしておきなさいよ。と、こう言いたくなるかもしれない。ごもっとも。私としても、なろうことならそうしたい。だが、聴いて欲しい。必ずしもそうはゆかないわけもある。

これはどう説明したらよいか難しいところなのだが、述べるだけ述べてみよう。自分が最初につくった原稿とデザインを施されたゲラとでは、同じ文章でありながら読み心地がちがう。たとえるなら原稿は裸の文章で、ゲラは化粧をして衣装を着せられた状態。書き手としては、自分が送り出した裸の文章が立派な装いで帰ってきたようなものである。

そこで原稿を書いたり、チェックしたりしているときには気にならなかったことが、「もうこれで印刷しますよ」という形で眺めると目に入るようになる。原稿を書き終えた直後は、そうはいってもまだ書き手としての意識が強い。ゲラでは、他の人の本や雑誌を読むのと同じモード、つまり読み手の頭になりやすいのかもしれない。

また、原稿を書き終わってからゲラになるまで少し間があることも大いに関係していると思う。文章は固定されており変化しない。それに対して書き手のほうは、書き終わった

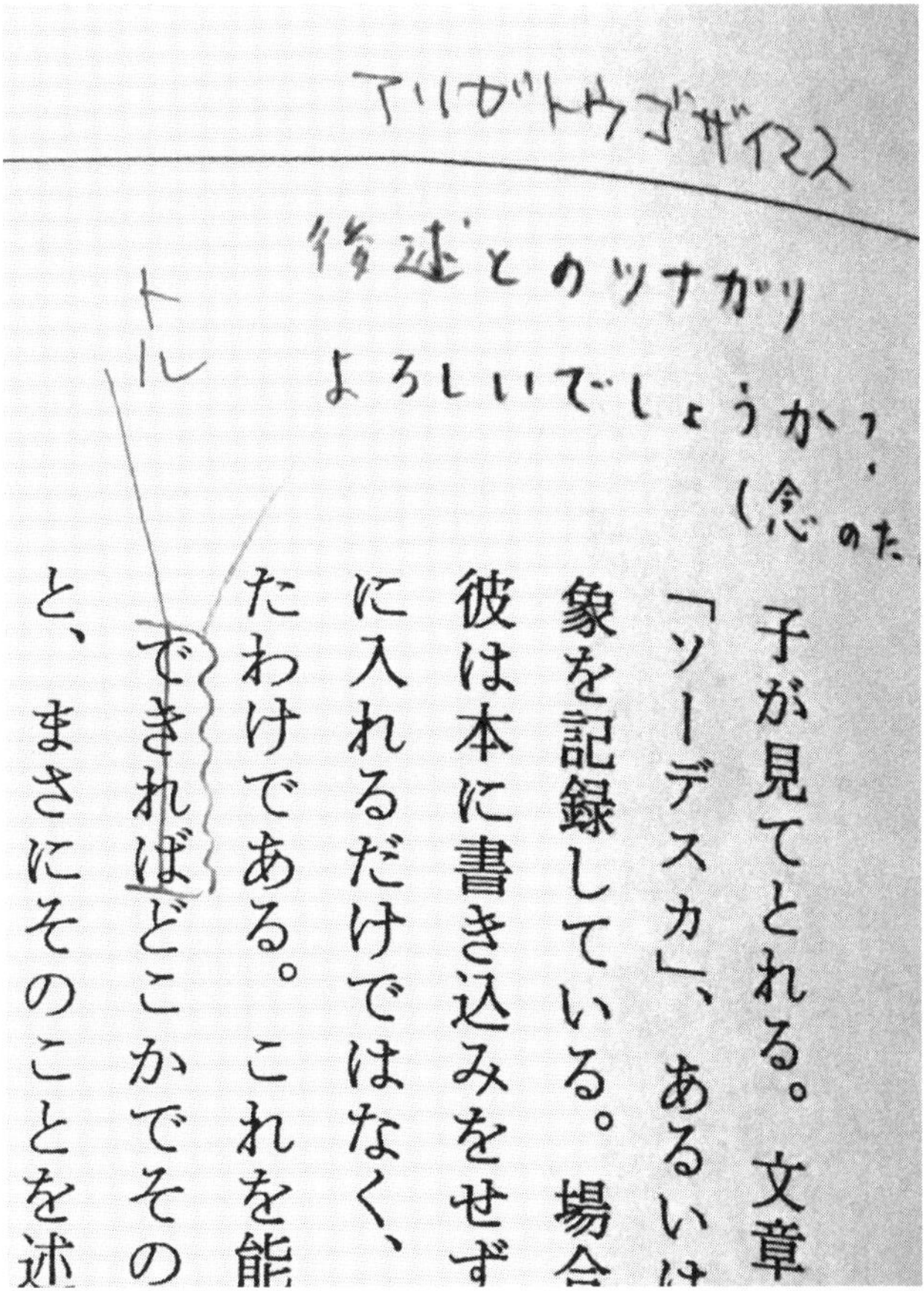
アリガトウゴザイマス
後述とのツナガリ
よろしいでしょうか？
（念のた
トル
子が見てとれる。文章
「ソーデスカ」、あるい
象を記録している。場
彼は本に書き込みをせず
に入れるだけではなく、
たわけである。これを
できればどこかでその
と、まさにそのことを

『投壜通信』のゲラより

直後から変化してゆく。なにも劇的な変化に限らない。例えば、原稿を編集者に送った後で、書いたばかりの文章に関するまだ見ていなかった文献を見つけて読んだりする。そうなれば、どうしたって頭の状態は変化する。文章のほうは、見た目は変化するとしても、内容そのものは変化しない。だからゲラを見る頃には、書き手も自分の文章に対して、書き終えた時点とは違う目で眺めることになるという次第。

とまあ理屈や推測はともかく、そのようにゲラを読んで気になるところがあれば赤ペンで書き込みをする。先に眺めたモンテーニュによる自著『エセー』に対する猛烈なマルジナリアに近いかもしれない。あれは印刷された本への書き込みだったので、その点は違うが、自分の文章に対して自分でコメントする点は似ている。

ここでお目にかけているのは、そんなふうにして最近私が手を入れたゲラの一部である。これは『投壜通信』といって、二〇〇四年から二〇一八年のあいだに書いた文章から、本書の担当でもあるTさんが選んで編んだ文集である（急に宣伝）。この場合、もう一段話が込み入ってくる。例えば一〇年前にどこかの雑誌のために書いて校閲も受けて自分でも校正して印刷された文章を、一〇年ぶりに同書のためにつくられたゲラとして読む。するとこの一〇年のあいだ、文章のほうは固定されたままだが、こちらが変化している。「いまならそういう書き方はしないよなあ」などと直したくなることも少なくない。といって、それをやり出すと全面書き換えにもなりかねない。ぐっとこらえて最小限の訂正にとどめたりするのはそういうわけがあるためだ。

こうしたゲラへのマルジナリアは、印刷物に痕跡を残さない。『スパイ大作戦（ミッションインポッシブル）』の指令メッセージのように、用事が済んだら消えてなくなるのである。

マルジナリアで暮らしてる

1．いざ写本のほうへ

そのつもりで見てみると、本のページの余白には、じつにさまざまなことが書かれている。その次第をあれこれ眺めてきた。これまでのところ、もっぱら印刷された書物を見てきたけれど、印刷以前の本でもマルジナリアを観察することができる。そう、写本の世界だ。

ヨーロッパ方面では、一五世紀半ばころにグーテンベルクが活版印刷を実用化して以来、いわゆる活字を使って本が印刷されるようになった。では、それまではどうしていたかといえば、手作りだったわけである。本を作ろうと思ったら、ペンでせっせと文字を書く。同じ本を二冊作ろうと思ったら、やっぱりせっせと書き写す。手で書き写すから、マニュスクリプト（manuscript）という。manusとは、ラテン語で「手」のこと。というのは、もしれない。

「引きすぎにご用心」（一〇六頁～）で指の形をした「マニクル」を眺めた折にも述べたか

2．探検しようそうしよう

いまは写本に興味のある人にとって、たいそうよい時代である。というのもインターネットのあちこちに、古い写本の画像を公開しているデジタルアーカイヴがあって見放題なのだ。これがインターネット以前の世界なら、写本を所蔵する施設を調べて閲覧の申し込みをして、現地まででかける必要があった（もちろんいまでも現物を見たかったらそうする必要があるわけだけれど）。いまは自分の部屋やカフェにいながらにして画像で見ることができる。

具体例を使ってご紹介しよう。と、その前にひとつご注意を。以下に述べることを実行した結果、気づいたら半日過ぎていたということになっても当方は責任を負いかねますのでその点はどうぞご了承くださいませ。というのは、私自身、しょっちゅうそのようにして各地のデジタルアーカイヴに潜り込んでは時間を忘れてしまうからなのだった（なんだ、自分のことか……)。

例えば、お手元にネット接続できる装置がある方は、大英図書館(British Library)のウェブサイト(https://www.bl.uk/)にアクセスしてみよう。念のために申せば、以下に述べる操作は、これを書いている二〇一八年九月一四日現在のものだ。後に操作手順や画面の表示は変わる可能性がある。

さて、大英博物館のトップページの左上のほうに“Catalogues & Collections”(カタログとコレクション)というメニューがあるのでこれを選ぼう。するとページが切り替わる。そこで今度は、そのページのCatalogues(カタログ)の項目、上から二つめにある“Archives and Manuscripts”(アーカイヴと写本)を選ぼう。すると、さらにページが切り替わる。そのページの上のほうに“Search Archives and Manuscripts”(アーカイヴと写本の検索)という見出しとともに検索語を入れるための入力フォームがある。お疲れ様。これで準備完了。

その入力フォームにmarginaliaと入れて検索してみよう。ほどなく結果が一覧で表示される。私がこの検索をしたときは、結果の筆頭に次のようなデータが表示された。

Collection Dacheriana, with marginalia
Harley MS 2886: 4th quarter of the 9th century

たった二行だけれど、ここには歴史の経緯がぎゅっと凝縮されている。少し読み解いてみよう。こんな具合である。

一行目は、「ダシェリアナ・コレクションでマルジナリアあり」というほどの意味。といってもほぼカタカナにしただけで、これでは意味が分からない。「ダシェリアナ」というのは、ジャン・リュク・ド・アシェリ（一六〇九－一六八五）という一七世紀フランスのベネディクト会修道士の名前に因む。要するに「ド・アシェリ氏の」ということだ。彼はサン・ジェルマン・デ・プレ修道院の図書館司書を長く務めた人物で、八世紀末以降のガリアの宗教文書を蒐集したらしい。それが先ほどの「ダシェリアナ・コレクション」と呼ばれている。

すでにお腹いっぱいかもしれないが、もう一行ある。二行目はこの本が「ハーレイ文庫」に入っている写本（番号二八八六）で、九世紀の第4四半期のものであることを示している。ハーレイ文庫とは、一七〇四年にロバート・ハーレイ（一六六一－一七二四）という人物がつくり始めた文庫（蔵書）のこと。写本だけで七六六一番まで番号が振られている。このハーレイ文庫は現在、大英図書館の所有となっていて、多くがデジタル化されて閲覧できる。

という写本の書誌に辿り着いたところだった。この書誌のすぐ下にメニューが並んでいて、その一番右にある“Browse this collection”（このコレクションを閲覧）を選ぶ。すると今度は画面が左右に二分割される。左にはハーレイ文庫の写本のリストがずらりと並ぶ。「ほうほう、どんなものが入っているのかな」などとこのリストを見始めると、一番から七六六一番まで目を通し終わるころには日が暮れているだろう。それはあとでゆっくりやっていただくとして、ここでは画面の右側に目を向けよう。

そこには先ほど解読した二八八六番の写本の書誌が詳しく表示されている。そのなかに黄色地に“View digital version”（デジタル版を見る）と書かれたボタンがあるので、これを押そう。するとページが切り替わって“Harley MS 2886”というページが現れる。その中に写本の画像があるのでこれを選ぼう。と、文字で説明するとどうにも長ったらしいのだけれど、操作としては数回の選択（クリックかタップ）で一分とかからない。ともあれ、画面にはいまや写本のデジタル画像が表示されるわけですよ。

この写本のページを繰ってみると、多くのページの左右余白に、ときどき下にも書き込みが見られる。本文もマルジナリアもどちらも手書きなので、ちょっと変な気分にもなるけれど、これもれっきとしたマルジナリアである。ちなみにこの写本をご覧の方は、二七から二八ページを開くと、龍退治の絵を見られる。これはマルジナリアというよりは挿絵に近いものだと思われる。

3. マルジナリアで暮らしてる

さて、写本にもマルジナリアがあるのが分かった。だが話はここで終わらない。私はTwitterで写本研究者のアカウントを見つけるとフォローしているのだが、かれらは時々「見て見て！ こんな面白い写本があったよ！」と画像つきで投稿することがある。これが滅法面白いのだ。

余白では言葉やマニクルだけでなく、草花が生い茂り、鳥やチョウが飛び、魚が泳ぎ、カタツムリやウサギが戦いを繰り広げ、女性が釣りをしたり、糸巻き仕事をしたり、大道芸でジャグリングが披露されていたり、ボードゲームをプレイ中の二人が殴り合っていたり、動物たちがレースをしたり、ユニコーンにサルが乗っていたり、ドラゴンがキスをしていたり、得体のしれない生物に遭遇したり、楽器を奏でたり、煮炊きをしたり、ウサギが草を食んでいたり……と書けば、またまた話を盛っちゃってからにと疑われるかもしれない。しかし、いま述べたのはすべて写本の余白に描かれた絵。やりたい放題である。しかもオールカラー!(実物を見たい場合、例えばTwitter ID: BLMedievalさんの投稿をご覧あれ)

こうした余白で展開する絵を見ていると、本のなかに小さな箱庭世界があって、人間や動物やモンスターたちがそこで暮らしているような気さえしてくる。最後に、中でも私が気に入っている一枚をお目にかけたい。正体不明の生物が腰掛けて本を読んでいる。神妙というか、物静かにというか、なかなかいい顔でしょう? それも本の余白で本を読むなんて粋じゃありませんか。きっとその本の余白にも……。

筆者のお気に入り。15世紀の写本への描きこみ

索引をつくろう

1. 本を読むときにしていること

ページを繰る、目を動かす、考える、余白に書き込む、頬をかく、姿勢を変える、お茶をする、お菓子をかじる……。

一口に本を読むと言っても、私たちはその間、いろいろなことをしている。試しにカフェや図書館で誰かが本を読む姿を観察してみると実に人それぞれ。いまなら本とスマートフォンを行ったり来たりという動きが多いだろうか。

私はもう一つやっていることがある。ページに目を落として文字を追う。ん、と読み止《さ》して、本の後ろのほうを開く。ペンで書き込みをする。と、ここまではいつもの書き込み、マルジナリアと一緒。ただし書かれることはちょっと違う。

殺字　257

これはなにか。円城塔『文字渦』（新潮社）を読みながら巻末に作った索引の一部（関連・口絵14〜16頁）。私は、本を読みながら、必要があると自分で索引をこしらえている。

2. 索引なければただの紙束

なぜそんなことをするのか。そこに索引があるから……じゃなくて、そこに索引がないから、あるいはあっても不足を感じるからだ。かつて進化生物学者の三中信宏先生は、索引のない本はただの紙束であるという意味のことをおっしゃっていた。特に学術書やそれに類する本には索引が必要だ。なぜなら索引は本のマップだから。少しばかり説明が必要かもしれない。

本を読むとき、表紙を除けば真っ先に見るものがある。本の最初と最後。そう、目次と索引だ。この二つは、その本がどういうものなのかを端的に示した地図のようなもの。見知らぬ街を適当に遊歩する、なんて場合は用もないけれど、できれば事前に様子を摑んでおきたいという場合には、これほど重宝するものもない。

目次はその本が最初のページから最後のページまで、なにをどういう順に書いたものかを示す地図。章立てや節まで詳細が示される場合もある。現在の日本の本では巻頭に置かれることが多い（フランス語の本では巻末に置かれることが多い）。

他方で索引は、巻末に置かれる。目次がページを追って整理された情報だとすれば、索引はその本を構成する要素を抽出して、どこに登場するかを示すもの。離れたページ同士を言葉で結びつける。いずれも本文の内容を、それに比べてはるかに少ない文字数で捉えるための仕掛けである。

『世界大百科事典』（平凡社）に見える「索引」の項目（執筆＝布川角左衛門、荒俣宏）によれば、ヨーロッパでは活版印刷術が実用化された一五世紀から索引もつくられ始めていたようだ。日本で一般化したのは大正年間という。indexは、ラテン語に由来する。これは「指し示す」という意味で、当初は目次、見出し、書誌、目録のことも指していた。そういえばカトリック教会がつくっていた「禁書目録」はIndex Librorum Prohibitorumというのだった。

3. 索引を読む

では、実際に見てみよう。ここでは『ライプニッツ著作集 第II期第3巻 技術・医学・社会システム』を例にとる。ライプニッツといえば一七から一八世紀にかけて活躍した「万能人」。哲学や数学の仕事で知られることが多いけれど、本職は外交官で、宮廷顧問官にして宮廷図書館司書。学術や自然や社会のあらゆる方面に関心を向けて哲学、数学、自然科学、神学、言語学、論理学、地質学、法学、倫理学、歴史、中国学などについて厖大な文章を残している。なんでも延べ一三〇〇人に向けて二万通にのぼる書簡を書いた手紙魔でもあった。その仕事の全体は、ドイツ本国で二〇世紀から刊行が始まった全集一〇八巻に収められる予定で、完結は二〇四八年の予定なのだとか。という驚異的な人物の仕事のエッセンスを選んで日本語に訳したありがたい著作集が工作舎から出ている。第I期全一〇巻に加えて、先ごろ第II期全三巻が完結したところ。もう読むしかない！

さて、つい興奮してしまったが索引である。第II期第三巻は、珍品博覧会計画や時計の改良案、鉱山の開発を効率化するプラン、計算機の発明、ゲーム研究、保険官庁設立の提言、ペスト対策の提言、学術協会設立案、年金論、人口論、図書館改革案などが収録されたヴァラエティに富んだ本。

巻末にある事項索引を見てみよう。八ページにわたって三九行×二コラムで組まれている。「ア」から「ワ」まで五十音順で整理するスタイル。索引にもいろいろな読み方がある。例えば、頻出する語を見るのはその一つ。一〇回以上現れる語を拾ってみるとこうなる。

医学、意志、運動、数、神、感覚、機械、協会、経験、結果、健康、現在、原理、心、国家、根拠、商業、植物、真理、数学、想像、知性、動物、病気、物質、物体／身体、ポンプ、目的、欲求、利益、理性、論証

すぐ目に入るのは「意志」「感覚」「心」「想像」「知性」「欲求」「理性」といった人間の精神に関わる語彙が多いこと。ただし「精神」の項目はない。また「結果」「原理」「根拠」「真理」「論証」といった学術に欠かせない言葉も目立つ。こうした頻出語彙は、実際にライプニッツの仕事全体を貫くキーワードだったりする。

他方で「神」「動物」「植物」と来れば「人間」という項目もあるかな。と思って索引を見てみるとこれはない。あまりにも多いので索引に入れるまでもないと判断されたのかも

しれない。また「知性」や「無知」はある一方で「知識」は見えない。といっても文句を言っているのではない。索引にはなんでも拾えばよいわけではない。その本に書かれた数多の言葉から索引制作者が重要だと見たものが示される。

語の頻度だけではなく、「こんな言葉も使われているよ」と教えてくれるのも索引の機能だ。「コーヒー」「チョコレート」「ワイン」といった飲食物、「時間外労働」「出来高賃金」などの労働用語、「幸運の壺」「実用書」「消火噴射器」といった道具類などは、いずれも生活に関わるもので、ライプニッツが生きた時代を知る手がかりにもなる（なにより単純に興味を惹かれる）。

というわけで、索引は本の読み方を多様にしてくれる仕掛けであるのがお分かりいただけただろうか。

4. 索引を作る

本を読んでいると、索引が欲しくなったり索引が物足りなく感じたりすることがある。以前、寺田寅彦についてのエッセイを書くために『寺田寅彦全集』（全三〇巻、岩波書店）

と『Scientific Papers』(全六巻、岩波書店)の総索引をつくってみたのは索引がついていなかったからだった。この作業を通じて、普通に読むのともまた違うマップが頭のなかにできた。寅彦が好んで使う言葉、関心を向けたものが意識されると言おうか。最初から索引があったらそうはいかなかったので感謝している。

もう一例を挙げると先の『ライプニッツ著作集』の索引に「文法」という項目がないことに気づいた。というのは私が目下文法の歴史にかんする本を書いていて、なにを読んでも文法が気になってしまうからだ。それで巻末に「文法」という項目を追加した。これもまた本を自分用に改造するマルジナリアの一種である。

最後に言わずもがなを一つ申せば、その本を何度も訪れるつもりがあればこそ、索引もつくるし拡張するわけである。そういう本には自分で索引をつくろうではないか。というのがお伝えしたい趣旨なんであります。

	ことば	読み方	領域	備考
Reissiger	Die Uhr			田丸先生レパートリー
クライスラー	クロイツェルソナタ			喩え
ロシニ	スタバト・マーテル			聞いた
	安来節	やすぎぶし		ラジオで聞いた
	八木節			ラジオで聞いた
ペルゴレシ	Quando corpus morietur〔我が肉体が死するとき〕			「いつもよくやる」
ドビュッシー	フォーヌの午後			
チャイコフスキー	パセティクシンフォニー			花火を喩えて
ベートーヴェン	ソナタ			花火を喩えて
	ジャズ			
	追分節			
	チゴイネルワイゼン			
サン・サーン〔ス〕	Rondo Capriccioso			座右の楽譜の巻頭にあって目についた
グノー	ファウスト			オペラで聞いた（留学先）
	オールド・ラング・サイン			船出を見送る人々が歌っていた
	飛び行くオランダ人			見たことがある
シューベルト	糸車のグレーチヘン			曲調の解説
メンデルスゾーン	春の歌			娘が練習しているのを読書しながら耳に
	瓜や茄子の花盛り			
	ドンブラコ			御伽歌劇。蓄音機で聞く
	牛若丸			御伽歌劇。蓄音機で聞く
	兎と亀			御伽歌劇。蓄音機で聞く
	アンヴィルコーラス			蓄音機で聞く
カルソー	アヴィマリア			蓄音機で聞く
	春鶯囀	しゅんのうでん		
	入破	じゅは		
	胡飲酒	こいんしゅ		
	新豊	しんぼう		
	武徳楽	ぶとくらく		
	賀殿	かてん		

41			耽奇漫録	たんきまんろく
42			善庵随筆	ぜんあんずいひつ
43			筠庭雑録	いんていざつろく
44			物理学文献抄	
45	雑誌		ネーチュア（nature）、ネチュアー	
46	雑誌		科学	
47			理化学研究所彙報	
48		清少納言	**枕草子**	
49	雑誌		**みそさざい**	
50		〔メーテルリンク〕	青い鳥	
51			昆虫の生活	
52		田中阿歌麿	諏訪湖の研究	
53	雑誌		ローマ字世界	
54	雑誌		気象集誌	
55			大学紀要	
56		夏目漱石	修善寺の日記	
57		正岡子規	仰臥漫録	ぎょうがまんろく
58		夏目漱石	草枕	
59			西遊記	
60		島崎藤村	千曲川のスケッチ	
61	雑誌		潮音	
62			日本亜細亜協会学報	
63		エー・ネヴィル・ホワイマン	日本語及び国民の南洋起源説	

… 全巻構成 全集詳細 人名索引 書籍索引 映画芝居索引 音楽索引

筆者自作の「寺田寅彦全集」総索引。エクセルファイルを活用。

楽譜になにを書き込むか

1. 注射の順番を待つような

ああ、注射の順番待ちのようだ。

そんな気分で廊下の椅子に座っていると、壁の向こうからくぐもった声が聴こえてくる。なにを言っているかまでは分からないものの、どうも叱るような調子だ。ドアが開いて女の子が出てくる。べそをかいている。かわいそうにと思いながら、なんと声をかけてよいか分からず、あまり見つめたりしないようによそを向く。部屋のなかから「ヤマモトさん」と呼ばれる。ああ、番がきてしまった。本ばかり読んでいないで練習しておくんだった……。

というのは、子供のころ通っていたピアノ教室の待ち時間の様子。こんなことをにわかに思い出したのは、二〇一八年一一月二日のニューヨークタイムズでとあるニュースを見かけてのこと。なんでもグレン・グールド（一九三二―一九八二）が使ったバッハの「ゴルトベルク変奏曲」の楽譜がオークションに出る予定という。そう、楽譜もまた印刷物であり、マルジナリアの舞台なのだ。

2. ピアノ教室の場合

グールドの名前に触れたあとで随分おこがましい気がするけれど、譜面への書き込みについては思い出すことがある。私は小学校にあがる前から高校を卒業するまでピアノ教室に通っていた。途中二度引っ越したこともあり、都合三人の先生に教わった。先生たちは（といってもこの三人以外は知らないのだけれど）、レッスンのたび譜面にいろいろな書き込みをした。

教室に通う生徒は、自分の力量に応じてそのつど課題曲を決めて練習する。その譜面を自宅では練習に使い、教室にも持っていく。レッスンのとき、ピアノの譜面台にそれを置いて先生の前で弾いてみせる。すると先生は演奏についてコメントしながら、赤鉛筆や青鉛筆で譜面になにかを書き込む。「ここはもっと強く」とか「ここは一拍おいて」とか、生徒がうまく弾けていない点に注意を向けさせたり、曲の特徴を教えるために譜面をどのように解釈できるかといったことを書き込んでゆく。

一曲を練習し始めてから「一旦これでよしとしよう」となるまでレッスンを重ねるうちに、譜面は当初のまっさらな姿から、幾重にも書き込みを重ねられた状態へと変わってゆく。こうした書き込みは、自分で練習するときにも目にするし、レッスンの際にも先生と生徒が共有することになる。つまり、「このポイントについては、以前コメントしたね」という記録でもあるのだ。

3. 同じ曲にも異版あり

ということを、グールドの譜面のニュースに触れて、久しぶりに思い出した。そうだ、譜面にもいうなればマルジナリアがある。どれ、というので「ゴルトベルク変奏曲」の譜面を書棚から取り出した。私が持っているのは書店で普通に売っているウィーン原典版（音楽之友社）。同じ曲の楽譜でも、いつどこで印刷したものか、誰がどんな校訂を加えたかによってさまざまなヴァージョンがある。今度オークションに出るというグールドの譜

バッハ本人が所蔵していた「ゴルトベルク変奏曲」楽譜。
“al tempo di Giga”の書き込みがある

面はペータース版と呼ばれるもの。ご興味のある向きは、例えばインターネットにある楽譜アーカイヴサイト「IMSLP」（International Music Score Library）で「BWV988」を検索されたい。複数の譜面を見比べることができる。

私が持っている楽譜は、クリストフ・ヴォルフという人が校訂したもので、「まえがき」や「注解」もついている。それによれば、この曲はヨハン・ゼバスティアン・バッハ（一六八五―一七五〇）の「クラヴィーア練習曲集」第四部の異名。初版は、ニュルンベルクのバルタザル・シュミートが刊行したもの。ただし、刊行年は印刷されていないため不明。一七四一年前半と推定される。また、バッハによる自筆譜は見つかっていないとのこと。

「ゴルトベルク変奏曲」という呼び名については面白いエピソードがあって、それについても書かれているのだがいまは先を急ごう。「注解」には、この楽譜のもととなった資料についての説明もある。先に述べた初版の楽譜は、いまでも一九部残っていることが確認されている。そのうち筆頭に数えられるのは、バッハご本人の私蔵品で「自筆の訂正と付加」が入っているらしい。おお。「国立図書館、パリ：Ms. 17669.」と所蔵場所と資料番号も添えられている。フランスの国立図書館といえば、一大デジタル・アーカイヴ「gallica」

を提供しているところ。ひょっとしたら公開されているのではあるまいか。というので、私はいそいそと検索にとりかかった。

4. 作曲家本人の場合

自分でも確かめてみたい人のために手順をお示ししておこう。まずはブラウザからgallicaにアクセスする。URLはhttps://gallica.bnf.frである。ページが表示されたら、一番上の向かって左から{BnF Gallicaというタイトルが見える。その右に"TOUT GALLICA"(ガリカ全体)とあるのは検索範囲のこと。さらにその右に検索語を入れる入力フォームがあって、薄く"Rechercher…"(探す)と表示されているところに"bach clavier 17669"と入力しよう(全部小文字で大丈夫)。表示される検索結果のなかに、"Clavier Ubung…"(クラヴィーア練習曲)で始まる項目があるのでそれを選択するとお目当てのものが表示される(PDFでダウンロードもできる)。

バッハ本人の所蔵品というこの楽譜、顕著な書き込みがあるのは最終ページで、白紙のページに楽譜とメモが書き込まれている。その他にも、印刷された楽譜のところどころに赤っぽい色の手書きの書き込みが見える。例えば、七ページの第七変奏（Variatio 7）の冒頭部の下には“al tempo di Giga”とある。これは「ジーガ（ジーグ）のテンポで」という意味。ジーガとは一七世紀から一八世紀にはやった舞曲の形式で、跳ねるような軽快な調子。第七変奏は、実際に耳にすると分かるように、言葉で書けば「ターンタタン、ターンタタン」という八分の六拍子（より正確には付点八分音符↓一六分音符↓八分音符）でできている。

こうした演奏への指示を「速度標語」といってイタリア語で書かれている。そのつもりでアリアと三〇の変奏曲それぞれの楽譜を見てみると、速度標語が添えられているのは第一五変奏のandante（歩くような速さで）、第二二変奏のalla breve（アラ・ブレーヴェで＝二分の二拍子で）、第二五変奏のadagio（ゆるやかに）の三曲。その他の曲にはこうした標語はついていない。バッハは第七変奏に追記したわけである。自筆譜に書いてあったものが印刷時に落ちてしまったのか、自筆譜では書いていなかったものを印刷された楽譜を見て追記したのかは分からない。私の手元にある現代の印刷版では、この「ジーガのテンポで」も反映されている。

ただし、こうして印刷された楽譜だけを見る場合、いま述べたような、バッハが後から書き込んだという経緯は分からない。当初マルジナリアだったものが、後で最初からそこにあったような顔をしている状態といおうか。なんだか面白い。

5. 演奏家の場合

こんなふうにして、印刷された楽譜は、それを手に入れて使う人がまたそれぞれに加筆して、少しずつ違うものになってゆく。グールドが書き込みをした楽譜は、場所によっては譜面が見えなくなるほど大きく数字や記号、それらを囲む赤い線が書き込まれている。どうも演奏に関するメモというよりは、録音のための覚書の類のようだ。はてさて、オークションではいかほどになるのだろうか。いずれにしてもそれは、マルジナリアの価値というわけである。

ゆっくりとしか読めぬ本

1．分かる楽しみ、分からぬ楽しみ

本には、読むそばから意味が分かる（と思える）ものと、一読して意味の分からないものがある。例えば、すでに知っていることが書かれた本ならスイスイ読める。他方で、単語からして知らないことが書かれている場合にはそうもゆかない。読みなれない言語で書かれた本はその一例。

どちらがどうという話ではない。次の展開を知りたくてページをめくるのももどかしいという楽しみもあれば、一語一語に立ち止まり、「はてな、これはどういうことかしらん」と考えたり調べたりする楽しみもある。一口に「読む」といってもいろいろだ。ここでは後者の話をしよう。

2. 遅読中の遅読

私がこれまで経験した読書のなかに、この先もおそらく破られないと思われる最遅不倒記録がある。どのくらい遅いかというと、半日かけて一行くらい。半日というのは分かりやすく言ったもので、実際には六から八時間くらいだったと思う。なぜそんなに遅かったのか。

そのとき読もうとしていたのは、古典ギリシア語の文章である。その当時、アテネフランセという語学学校に通って、毎週末に古典ギリシア語入門の講義を受けていた。予習のために教科書を読んで自分で訳文をつくる。その読解になにしろ時間がかかる。

というのも古典ギリシア語では、同じ単語がさまざまに変化する。英語でいえば、同じ名詞でも単数ならbook、複数ならbooksと形が変わる。ただ、その変化の仕方が英語の比ではない。例えば、名詞については、性（男性名詞・女性名詞・中性名詞）、数（単数・双数・複数）、格（主格・属格・与格・対格・呼格）という三つの要素によって形が変わる。冠詞や形容詞や動詞も変化する。そしてこれを覚えて見分けがつかないと文章を読み解けない。

はじめのうちは暗記している単語も少ないから、逐一辞書と首っ引き。辞書を引くにも、文中で使われている形で見出しに出ているとは限らない。目当ての語を探すところから一苦労である。何冊かの分厚い辞書をいったりきたり。日本語の辞書はまだしも、それ以外の言語の辞書（古典ギリシア語の辞書や文法書は、英仏独語などのものが多い）の場合、その言語の単語も調べねばならないことがある。

教科書の余白には限りがあるので、ノートに古典ギリシア語の原文を書き写す。単語ごとに辞書で調べた言葉の意味や文法的な説明をメモする。ただ一行の古典ギリシア語を読むために、ノートがどんどんメモで埋まってゆく。

ついでに言えば、アテネフランセはフランス語を中心とする学校。教科書は、フランスの高校生が使っている本というので、古典ギリシア語部分以外はフランス語で書かれていた。暗号を読み解くために別の暗号を読み解くような状況である。

というわけで、それなりにいろいろな本や文章を読んできたけれど、あとにも先にもこの時ほどゆっくりものを読んだ――というか、そのようにしか読めなかった――ことはなかった。遅読中の遅読である。と、これは不慣れな異言語の場合。

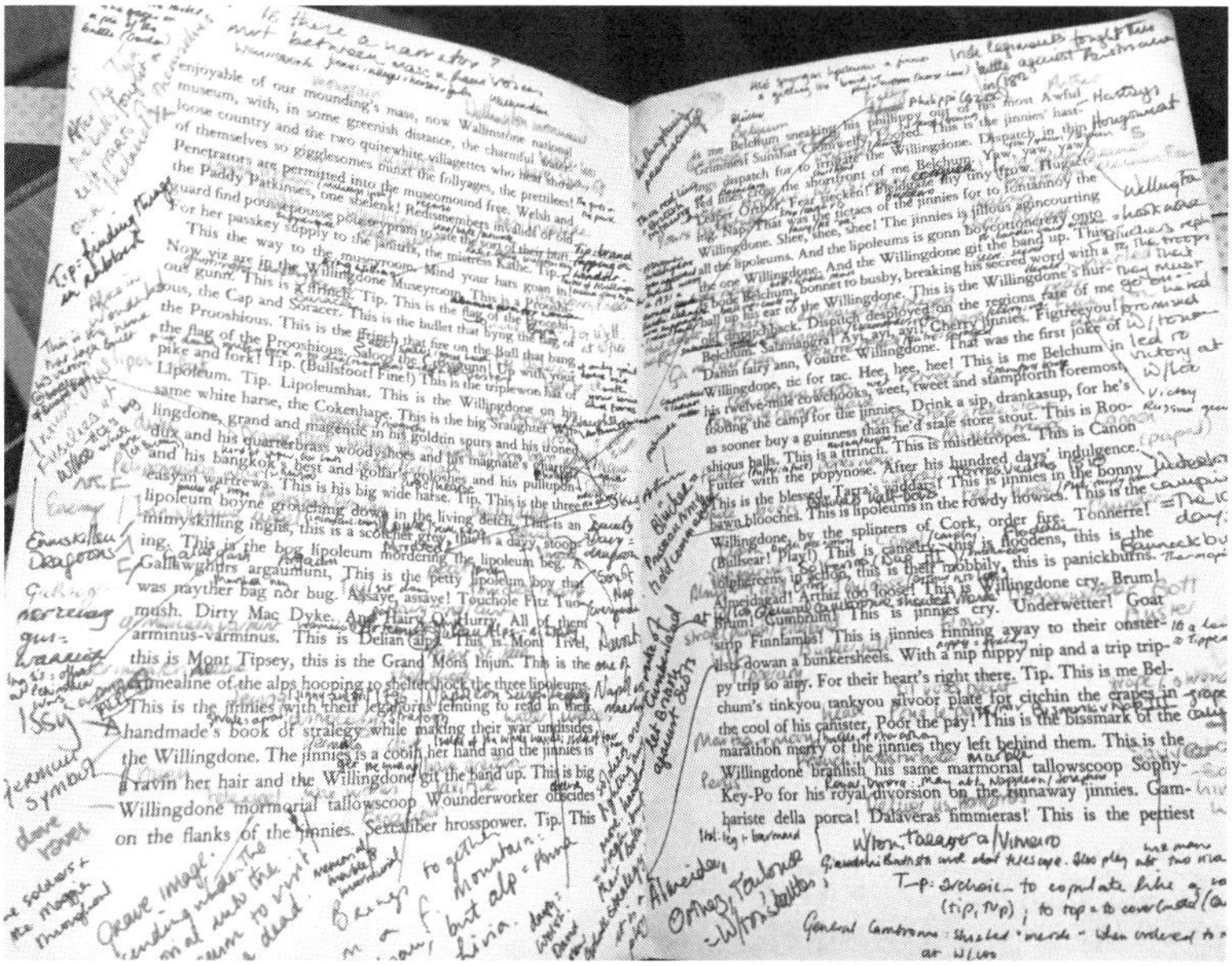

フランセス・マッコーマックさんの『フィネガンズ・ウェイク』

3. 世界最難読小説?

なぜそんな話をしているのか。マルジナリアはどこへ行ったのか。大丈夫、ここからが本題である。

世の中にはゆっくり読むしかない本がある。いや、もちろんどんな本でもそんなに急いで読む必要はない。どんなものだってゆっくりじっくり味わうということがあってよい。ただ、スイスイ読みたいと思っても、そうは問屋が卸さない文章がある。

アイルランドの作家、ジェイムズ・ジョイス(一八八二―一九四一)は世界の文学史上を見渡しても屈指の実験家の一人。その最晩年の作品『フィネガンズ・ウェイク』(一九三九)は、謎の詰め合わせのような小説として知られる。

一応全篇英語で書かれている。といっても、多様な言語が混ざり込み、言葉遊びや「ジョイス語」とも言われる造語の数々が次々と現れて、到底普通の小説を読むようには読み進められない。以前、この小説の原文をスペルチェッカーにかけた人があったけれど、最初のページから画面は真っ赤になっていた。つまり、そのスペルチェッカーソフトが参照している辞書に載っていない言葉がそれだけたくさん使われているという次第。

そういう文章だけに「翻訳不可能」と言われていたものの、日本ではこれまで複数の翻訳が試みられてきた（現在では一〇以上の言語に訳されてもいる）。なかでもよく知られるのは柳瀬尚紀版だろうか（河出書房新社、一九九一／河出文庫、二〇〇四）。ジョイスの多義的な言葉遊びを、日本語の文字表現が備えている多層性（漢字の意味、その読み、ルビの組み合わせなど）を駆使してなされた驚異の訳業だった。その後、宮田恭子訳（抄訳、集英社、二〇〇四）、浜田龍夫訳（ALP出版、二〇〇九－二〇一二）なども現れている。ついでながら最近出た奥田良二『『フィネガンズ・ウェイク』のプロローグを読む』（春風社、二〇一八）もこれから読んでみようかという向きにおすすめである。

4. 砂の本

さてそこで、Google画像検索を使って“Finnegans Wake”を検索してみよう。われわれマルジナリア観察者にとって、たいそう興味深い画像が現れる。そう、ページの余白にびっしり、これでもかと書き込みを施された『フィネガンズ・ウェイク』である。

今回写真をお借りしたのは、フランセス・マッコーマックさんという古英語とチョーサーの研究者によるマルジナリアだ。ご本人のツイートによると、なんでも一六歳の時から読んでは書き込みをしてきたものらしい。この誌面では分かりづらいかもしれないけれど、彼女が投稿したカラー写真で見ると、四色か五色のインクで、文字通りジョイスの文章の語から語へと、行間に、天地左右の余白にメモが記されている。一読しただけでは意味の分からないジョイス語や表現を読解して、「ここはこういう意味」とか、「この語は通常の書き方をすればこの語のこと」といった発見や調べ物をした結果を書いてあるようだ。私の下手な古典ギリシア語読解と一緒にしてはいけないだろうけれど、テキストへの食い下がり方と粘り方には通じるものがあると思う。

それにしたって長い年月をかけて一冊の小説をここまで繰り返し読み込むのもすごいことだ。加えてそのつど気づいたことを書き込んできたページの状態にも驚く。彼女の例に限らず、『フィネガンズ・ウェイク』のマルジナリアはヘヴィ級というか、どうかしたらページに印刷された本文よりも文字数が多かったりするものが少なくない。もちろんそれは作者であるジョイスの企みがあってこそであり、仕掛けられた謎と遊びに挑戦する読者たちがいてこそだ。

こうしたマルジナリアを眺めていると、ものを読むとはいったいどういう営みなのだろう、といまさらながら不思議な気分にもなってくる。もう少し言えば、私たちは一冊の本を読み終えたりできるのだろうか。開くつど新たな発見や疑問が湧いてくる本があるとしたら、その本を読み終わる日は来るのだろうか。

ボルヘスに、開くたび違うページが現れる「砂の本」という短篇があったのを思い出す。実は、どんな本も「砂の本」なのかもしれない。それにほら、余白に書き込みをすると、そのつど違うページになるのだしね。

言葉の壁を乗り越える

1. 漢文の不思議

考えてみれば漢文とは摩訶不思議なものだ。もとはといえば古代中国語で書かれた文章を、日本語として読んでしまおうというわけである。それがどうした。どこにも不思議などないではないか。そう思うとしたら、あなたは既に漢文の術中にハマっておいでである。他の言語を学ぼうという場合、まずは文法を学ぶのが早道だ。文法とは、言葉を組み合わせるためのルールのこと。これを押さえておけば、読んだり書いたりするにも、聞いたり話したりするにも大助かり。なんの手がかりもないのと比べたら天地の差である。

古い話になるが、例えば一六世紀にヨーロッパからはるばる日本にやってきたイエズス会士たちは、宣教活動を始めるにあたって日本語の理解に努めた。というのも布教をするには神の教えを説いて回る必要があるし、人びとから出る疑問に答えるにも言葉が必要だからだ。

そこで彼らは日本語の辞書と文法書をこしらえた。書店に行けば文法書を売っているわけではない。まだ日本に文法書なるものがなかった時代のことである。イエズス会士たちは、学問の基本中の基本としてラテン語文法をたたき込まれており、文法の威力を身にしみて知っていたのだと思う。現在でも語学入門書を開くと、文字の読み方や発音の基礎に続いて文法を教えるものが少なくない。

だが、漢文の場合はどうも様子が違う。古代中国語を読むなら、古代中国語の文法を学べばよさそうなところ、文法どころか中国語としての発音さえ学ばないで済ませる。あくまでも目標は、漢字の連なりから、その意味を日本語として読みとることにある。いったいどうしたらそんなことが可能なのか。

2. 超絶読解技法

そこで開発されたのが「訓読」という読解法だった。「訓」とは、中国語の文字である漢字の意味に対応させた日本語の読みのこと。例えば「山」という漢字を「やま」と読むのが訓読み。これを「サン」とか「セン」と読むのは中国語に由来する音読み。ついでに言えば「サン」は漢音、「セン」は呉音という。同じ中国でも時代や地方によって音が違うために、一つの漢字に複数の読み方がある。「訓読」とは、いま述べたような漢字の読み方を指す一方、漢字で書かれた中国語の文章を日本語として読むことも意味している。ここで注目したいのは後者である。

さて、どうしたら古代中国語の文章を日本語として読めてしまうのか。訓点をつけることによって、である。訓点とは、返り点（レ点）、一二三、上中下や、ヲコト点といった記号のこと。漢文のまわりに各種記号をつけておき、いざ読もうというときに漢字とともにそれら訓点の指示に沿って読む順序を決めたり、言葉を添えたりする。このため中国語として読むなら文字の並ぶ順に上から下へと読み進めばよいところ、漢文読解では書かれた語順とは別に行ったり来たりが生じる。しかも置字といって文中に現れるのに「この字は読まない」という場合もある。高校の漢文の時間にそのことを知ったとき、「なんで読まない字を入れてるの?」と疑問を抱いたのを思い出す。なんのことはない。話は逆である。中国語としては必要があって書いた文字を、日本語として読むときには余計なものとして無視するということである。

実例を見てみよう。

子曰学テ而時ニ習フレ之ヲ不ス二亦タ説カラ一乎ヤ

よく知られた『論語』の一節だ。このように漢文の左右にカナや訓点をつける。そして例えばこう読む。

子曰《シノタマハク》　学テ《マナビテ》（而）時ニ《トキニ》之ヲ《コレヲ》習フ《ナラフ》亦タ《マタ》説カラ不乎《ヨロコバシカラズヤ》

「(而)」は読まない。古い時代の訓点で「之」も置字と捉えているのを見たことがある。その場合は「学テ（而）時ニ習フ（之）」となるわけだ。右の文をもう少し読みやすくすればこうなる。

子のたまわく、学びて時にこれを習う、またよろこばしからずやこんなふうに日本語にしてしまうわけである。

訓読の歴史を調べてみると、奈良時代には始まっていたようだ。また、面白いことに同じ漢文でも人によって訓点のつけ方が違っていた。例えば、塙保己一（一七四六―一八二一）が編纂した『群書類従』に入っている『諸家点図』という本を見ると、「喜多院点」「中院僧正点」「西基点」「禅林寺点」など、二〇弱の流儀が載っていて、みながおのおの自由に工夫していた様子が分かる。

いま見た『論語』も本によって訓点のつけ方が違う。それもそのはず、そもそもこれは一種の翻訳であり、同じ原文でも訳者の解釈次第で読み方も違ってくるからだ。例えば「学」を先ほどのように「学《まなび》て」と読む人もあれば、「学んで」と読む人もいる。いずれにしても原文にない日本語の送り仮名をつけているわけで、そこは解釈する人次第なのである。

3．言語の壁を越える魔改造

現在私たちが目にする漢文の教科書や本では、最初から訓点も印刷されていたりするの

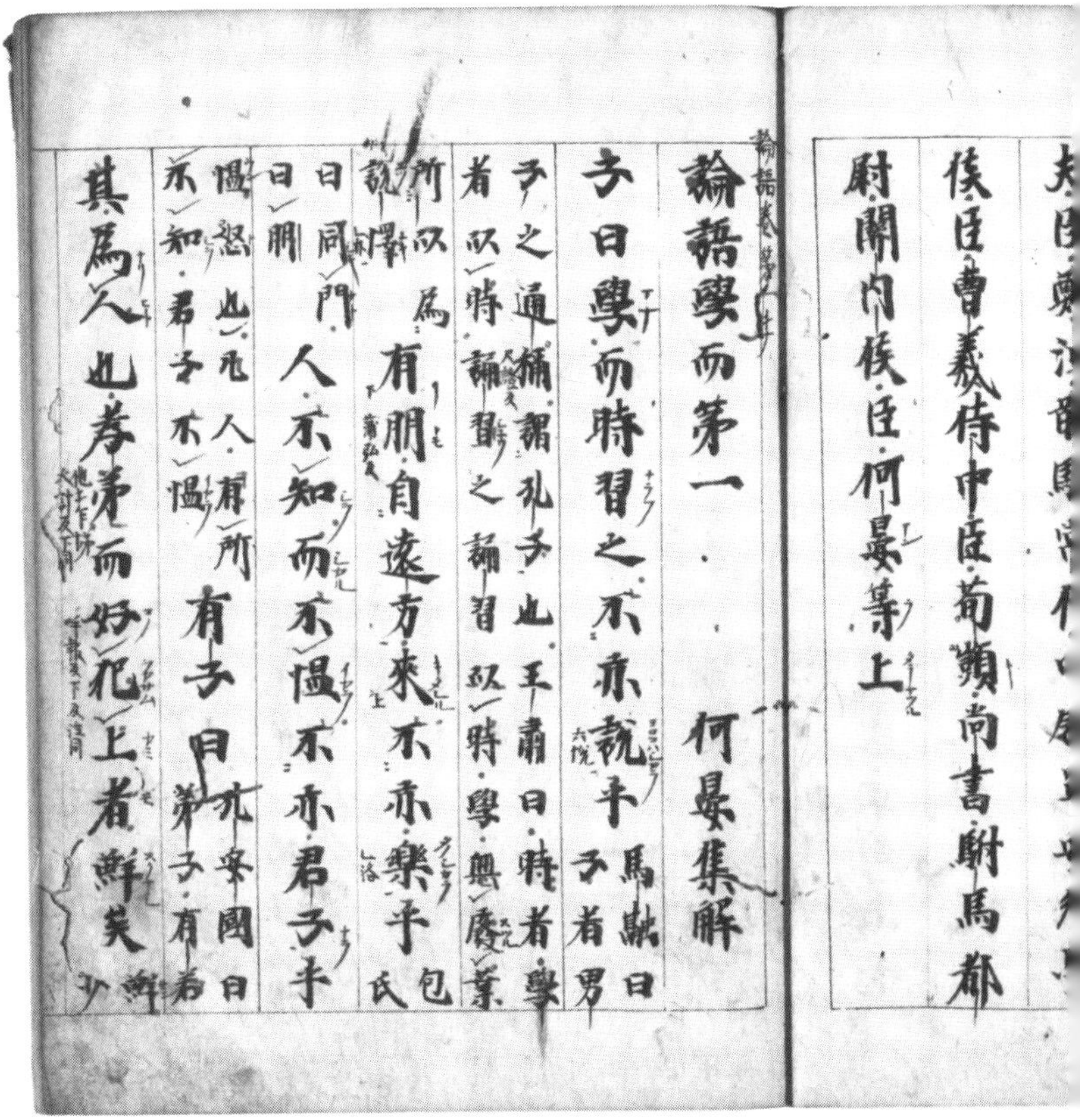
侯臣曹羲侍中臣荀顗尚書駙馬都
尉關内侯臣何晏等上
論語卷第一
論語學而第一　何晏集解
子曰學而時習之不亦説乎　馬融曰子者男
子之通稱謂孔子也王肅曰時者學者以時誦習之誦習以時學無廢業
所以爲説懌
有朋自遠方來不亦樂乎　包氏曰同門曰朋
人不知而不慍不亦君子乎
慍怒也凡人有所不知君子不慍
有子曰　孔安國曰弟子有若
其爲人也孝弟而好犯上者鮮矣　鮮少

『論語』より。京都大学附属図書館所蔵

で分かりづらいのだが、もとはといえば漢字だけが並ぶ漢籍のページに後から朱などで書き入れるものだ。これもまた見ようによってはマルジナリア、本に書き込みを施して別のものへと変えてしまう魔改造の一種なのである。しかも、そうして誰かが訓点をつければ、読者は訓点のルールに従ってその漢文を読みこなすことができる（もちろん意味が分かるかどうかはまた別の話）。元の言語の読み方や文法を知らない人でも、日本語として読み下せてしまうのだからすごい。

コンピュータで画面表示をプログラムする際、いくつもの画像を層《レイヤー》のように重ね合わせることがある。例えば、地形だけを示した地図の画像の上に、地名や地図記号などの画像を重ねたり、さらにその上に検索用の窓を重ねたりする。訓点を施された漢文のページを見ていると、コンピュータを使わずに同じようなことをしているように思えてくる。古代中国語の文章が地図画像だとすれば、その意味を読み解くための訓点はそこに重ねられる地名や地図記号のようなものだ。このたとえに乗って考えると、漢文の訓点とはいわば書物のページを複層《マルチレイヤー》化するテキスト拡張技術のようなものだ。

また、訓読は一種の翻訳だけれど、この点で通常の翻訳とは大きく違っている。翻訳では、その下にあるはずの原文は見せない。代わりに原文全体を訳文で覆うわけである（原文と訳文を並べて見せる対訳式もある）。これに対して漢文の訓点は、原文の層をそのまま見せつつ、そこに訓点を書いた透明なフィルムを重ね合わせているようなものだ。なんという工夫があったものだろうか。マルジナリア、本への書き込みが、元の本を大きく変化させて、言葉の壁を越えるような威力を発揮した好例である。

そのつもりで漢籍に目を向けてみると、他にもさまざまな（ときに驚異的な）書き入れ、マルジナリアの工夫が見られる。それらの技法をうまく使うと、コンピュータでものを読み書きする環境もいっそう便利にできるような気がしているのだが、それについてはまた別の機会に話そう。

驚きの痕跡に驚く

1．没後に蔵書が公開される

生前名の知られた作家や思想家ともなると、没後に蔵書が保存され、そのリストが公開されたりすることがある。さらに進んで蔵書への書き込みまで見られるようになるのも稀ではなくなってきた。

政治思想家のハンナ・アーレント（一九〇六―一九七五）の蔵書はそうした例のひとつだ。彼女が最後に住んでいたニューヨークのアパートメントに残された四千冊の本の一部が、いまでは「ハンナ・アーレント・コレクション」として公開されている（https://blogs.bard.edu/arendtcollection/）。

アーレントはドイツ生まれのユダヤ人で、マールブルク大学で哲学者のマルティン・ハイデガーに、ハイデルベルク大学で哲学者・精神科医のカール・ヤスパースに師事している。ユダヤ人の迫害を推し進めるナチスドイツの台頭とともにフランスへ亡命。最終的には一九四一年にアメリカに移り、大学で教鞭を執った。

著作は『全体主義の起原』や『イェルサレムのアイヒマン』、『人間の条件』(『活動的生』)、『暗い時代の人々』他多数。アーレント自身が同時代の出来事として体験した全体主義やそうした惨禍を生じさせた人間や社会の分析はいまも読み継がれている。最近でもアメリカでトランプ政権誕生後に『全体主義の起原』がオーウェルの『一九八四年』と並んで売れたりしていたのは記憶に新しいところ。

先ほどのウェブサイトには、アーレントの蔵書のうち、書き込みされた本の当該ページだけを抜粋してデジタル化したマルジナリアのコーナーがある。この原稿を書いている時点でその数は三百冊以上にのぼる。

2. エピクテトスの人生論

書き込みの多い本の一つにエピクテトスがある。エピクテトスは一世紀から二世紀頃というから、ローマ帝国時代に活動したギリシア人の哲学者。奴隷の身分から後に解放されて哲学を教える人となった。ストア派の哲学者だ。これは英語のストイック（stoic）の語源ともなった言葉で、もとは「列柱廊」と訳される建築物を指す。そういう場所で講義をしたのでストア派という。現代日本になぞらえれば商店街学派とでもなろうか。ちがうか。

ところでエピクテトスは本を書き残さなかった。それならどうしてアーレントは読めたのか。たしかに当人は本を書かなかった。だが、弟子にアリアヌスという人がいて、師の言葉をノートした本が後に伝わった。日本語では『人生談義』とか『語録』『要録』と訳されている。

エピクテトスの主張を思い切り要約すると、人が幸せに生きようと思ったら、自分の権内にあるものと権外にあるものをよく区別して、権外には思い悩まないようにすることだ、となろうか。権内／権外とは、自分にコントロールできることとできないことぐらいの意味。例えば、どのケーキを食べるか選ぶような場合は権内。他方で天気のようにどうにもできないものは権外だ。自分でコントロールできないことをくよくよ思い悩んでも仕方がないではないか。エピクテトス先生はそう言う。

こういう考え方は社会が大きく変わってゆく時代、指針やヒントが欲しい人たちにフィットしたのか、日本では明治・大正の頃から繰り返し翻訳されて読まれてきた。有名どころでは夏目漱石の『吾輩は猫である』に登場する苦沙弥《くしゃみ》先生もそう。また、大正一一年に出た翻訳では、ズバリ『我等は如何にして自己を救ふべき乎』（中島祐神訳、早稲田大学出版部）と大胆なオリジナル邦題になっている。

といってもエピクテトスは単なる人生論を弁じたわけでない。その根底にはストア派の哲学があるのだけれど、いまそれは措こう。関心のある向きは、私が吉川浩満くんと書いた『その悩み、エピクテトスなら、こう言うね。』（筑摩書房）をご覧いただければ幸いである。

3. 読書の痕跡

そう、アーレントの話だった。彼女が読んだのはどんな本か。オーストリアの古典文献学者ハインリヒ・シェンクル（一八五九―一九一九）という人が校訂した『エピクテトス語録（Epicteti dissertationes）』の簡易版。トイプナー古典叢書というギリシア語、ラテン語の古典を原文で提供するシリーズの一冊で、これは従来写本で伝わっていた文章に校訂を加えて活字にしたもの。校訂者が写本を読み解いて、曖昧な箇所について「こう読む」

と注釈や資料をつけてくれているたいそうありがたい本なのである。古典はこうして甦るのだ。

アーレントは、このギリシア語で書かれたエピクテトスの『語録』を丁寧に読んだようだ。というのは書き込みからの印象。一口にマルジナリアといっても人によってさまざまな流儀がある。細かくメモを書き込む人もあれば、すっと線を引いて先に進む人もある。アーレントはどちらかといえば後者のスタイル。基本は黒の鉛筆で、時々青鉛筆を使っている。書き込みのほとんどは線で文字は少ない。

線にも種類がある。まずは下線。これも人によっていろいろで、定規でぴしっと引く人もいる。アーレントはどうか。線の曲がり具合などお構いなしに「ここ！」という感じでラフに引いている。複数行をマークする垂直線もある。これは行頭や行末に縦方向に引かれる線で、複数の行をまとめて捕まえる感じ。

斜め線もある。文末などにしゅっと区切りのように入るパターンと、行頭・行末に／とか＼という具合に引かれるパターンがある。これは推測だが「ここまで読んだ」という栞のような目印かもしれない。これと似たものとして章題の末尾に引かれた水平線がある。これも「この章は読んだ」というマークではないかと睨んでいる。余白に「×」印が記される場合もある。下線を引いた文章の横に書き込まれていることが多く、重要度の高い箇所かもしれない。

先ほどアーレントはこの本を丁寧に読んだのではないかと述べた。なにより本全体にわたって書き込みがなされている。また、奇数ページの上余白に、本のなかの位置を示す巻数、章番号、行数の数字表記があるのだが、巻数が間違っているページと章番号が間違っているページについて、アーレントは鉛筆で正しい番号を書き込んでいるのだ。また、例は少ないものの「これについてはここを参照」という具合にリンクを貼っていたりもする。

4.「!」

そんなふうにどちらかといえば淡々とした書き込みのなかに二箇所だけ、「!」が記されていてこっちも驚く。一方はページのなかのどこを指しているか不明。他方ははっきり特定されている。それはこんなくだりだ。

君は泥棒にものをとられてなぜ怒るのか。とられるものをありがたいと思っているからだ。でも、そもそもその服をいいものだと思っていなければ、とられたって腹は立たない

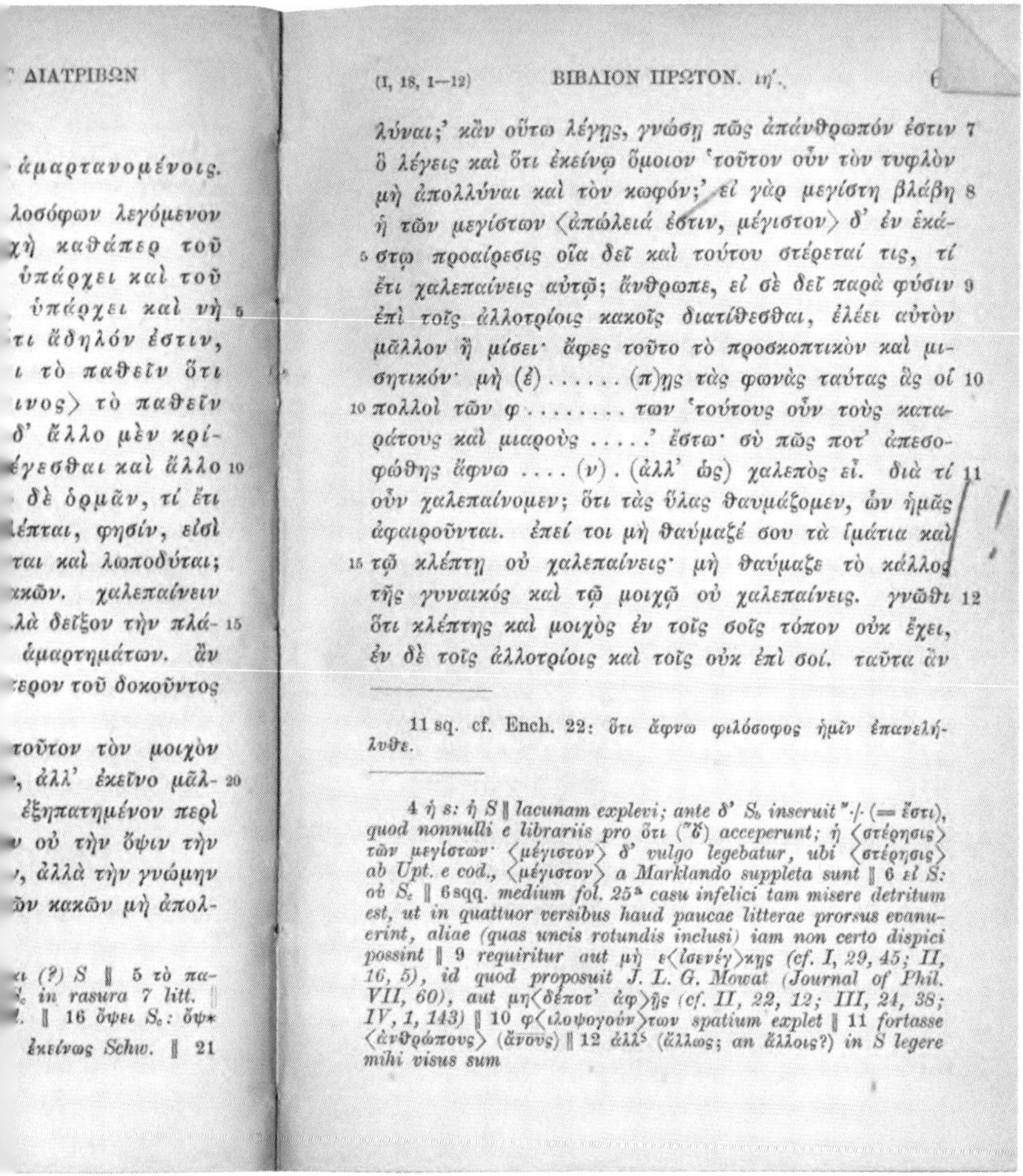
(I, 18, 1—12) ΒΙΒΛΙΟΝ ΠΡΩΤΟΝ. ιη'. 6

λύναι;' κἂν οὕτω λέγῃς, γνώσῃ πῶς ἀπάνθρωπόν ἐστιν 7
ὃ λέγεις καὶ ὅτι ἐκείνῳ ὅμοιον 'τοῦτον οὖν τὸν τυφλὸν
μὴ ἀπολλύναι καὶ τὸν κωφόν;' εἰ γὰρ μεγίστη βλάβη 8
ἡ τῶν μεγίστων ⟨ἀπώλειά ἐστιν, μέγιστον⟩ δ' ἐν ἑκά-
στῳ προαίρεσις οἵα δεῖ καὶ τούτου στέρεταί τις, τί
ἔτι χαλεπαίνεις αὐτῷ; ἄνθρωπε, εἰ σὲ δεῖ παρὰ φύσιν 9
ἐπὶ τοῖς ἀλλοτρίοις κακοῖς διατίθεσθαι, ἐλέει αὐτὸν
μᾶλλον ἢ μίσει· ἄφες τοῦτο τὸ προσκοπτικὸν καὶ μι-
σητικόν· μὴ (ἐ) . . . . . . (π)ῃς τὰς φωνὰς ταύτας ἃς οἱ 10
πολλοὶ τῶν φ . . . . των 'τούτους οὖν τοὺς κατα-
ράτους καὶ μιαροὺς . . . . .' ἔστω· σὺ πῶς ποτ' ἀπεσο-
φώθης ἄφνω . . . . (ν) . (ἀλλ' ὡς) χαλεπὸς εἶ. διὰ τί 11
οὖν χαλεπαίνομεν; ὅτι τὰς ὕλας θαυμάζομεν, ὧν ἡμᾶς
ἀφαιροῦνται. ἐπεί τοι μὴ θαύμαζέ σου τὰ ἱμάτια καὶ
τῷ κλέπτῃ οὐ χαλεπαίνεις· μὴ θαύμαζε τὸ κάλλος
τῆς γυναικός καὶ τῷ μοιχῷ οὐ χαλεπαίνεις. γνῶθι 12
ὅτι κλέπτης καὶ μοιχὸς ἐν τοῖς σοῖς τόπον οὐκ ἔχει,
ἐν δὲ τοῖς ἀλλοτρίοις καὶ τοῖς οὐκ ἐπὶ σοί. ταῦτα ἂν

11 sq. cf. Ench. 22: ὅτι ἄφνω φιλόσοφος ἡμῖν ἐπανελήλυθε.

4 ἡ s: ἡ S ‖ *lacunam explevi; ante* δ' S_b *inseruit* "·/· (= ἔστι), *quod nonnulli e librariis pro* ὅτι ("δ) *acceperunt;* ἡ ⟨στέρησις⟩ τῶν μεγίστων· ⟨μέγιστον⟩ δ' *vulgo legebatur, ubi* ⟨στέρησις⟩ *ab Upt. e cod.,* ⟨μέγιστον⟩ *a Marklando suppleta sunt* ‖ 6 εἰ S: οὐ S_c ‖ 6 sqq. *medium fol.* 25ᵃ *casu infelici tam misere detritum est, ut in quattuor versibus haud paucae litterae prorsus evanuerint, aliae (quas uncis rotundis inclusi) iam non certo dispici possint* ‖ 9 *requiritur aut* μὴ ε⟨ἰσενέγ⟩κῃς *(cf. I, 29, 45; II, 16, 5), id quod proposuit J. L. G. Mowat (Journal of Phil. VII, 60), aut* μη⟨δέποτ' ἀφ⟩ῇς *(cf. II, 22, 12; III, 24, 38; IV, 1, 143)* ‖ 10 φ⟨ιλοψογούν⟩των *spatium explet* ‖ 11 *fortasse* ⟨ἀνθρώπους⟩ (ἄνους) ‖ 12 ἀλλ⁵ (ἄλλως; *an* ἄλλοις?) *in S legere mihi visus sum*

ハンナ・アーレントの書き込み
Epictetus-Epicteti Dissertationes ab Arriano Digestae, Lipsiae: B.G. Teubner, 1898
Hannah Arendt Collection

だろう。エピクテトスはそう言っている。これを記した三行の頭にアーレントは縦線を引き、その余白に大きく「！」を書き込んでいる。気持ちは分かる。エピクテトス先生は一事が万事この調子で、はじめて読むときにはびっくりすることが多いから。

では、こうした読書からアーレントはなにを考えただろう。マルジナリアを見ているとそんな想像が働く。例えば『精神の生活』という本を見ると、エピクテトスについて論じた章もある。マルジナリアと引き比べればさらに見えることがあるに違いない。今度じっくり読んでみよう。

形あるもの変化する

いつだったか、古い写本に付着した物質からＤＮＡ鑑定をする、という記事を見かけたことがあった（うろ覚えなので夢かもしれない）。考えてみたこともない発想に驚いて、でもそうか、本は人が使うものだものね、皮膚から分泌される汗や皮脂、場合によっては血とか手についていたインクその他、なにかしらその本を触った人の痕跡は残ってもおかしくないな、と思い至る。そんな話をしてみたい。

１．小さな変化

本を手にとる。ページを繰る。この時点ですでにいろいろな痕跡が残る。例えば紙に指紋がつく。つるつるしたコーティングを施された表紙なら、スマートフォンのタッチパネルと同じように指紋が目立つ。中高生の頃、私はこれがイヤで本にグラシン紙やビニール製のカヴァーをかけていた。不透明な紙だと表紙が見えず、ぱっと見てどれがなんだか分からなくなるので、そうしていた。書き込みなどもってのほかで、帯や表紙が少しでも破れようものなら、中身にはなんの影響もないのにがっかりもした。ともかく本をきれいなままで読みたいものだから、不用意に自分の痕跡がつかぬよう、それは丁寧に扱っていた。思えば神経質な子供であった。なのに、いまではペンを持たねば本を読めない体になってしまった。なにがどうしてこうなったのか……。

それはさておき、何度も読んだり精読したりした本は、小口が柔らかくなって色もついてくる。一度や二度ではそうならない。手にするたびに生じる変化は私たちが気づかないほど小さい。何度も何度も、それこそ百回、二百回と手にとる積み重ねから、やがて目にみえる変化が生じる。昔なら、使い込まれた辞書などは、そうした痕跡が残る最たるものだった。それを汚いと感じる向きもあろうけれど、なんというか、使われ続けた道具の美しさのようなものを感じる。その本とともに過ごした誰かの時間が現れているその風情とでもいおうか。

2. 触る場所、触らぬ場所

ところで人が本を読むとき、隅から隅まで触っているわけではない。本は存外広い。紙を束ねてできた本は、比較的小さなものに見えて、そこに畳み込まれている平面はなかなかの広さだ。というのは、例えば手近な文庫本の全ページを床に並べたらどうなるか想像してみるとよい。当たり前のことながら、文庫の大きさに対して、そのページ数倍の面積である。冊子体とは誠によくしたもので、そんな広い紙を切って重ねて小さな空間に束ねているわけである。いまさらながら大変な発明である。そして私たちは、その文庫を構成する全表面のうち、普通はわずかな部分だけを触っている。触るところと、とうとう触らずじまいの箇所がある。

3. 本をどう摑んでいるのか

本と手のあいだで何が起きているのか。もう少し具体的に眺めてみよう。
例えば、翻訳のために読む本などは好例である。毎日手にとったりめくったり棚に戻し

筆者が翻訳に使用したRules of Playの原書。摩滅してます

たりするので、変化も目に見えて早い。

　書棚から抜き出す。他の本と一緒に立ててあるので、両隣の本とのすきまに指を入れる。と書いてみて、あれ、実際にはどういう動作なんだろう? と分からなくなって、実際に確認してみた(あなたもぜひ)。

　目の前に背をこちらに向けて立っている本がある。本の高さに対して真ん中あたりを右手で摑む。背を中心に向かって左側に親指を、右側に人差し指、中指、薬指を揃えて差し込む。小指はどうなっているのか。説明が難しいのだが、本の背表紙に小指の表側を当てる形で、他の指から見て九十度、親指のほうへ向けて折っている。

　この動作、いままで無意識にやっていたので、いま初めて自覚して戸惑っている。小指はどうやらバランスをとっているらしい。たぶんこれはカラオケのマイクをどう握るかと同じで、十人十色のスタイルがありそうだ(『本の雑誌』で調査してほしい)。それはともかくいま述べたような位置で指が本と接する。本のその位置には、指からの圧力でかすかな変化も生じているだろう。

4. 最大限よく読む場合

棚から取り出した本を机に寝かせる。作業中のページがすぐ分かるようにページの上端に付箋をつけてあるので、そこに指をかけてページを開く。煩わしくなるので省略するけれど、この動作のあいだも両手はそれぞれ本の特定の位置にある。いま訳しているページを開いたままにする。本のつくりによっては重石が必要だ。ペーパーウェイトや他の本を使ってページを固定する。毎日やっていると、本に開き癖がついてやがて押さえなくてもよくなる。

開いたページを読む。読みながら重要な語や要注意の箇所に鉛筆ですーっと線を引く。異言語を読む場合なら、動詞を四角で囲む。というのは動詞を捕まえれば、いろいろ見通しが立つと思ってのこと。複数の文が関係詞節で組み合わさったりしている場合は、ここからここまでが関係詞節と分かるようにカッコでくくる。多重になっている場合は〈(〔 〕)〉などと複数種類のカッコを使い分ける。辞書を引いて、これは何度も出てきそうな語だと思ったら意味を書き込む。「ここまでは訳した」という印を入れる。うっかりしていると文を飛ばして次に行ってしまうからだ。

必要に応じて前のページに戻ったり先を確認したり、ともかくあちこちページを行ったり来たりする。そのつどページをつまんでめくる。何度もめくられたページはつまれる部分からよれてくる。紙の表面がすこし毛羽だってくることもある。やはり指の脂を吸って変色したりもする。指先がかさついてきたなと感じたらハンドクリームを塗る。それがまたページに付着する。と、こんなふうに本を手にとって読むつど、本と体（人と本で体！）が接触して、互いに物理的な変化が生じる。

それだけに、翻訳し始めたときには新品のぴかぴかだった本が、終わるころにはよれよれで小口は手擦れで傾斜ができたり、ページを縢《かが》る糸が切れてばらけたりもする。私の場合、絶えずコーヒーやお茶を飲むから、ページに小さな茶色い染みもつく。お香を焚く人やタバコを吸う人の本なら、その匂いが残るだろうし、本を読むとき、まわりにあったものの一部がページについたりもするだろう。あるいはあちこちが摩滅もするだろう。

5．見える痕跡、見えない痕跡

肉眼ではそこまで見えないものの、顕微鏡で本の各部を見たら、きっといろいろな物質がくっついたり、剝がれ落ちたりしているのが分かるかもしれない。そもそもペンや鉛筆で書き込みをする場合なら、インクや芯を構成する物質が紙の表面に付着しているわけで、その分だけ本は重くなっているだろう。

また、書き込みをする際、ペンから紙の抵抗が伝わってきて、文字を刻み込んでいるような気分になる。ペン先が紙の表面を擦って凹ませているわけで、これも拡大して見たら、トラクターで地面を掘り起こすような風景が見えるのではなかろうか。マルジナリアは、かつての活版印刷本のように紙の表面に凹凸を生み出しもするのである。

いつかチャンスがあったら、精密な秤を使って入手したばかりの本と、読み終わった状態の重さを比べたり、ページの書き込みや接触による変化を顕微鏡で眺めてみたりしたい。普段は目に見えないたくさんの変化が見えるに違いないから。

同じ本なのに

1．なにかが違う

なんだか変だな。私はパソコンのモニターを見ながら原稿を書いていた。テーマは日本語の文法の歴史。江戸時代に国学者たちが、どんなふうにして日本語を捉えようとしたかというくだりを書いているところ。

画面には、江戸の和本のページが表示されている。本居春庭（一七六三－一八二八）が書いた本だ。春庭は、本居宣長の子で、父と同じように古い時代の日本語を研究した。それは『ことばのやちまた（詞八衢）』といって、いまなら文法書に分類されるもの。ネットでは早稲田大学の古典籍総合データベースで閲覧できる。たいそう便利でありがたいアーカイヴである。

その『ことばのやちまた』に、言葉の変化を一覧にした表が出ている。高校で古文を習った人は、カ・キ・ク・ク・ケ・ケとか、アリオリハベリイマソカリだなんて文字列を呪文のように暗唱したかもしれない。あの元となったのは、春庭やその前後に古い日本語を研究した人たちがつくった表なのである。

その表に用事があって、パソコンの画面で眺めているうちに、「あれ、なんだか変だな」と冒頭に書いたような気分になったのだった。なにかが違う。よく分からないのだが、以前見たときと違う気がする。図が勝手に変わるわけもないし、なんだっけ。

あ。と思って書棚を見る。日本語の文法に関する本を集めた棚がある。時代ごとに並べてあるので、江戸期あたりを眺める。あったあった。二冊組の和本。以前、古本で見つけて買った『ことばのやちまた』だ（口絵28〜29頁に全体図）。刊行年は記されていないので分からないが、入手したときについていた紙には、江戸の文化何年だったかとメモされていた。真偽のほどは定かではないものの、木版で刷られた古い和本である。

それをもってパソコンの前に座りなおす。画面に表示されている早稲田のデジタル版と同じページを開く。和本と画面を行ったり来たりしながら見比べる。やっぱり違う！　結論からいうと、同じ表なのだが、和本のほうが少し要素が多くて詳しいのだ。いや、同じ本でも版によってあれこれ違うこともある。落ち着こう。なにがどうなっているのか、もう少しよく見てみよう。話はそれからだ。

2. もやもやの正体

改めて和本の表を見る。その表には「四種の活の図」という名前がついている。そのなかに「四段の活」というコーナーがあって縦方向に大きく四つのマスというかボックスが並ぶ。

その一番上には「飽」「押」「打」といった漢字がいくつか並び、それぞれの下に「か」「さ」「た」という文字が並ぶ。つまり、「飽か」「押さ」「打た」と文字が組み合わさることを表している。そうした文字の下に、さらにかながいくつか並んでいる。「ば」「ず」「で」「じ」「ぬ」「ん」「まし」。これは「飽か」「押さ」「打た」に続く文字の候補だ。例えば「飽かば」「飽かず」「飽かで」というようにつながる。そしていま述べた要素が一つのボックスに入っていて、その右に「将然」と添えてある。

いま見た「飽か」の下には、同じように「飽き」「飽く」「飽け」というボックスが縦に

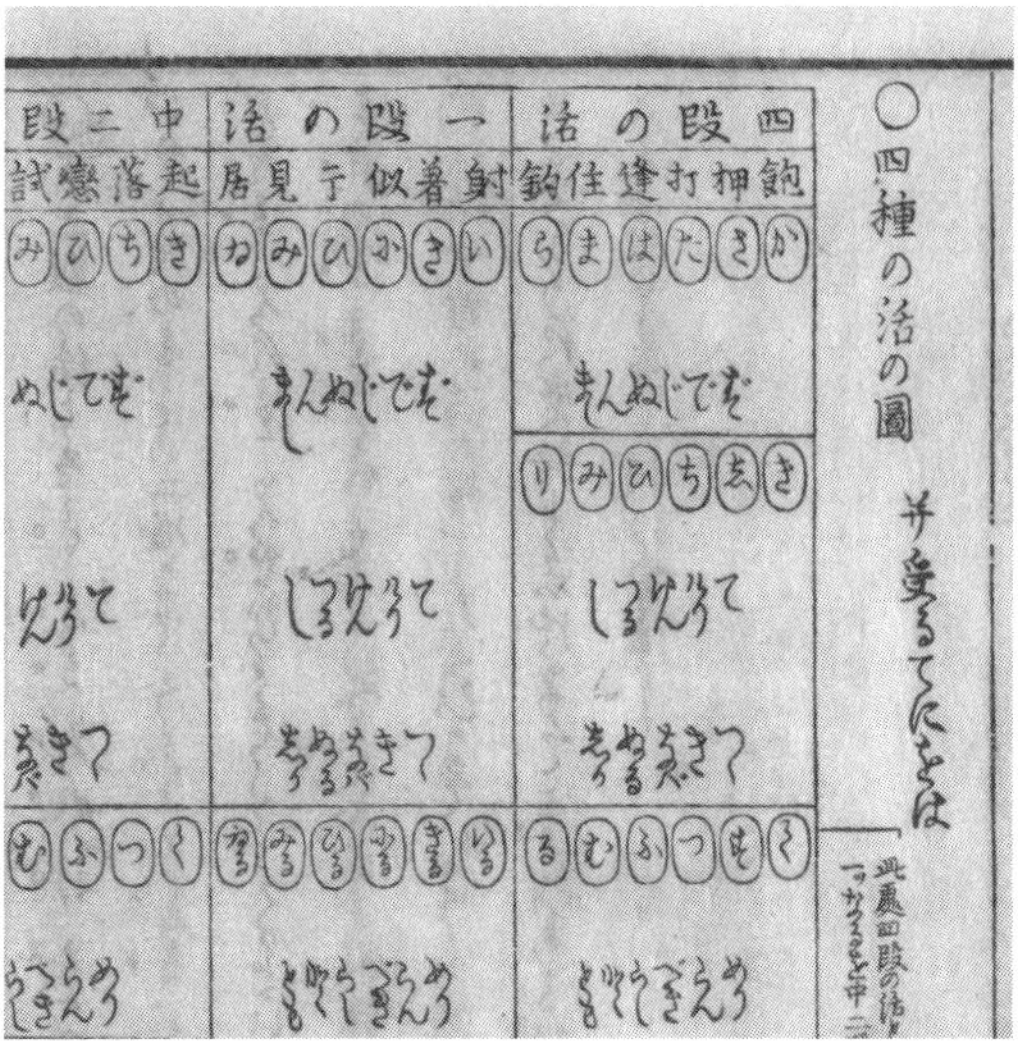

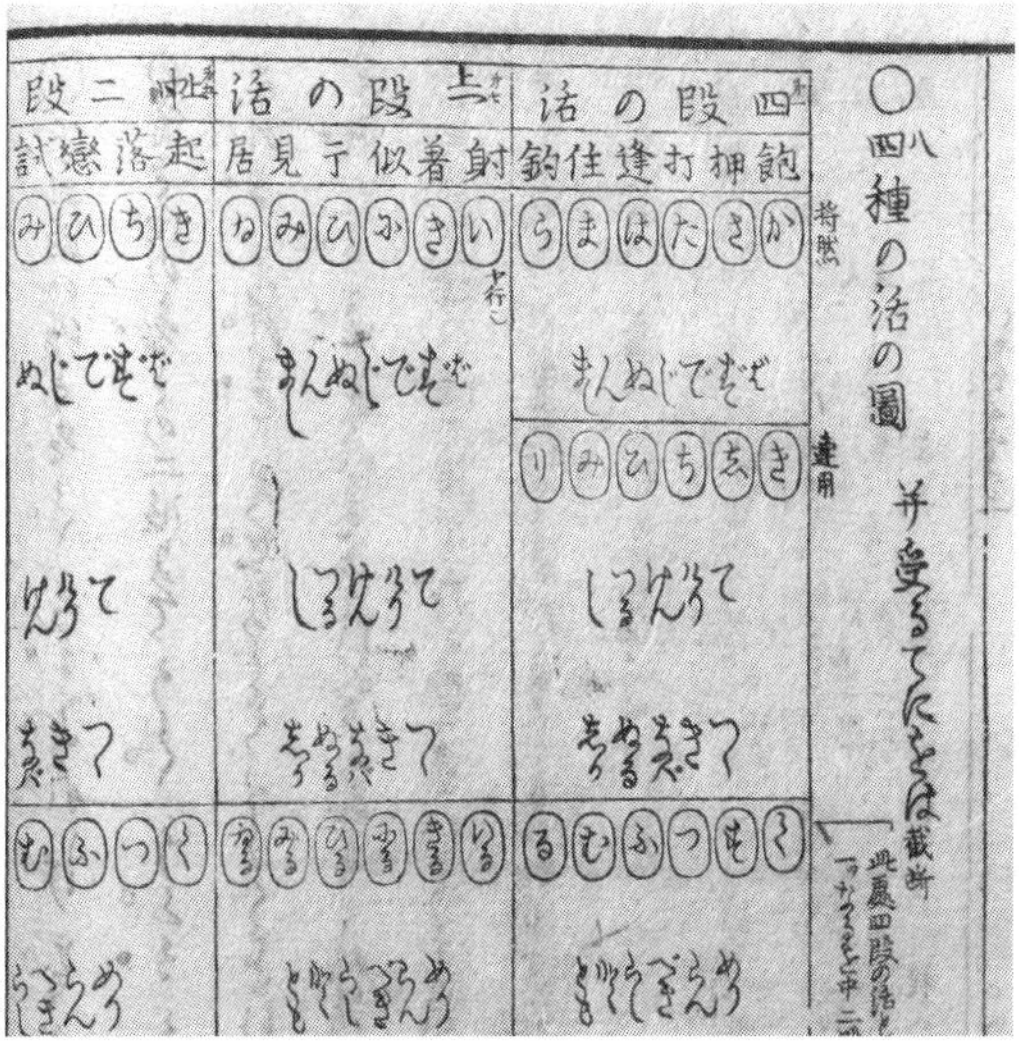

『詞八衢 上』本居春庭より一部拡大。
上＝国立国会図書館所蔵、下＝筆者蔵

並び、それぞれ「連用」「截断」「連体」と添えてある。つまりこれ、いまでいう動詞のような語が、使い方によってどう変化するかを並べてみせた表なのである。「活の図」の「活」とは、活用、語の形が変わることを指す。

さて、これは手元にある和本に載っている表だった。私はこの本を読んだとき「おお」と少し驚いた。将然、連用、截断（切断）、連体というふうに、私たちが知っているのと違う名前ではあるものの、それぞれの活用形に名前がついている。いまの古文の参考書なら、未然、連用、終止、連体というところ。本居春庭の時代にはすでにそうした活用形の名前がついていたのか、というので歴史の一端に触れたような感慨を覚えたのだった。

ところがである。目の前の画面に表示されているデジタル版は、そのへんがすっきりしている。活用名が書いてないのだ。うーむ。

3．残された可能性

これを版による違いだと思ってよいものか。分からなくなってきたら初心に帰るべし。というので改めて調べてみることにした。活用の名前は誰がつけたのか。文法の歴史を説いた本を見ると、「将然」は東条義門（一七八六―一八四三）の命名によるという。義門は宣長や春庭の日本語論に触発されて、江戸期の日本語論をいってみれば総まとめした人だ。その彼が「将然」という言葉を使っている。これは「未然」と同じ意味。「連体」「連用」も義門が命名者だという。

春庭より後に本を書いた義門の考えた言葉が、それに先立つ春庭の本に出ている。これいかに。例えば、義門が発案したと言われている用語、実は春庭が先に考えたものだったとか。いや、それなら研究者たちがとっくに気づいているはずだ。それに少なくとも、春庭の本には早稲田版のように活用名を載せていないものがある。というか、私の手元にある本では、さきほど述べたように表には活用名が書いてあるけれど、本文のほうは早稲田のデジタル版と同じだ。そして本文に活用名は出てこない。しつこいようだが活用名は和本の表だけに書いてある、ということは……あっ。

「いいかい、ワトソン。ありえない選択肢を消去して、それでもなお残るものがあるとしたら、どんなに奇妙に思えてもそれこそが真実なのさ」とわが心のホームズがささやく。まさか。私はもう一度和本をよく眺めた。今度は虫眼鏡を手にして。まじまじと。舐めるように。

4. 紛らわしいマルジナリア

よく見ると、表に書かれた「飽」「き」といった文字と、横っちょに添えられた「将然」という活用名は書体が違う。いや、複数の書体を使って刷った可能性もある。もうちょっと手がかりはないか。そう思って眺めると細かな違いがある。なんでいままで気づかなかったのか。

そもそも和本のほうは、表のタイトル「四種の活の図」の「四」の右隣に「八」と並べてある。いかにも怪しい。それに表の「四段の活」という見出しに小さく「第一」と添えてあるものの、これは早稲田版にはない。「第一」ってなに？と思うと、ページの上余白に「別四段の活」と追記があり、ここには「第二」と見える。同様に表の見出しや余白に、早稲田版にはない文字がある。もともと四種類の活用しか載っていない表なのに、第八までカウントされている。

もう少し眺めるうちに、ボックスの中にも違いが見つかる。先ほど触れた「ば」「ず」「で」という文字の並び。和本にある「ば」は早稲田版にない。しかもこの「ば」は、他の文字より少し小さい。やっぱり怪しい……。

たいそう間の抜けた話なのだが、ここに至ってようやく分かった。これはマルジナリアだ。この和本の前の持ち主が自分で書き入れを施したのだ。刷られた文と書き入れられた文で同じ文字を探そう。「活」の字の形が違う。もとの表では「活」の字に含まれる「古」は「右」に近い形。ところが書き入れの主は「十」の縦棒を真っ直ぐ書いているので「古」となっている。おお。

というので、和本全体を見てみると、本のはじめから終わりまで、そこかしこに書き入れがある。マルジナリアの字が端正すぎて、私は印刷されたものだと思い込んでいたのだった。危うく書き入れを春庭本人による言葉だと勘違いするところだった。なんとも紛らわしいマルジナリアもあったものだ。というよりも、自分の不明を恥じるべきか。

見失われた文字を求めて

1．見えないマルジナリア

世に珍しきマルジナリアは数あれど、中でもひときわ珍しいのは見えないマルジナリア。え、見えないんじゃ、書き込む意味がないのでは？　というか、どうやって書き込むの？　まさかと思うけど、あぶり出しとか。

いや、驚かせようと思ってちょっと言いすぎた。まったく見えないわけではない。もう少し正確にいうなら、たいへん見えづらい。どのくらい見えづらいかといえば、そのつもりで紙面に向き合わないと見落とすくらいには。光の当たり方を調整しないと見落とすくらいには。ここで見てみたいのは、そんなマルジナリアだ。

2. 墨もインクも要らない筆

「角筆」という言葉をご存じだろうか。かつては仮名で「かくひち」とも書かれていたようだが、いまでは「かくひつ」と読む。私はこの言葉を小林芳規《よしのり》『角筆のみちびく世界——日本古代・中世への照明』（中公新書、一九八九）という本で教えてもらった。

試しにネット書店や各種書籍データベースを「角筆」で検索してみると、『角筆文献の国語学的研究』（汲古書院、一九八七）を筆頭として書名に「角筆」と冠された本が何冊か並ぶ。そのほとんどが小林氏によるものだ。

また、日本の学術論文データベース、CiNii《サイニィ》（国立情報学研究所学術情報ナビゲータ）のサイトで同じように「角筆」で検索をかけてみよう。表示される一〇三件の検索結果（二〇一九年五月一〇日現在）を見てみると、そのうちおよそ四〇点弱が小林氏によるものか、小林氏が関わっているものだ。最も古いのが一九六二年の論文で、そこから四半世紀ほどにわたって書かれた一一の文章は全て小林氏の著作である。一九九〇年前後から他の人による論文も増え始めて今日に至る。まさにこの研究領域を切り拓いた第一人者である。

そういえばまだ、肝心の角筆とはなにかをお伝えしていなかった。「筆」という字がついているので想像がつくかもしれない。毛筆、鉛筆、鉄筆、尖筆など、文字を書いたり刻んだりする道具と同じく筆記具の一種だ。先をとがらせた棒状のもので、写真を見る限りでは箸のようにも見える。長さはものによってまちまちで、一九センチくらいのものもあれば、二四センチほどのものもあるようだ。木製の他、竹製や象牙製も見つかっているらしい。

いまでこそ用途が分かっているものの、江戸の頃にはすでに曖昧になっていたようで、書物を手で汚さないようにページを繰る道具であるとか、漢籍の読み方を教える際にページ中の文字を指すのに使うのだとか、文筆の道具なのだとか、諸説があった。

実際にはなにをする道具か。紙に文字を書く。ただし、毛筆のように墨をつけるわけではない。そのまま紙の表面に凹みをつけるようにして文字や記号を書く。インクの切れたボールペンやタッチパネルに使うスタイラス（ペン型の装置）で紙の表面に字を書くところを思い浮かべるとよい。インクのように見える字ではなく、紙が凹んで跡が残る。見えない文字である。

ただし、お気づきかもしれない。角筆はマルジナリアに特化した道具というわけではない。『角筆のみちびく世界』によれば、このやり方で人目に触れないように恋文を書いた

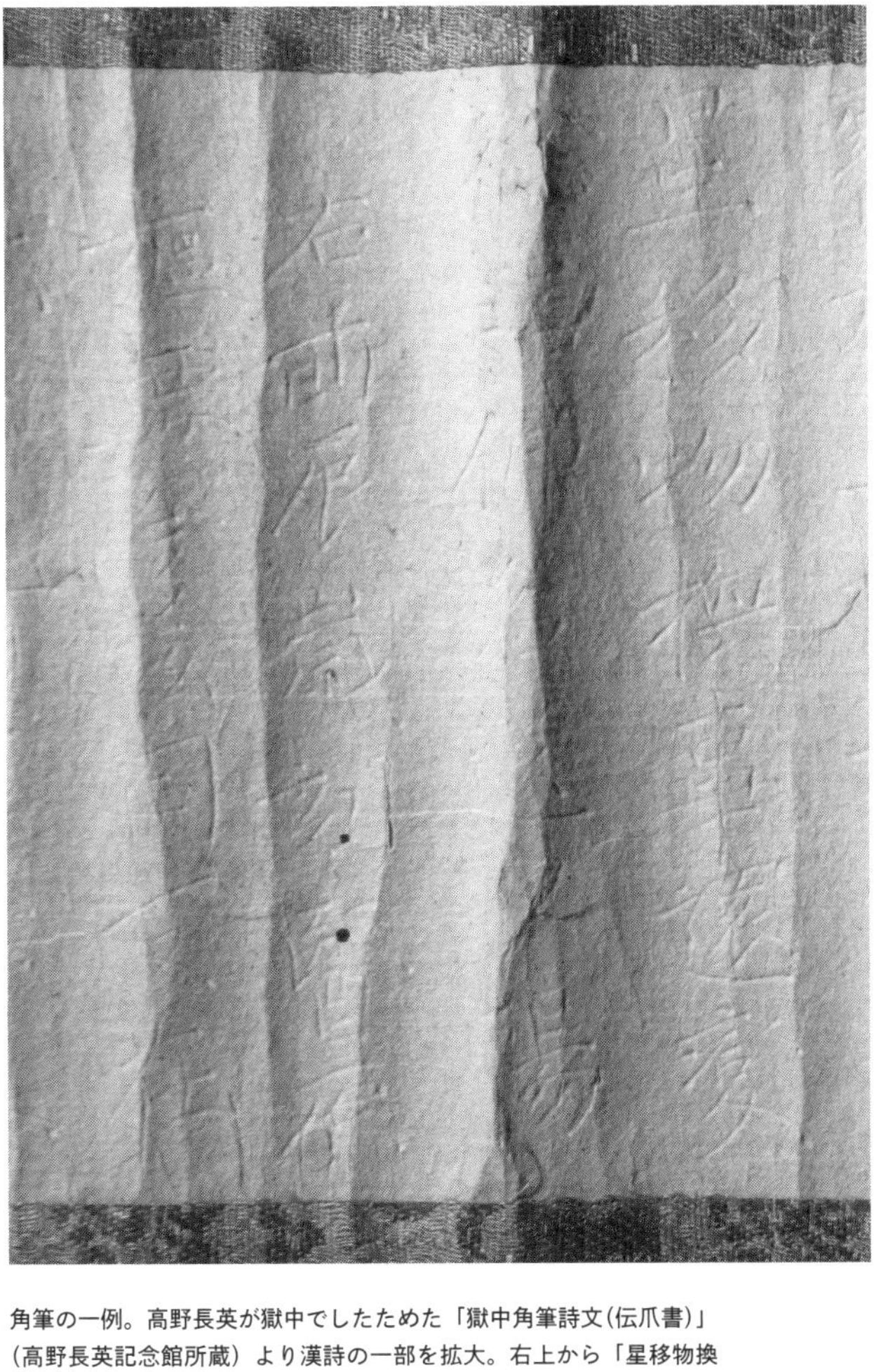

角筆の一例。高野長英が獄中でしたためた「獄中角筆詩文(伝爪書)」
(高野長英記念館所蔵) より漢詩の一部を拡大。右上から「星移物換
…」星移り、物換り、……とある。口絵p.30-31に全体図版を掲載。

人もあれば、まるまる文書を書いた人もあったという。なにしろ毛筆と違って角筆さえあれば、墨がなくてもいくらでも書ける優れものである。それに、本を書き込みで汚したくない人でも、これなら安心である。あるいは絵画の下絵を同じような手法で描いている例もあるという。

3．よく見るものの目にこそ

角筆による書き入れが見つかった経緯がまた面白い。昭和三六年というから、西暦で一九六一年九月のこと。上野のデパートで開催されていた「高野山秘宝特別展」を見にいった小林氏は、ある紙片に注目する。ガラスケースに入れて展示されていた『漢書』の残簡だ。『漢書』といえば後漢時代（紀元一世紀）に編まれた漢籍である。

その展覧会に出展されたのは、奈良時代後期に書き写されたもの。当時の調査で新たに見つかった資料である。その『漢書』の本文（漢文）に、仮名や訓点（ヲコト点）といって漢字の読み方を指示する記号が書き込まれていた。この書き込みもまた、平安時代中期という古いもので、当時の人が漢文をどのように日本語に読み下していたかを伝える貴重なマルジナリアである。

そこで小林氏は、その書き入れの訓点を模写するために混み合う会場に日参する。そうして模写するうちに、同行していた築島裕氏が、爪で跡をつけたような仮名や訓点に気づく。「蛍光灯の光の反射が、条件よく、この黄麻紙を押し凹ませて掻いた仮名やヲコト点の陰影を浮き立たせてくれたのである」(同書、三五ページ)。なんということだろう。偶然といえば偶然だが、一字たりとも見逃すまいと目を凝らした彼らだからこそ気づいたというべきか。

ここで素朴な疑問が湧いてくる。小林氏が通い詰めて書き写していたのは、そもそも本文には墨で書き入れられた訓点である。そう、すでに訓点が施されている。そこに重ねて角筆でも書き入れるのはなぜか。実は同じ漢字でも、読み方は一通りとは限らない。同じ漢文を読むのでも、いくつもの流儀があって、それぞれで読み方が違っていることがある。そこで平安時代の漢籍では、複数の読み方を区別するために、朱筆、墨筆、白点の他、角筆も使って書き入れをしたというのだ。

4. 見出された文字

この第一発見に続いて小林氏は、訓点資料を調査するなかで、同じような「爪跡様」の書き入れに遭遇する。そうして二例目に気づいてみると、三例目もあるのではないかと思えてくる。実際、そのような目で見ると、そこかしこで角筆文献が見つかるではないか。こうして、従来から存在していたのに忘れ去られ、見過ごされてきた見えない文字が見出された。

以後、年々発見される角筆文献の数が増え、『角筆のみちびく世界』が刊行された一九八九年頃には、古くは奈良時代から江戸時代まで都合二〇〇点を数えていたという。また、日本だけに留まらず、中国や韓国の文献でも角筆が見出されている。「角筆スコープ」という専用の装置も開発されて発見は進み、小林氏の『角筆のひらく文化史——見えない文字を読み解く』(岩波書店、二〇一四)の時点では、日本全国で三三五〇点もの角筆文献が見つかっているというから驚きだ。

というわけで、角筆に興味が湧いてきた向きには、今回触れた二冊の本を勧めたい。どちらも著者が、ある時ある場所である資料を検分しながら疑問を抱き、それを解こうと調査を進める様子が描かれており、良質のドキュメンタリーを読むような楽しさがある。

ところで『角筆のひらく文化史』のあとがきにこんなことが書かれている。一九二九年にお生まれの著者が二〇一四年に書いた文章である。

「もし私にこれから五〇年の生命が与えられたなら、今までの五〇年で培った角筆を観る眼を持つ私の分身を少なくとも五人作り、次の仕事をさせたい」（二八二ページ）

これに続いて五人の分身それぞれにさせたい仕事、日本、中国、韓国をまたにかけた調査や研究の計画が記されている。思わず見過ごしそうになるけれど、五人の分身がいるということは、ご自身を含めて都合六人がかり。それでもう五〇年、つまり三〇〇年分のプロジェクトが夢見られているのである。なんという好奇心があったものだろう！

ときには場外乱闘のように

1．オマエモナー

そのつもりでTwitterを見ていると、マルジナリア案件と言えそうな、それはいろいろな画像が流れてくる。あるとき、こんな写真を目にした。

英語で書かれた本の目次のページに、章番号と章題と対応するページ数が並んでいる。そこに黒のボールペンでこんな書き込みがある。五つある章のうち、一、四、五章の章番号は丸で、章題は大きな四角で囲まれている。また、それぞれの章のページ数の横にはアスタリスクがつけてある。つまり、ご丁寧に丸と四角とアスタリスクで三重にマークしている。どれか一つじゃあかんかったのか、と思うけれどそこはそれ。人には人のやり方がある。

問題があるとすれば、これがどうやら図書館の蔵書であることだろうか。いや、図書館の本であるとはどこにも書いてないのだけれど、実は同じページにもう一つ、別の人物による書き込みがある。こちらは青いボールペンでページ下部の余白にこう書いてある（原文の英語を山本が意訳）。

「オイコラ、本に書き込むのをやめないか。みんなも使うんだぞ。この大馬鹿野郎!!!」

そして、この書き込みから先ほどの黒ボールペンの書き込みに向かってわざわざ矢印まで描き込まれている。書き込みに文句をいう書き込みである。どこか「嘘つきのクレタ人」のパラドクスを思わせる味わいがある。すがすがしいまでの「オマエモナー」案件と申しましょうか。

2. 賽は投げられた

さて、いまのが前座だとすれば、本日のメインイベントはこちら。やはり本の余白で人びとが書き込みあっているケースである。「書き込みあっている」では生ぬるい。これは言うなれば、マルジナリアファイト、場外乱闘だ。しかもファイターは二人どころではない。ざっと数えて七人が参戦している。おお、バトルロワイヤルだ。

舞台は、フランセス・イエイツの『シェイクスピア「恋の骨折り損」研究』（一九三六）という英語の本。リングはその目次ページである。書き込みは八つある。

こんなふうに複数の書き込みがある場合、書かれた順序が分からないケースもあるのだが、この場外乱闘は、その点で分かりやすい。コメントが、別のコメントに対する応答になっているからだ。

まず、戦いの口火を切ったのは最上段の人物。黒字でこう書いた。以下では、原文の英語から意訳し、整理のためにそれぞれの書き込みに番号をつけている。

「この本は役立たずで無用の長物だ。二六ページを見よ」（❶）

そして「二六ページを見よ」という書き込みから線が引かれて、その先の矢印は「イントロダクション」第三節の「現在の議論」という目次の項目に「ここだよ、ここ」という感じで向けられている。おそらくそこで提示されているイエイツの結論が気にくわないのだろう。

この書きぶり、なんだか既視感があるなあと思ったら、Amazonレビューでよく見かけるタイプのコメントだ。自分が気に入らない本を丸ごと無価値と決めつけたがる手合いである。さて、他の人たちはどう応じるのか。

そう思って見てみると、その右上に青字で短く「だよね」とある（❷）。文字の周りにぼんやりインクが滲んでいるのは、乾かないうちにこすったか、水でもくったのか。余談だけれど見たところ、この通りすがりのような人の字が一番きれい。

そこへ第三の人が現れる。❶の下にブルーブラックでこんなふうに書き加えている。

「（適切に使われない場合にはね）」（❸）

「この本は役立たずだ」という主張に対する補足という形で書かれた反論である。元の文に条件を加えて意味を反転させている。高等テクニックだ。言い換えるなら「そんなこといったって、お前さんが適切に使わないからだろうが」となるだろうか。これは八つの書き込みのなかで一番大きな字で書かれている。

ここまでを整理すれば、❶の主張は❷によって同意され❸によって反論された。はやくも意見が割れている。どうなるのか。

3. 批判と罵倒と

さらに第四の書き手が現れる。❶から自分のコメントに矢印を引いて、誰に対する応答

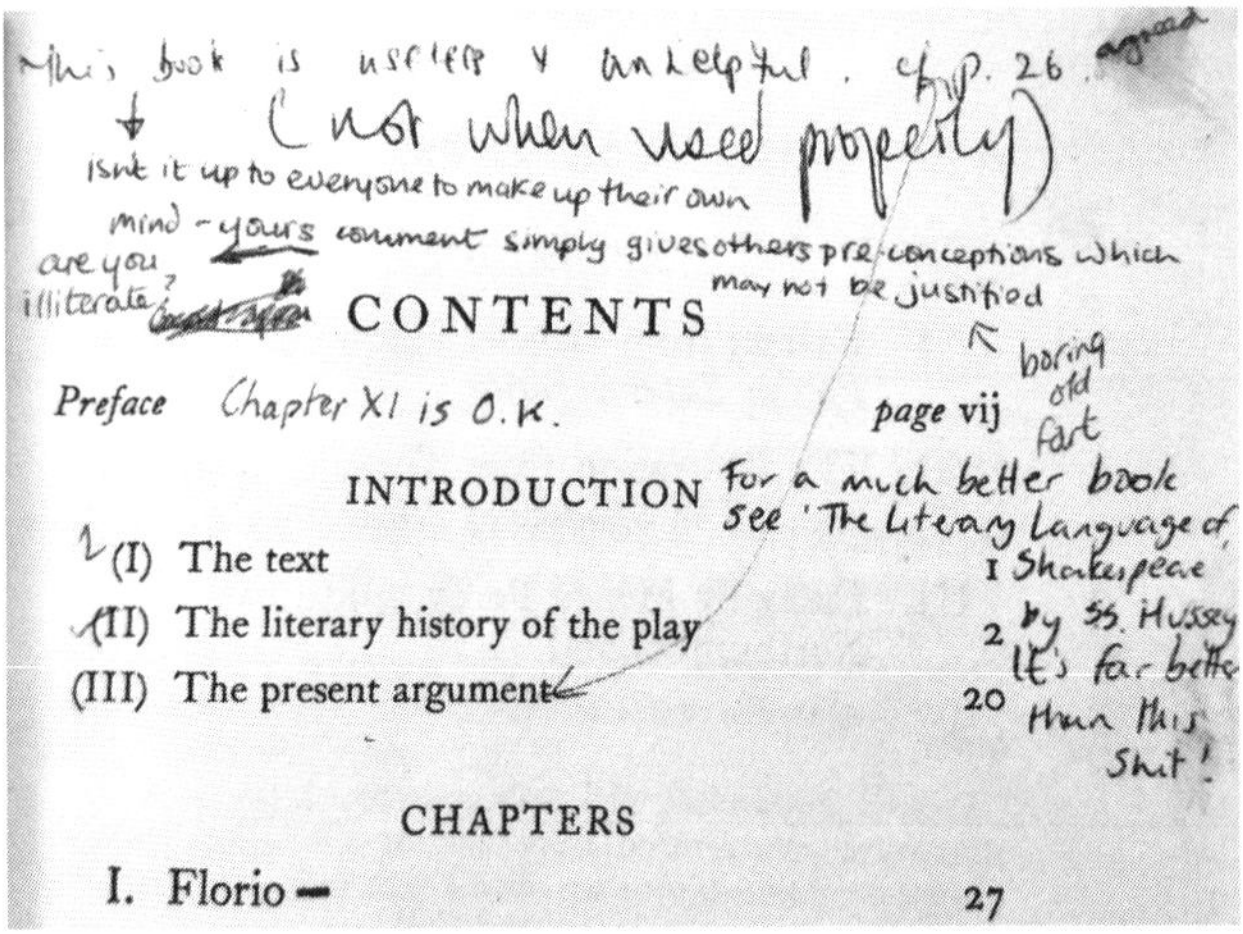
This book is useless & unhelpful. cf p. 26. agreed
(not when used properly)
Isn't it up to everyone to make up their own mind - yours comment simply gives others pre-conceptions which may not be justified
are you illiterate?
boring old fart

CONTENTS

For a much better book see 'The Literary Language of Shakespeare' by S.S. Hussey It's far better than this Shit!

https://twitter.com/earlymodernjohn/status/1133785914508025856 より

かを明らかにした上でこう書いている。

「どう受け取るかはその人次第じゃないの？あなたのコメントって他の人に先入観を与えるだけだし、だいたい根拠がないよね」（❹）

「この本は役立たずだ」という❶に対して真正面からの批判である。それこそAmazonレビューには、どうしてそう断定するのかよく分からない否定的レビューでも「役に立った」としている人がいたりする。そういうレビューには❹のように言いたいものだ。それはそうと、これで勝負はこうなった。

役立たず！❶❷

読み手次第でしょ ❸❹

四人のファイターが登場して、目下のところ二対二である。

いま見た❹に対して第五の書き手が現れる。❹から自分のコメントに矢印を引いて、ブルーブラックでこう書いている。

「字が読めないのかよ」（❺）

唐突過ぎて意味が分からないが、❹に反論したいという強い意志だけは伝わってくる。「なんにも知らないの？」「バカなの？」くらいの意味だろうか。この❺を書いた人物はよほど気にくわなかったのか、同じ❹にもう一つ矢印を向けて書いている。

「うんざりするほど頭の古いへたれだな」（❻）

❺❻はそれぞれ左右に離れて書かれているものの、両者に使われている文字の形がよく似ているので同一人物だと思われる。内容はご覧のように、❹の正論に対して根拠なく否定するただの罵倒である。これで頭数だけで言えば、否定派が三人となった。

4．議論は建設的に

残る二人はどうか。まず、短いほうから見ると、緑のインクでこう書かれている。

「第一一章はいいよ」（❼）

第一一章は同書の結論部分でもある最終章だ。ここまでの激しいやりとりの両陣営の主張を肯定するでも否定するでもなく、いいところを指摘する緑氏に、わたくしなどはつい共感を覚える。ただ、それ以上のことは書かれていないので、根拠不明といえば根拠不明である。

そして最後にもう一人、別の人物が黒字でこう書いている。

「もっといい本が必要なら、S・S・ハッシーの『シェイクスピアの文学言語』を見なよ。こんな駄本よりはるかにいいよ！」（❽）

イエイツの本を評価していない点では❶と同じだが、別の本を推薦している点では建設的とも言えそうだ。とはいえ、このコメントも、なぜイエイツの本が駄本であり、なぜハッシーの本がいいと考えるのかは分からない。

以上がこの場外乱闘の全容である。

5．ツイートの応酬のように

事の発端は見てきたように、「この本は役立たずだ」という書き込みである。それに対して賛成する者、反対する者が意見を述べる。概して同書を非難する側のコメントは、根拠が分からないものの強い調子で罵倒する。それに対して、異を唱える側のコメントは、否定的意見に制限をつけたり、相対化したりしている。要するに「この本は役立たずだ」とは、全読者に妥当するわけではない、主語が大きすぎる判断だ、という至極まっとうな指摘である。

このマルジナリアの写真をTwitterに投稿したジョン・ギャラガー氏は、「こりゃあまるで怒りっぽいアカデミシャンたちがTwitterでとうとうとまくしたてあってるスレッドだ」とコメントしているが、うまいことを言ったものである。

以上、実況と解説は山本でお送りしました。また次回、お目にかかりましょう。

デリダは何を読む人ぞ

1．蔵書の楽しさ

なぜ人の書棚を見るのは楽しいのか。書棚に本が並んでいる。ただそれだけのことなのに、「ほう」とか「これはこれは……」などと言いながら、ついしげしげと眺めてしまう。「あ、これ読んだことがある」とか「こんな本があるのか」とか。

ある人の書棚を見て、なにもかもが分かる。ということはないけれど、そんなことでもなかったら分からないこともいろいろある。その人は、なにに興味を持ったのか。どんな本を集め、どう並べたのか。取り出しやすい場所に置かれた本はどれか。どう読んだのか。そう、蔵書はそれ自体がひとつの表現なのだ。それだけに、ある人物を研究したい人にとって、その蔵書は貴重な資料にもなる。

近年では、そうした蔵書について情報を公開しているウェブサイトもある。ここではそんなアーカイヴの一つ、フランスの哲学者ジャック・デリダ（一九三〇−二〇〇四）のケースを覗いてみよう。

2.『グラマトロジーについて』について

デリダといえば、日本でもフランス現代思想が一種のブームとなった一九七〇年代から現在まで精力的に翻訳紹介されてきた著者の一人だ。哲学者には、その人を象徴する必殺技というかエンブレムのような概念があるものだが、デリダの場合は「脱構築（デコンストラクシオン）」がよく知られているだろうか。といっても、ここでその哲学に踏み込もうというわけではない。用があるのはマルジナリアだ。

その名も「デリダの余白（Derrida's Margins）」というウェブサイトがある。アメリカのプリンストン大学が進めているプロジェクトだ。同大学のジャック・デリダ文庫には、デリダの蔵書を中心に一万九千点のアイテムが登録されているという。彼は書き込みしながら本を読むマルジナリアンだったようで、蔵書にもその痕跡がたくさん残っている。

そこで、このプロジェクトでは、彼の主著の一つ『グラマトロジーについて』で参照されている本のマルジナリアを見られるように整理・公開している。デリダが自分の本で引用したり参照したりしている元の本を、どんなふうに読んでいたのかというその痕跡を見てみようというわけだ。同書は言葉と痕跡について書かれた本で、このテーマにもぴったりである。しかも、これから見るように、このプロジェクトのウェブサイトでは、マルジナリアを味わい尽くすためのすばらしい工夫が施されているのだ。

3. 蔵書拝見

ウェブサイト「デリダの余白」(https://derridas-margins.princeton.edu/)にアクセスすると、タイトル画像に加えて英語でサイトの趣旨が記されている。ちょっと分かりづらいのだが、画面の四隅近く、左上から反時計回りに「デリダの蔵書(Derrida's Library)」「文献リスト(Reference List)」「ヴィジュアル化(Visualization)」「介入(Interventions)」という四つのリンクが設置されている。クリック(タップ)すると、それぞれのコーナーに移動できる。

では、「デリダの蔵書」コーナーに入ってみよう。ページが切り替わると『グラマトロジーについて』で参照されている本の表紙が並ぶ。哲学や人類学を中心に七二冊が登録されている(本稿執筆時)。いわば本をつくった本たちだ。書影の右上にリボンの端っこのようなものにグニャグニャした線が描かれたアイコンがついているものがある。「この本には書き込みがあるよ」という印。ここではルネ・デカルトの『方法序説(Discours de la méthode)』を覗いてみる。二冊あるうち、一九六一年版の書影をクリックすると書誌ページに移動する。

そのページにある「イメージギャラリー(Image Gallery)」という箇所をクリックしてみよう。すると『方法序説』の表紙や外見の写真に続いて、デリダが書き込みをしたページの画像が並ぶ。試しに一一五ページを選ぶと、そのページの大きな画像が表示される。このサイトがすごいのはここからだ。

4. 至れり尽くせり

ページには、黒の鉛筆によるいろいろな書き込みが見える。下線、丸、右余白には数字、アルファベット、メモがある。それだけではない。このサイトでは、書き込み箇所に薄い

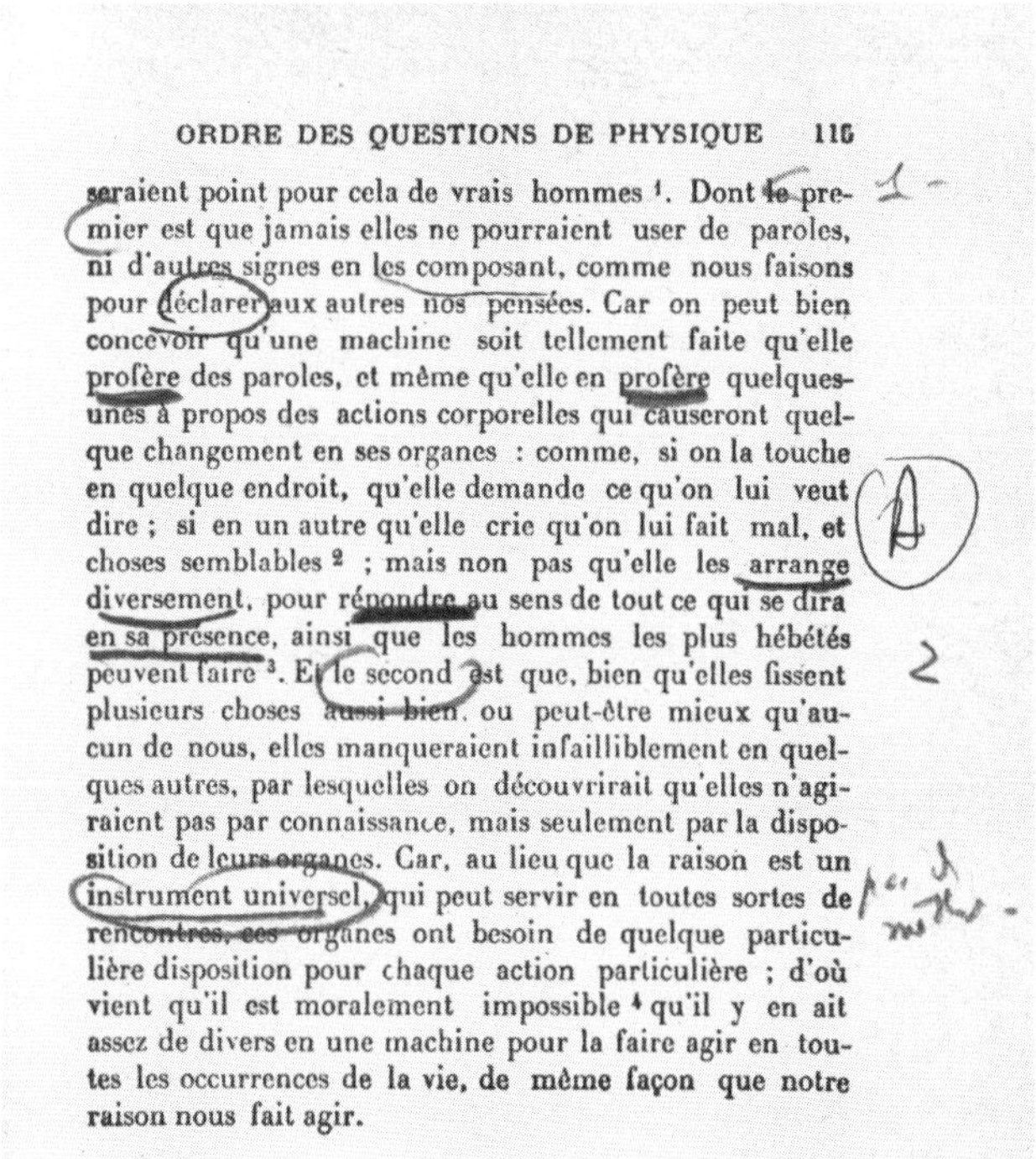

ORDRE DES QUESTIONS DE PHYSIQUE 115

seraient point pour cela de vrais hommes [1]. Dont le premier est que jamais elles ne pourraient user de paroles, ni d'autres signes en les composant, comme nous faisons pour déclarer aux autres nos pensées. Car on peut bien concevoir qu'une machine soit tellement faite qu'elle profère des paroles, et même qu'elle en profère quelques-unes à propos des actions corporelles qui causeront quelque changement en ses organes : comme, si on la touche en quelque endroit, qu'elle demande ce qu'on lui veut dire ; si en un autre qu'elle crie qu'on lui fait mal, et choses semblables [2] ; mais non pas qu'elle les arrange diversement, pour répondre au sens de tout ce qui se dira en sa présence, ainsi que les hommes les plus hébétés peuvent faire [3]. Et le second est que, bien qu'elles fissent plusieurs choses aussi bien, ou peut-être mieux qu'aucun de nous, elles manqueraient infailliblement en quelques autres, par lesquelles on découvrirait qu'elles n'agiraient pas par connaissance, mais seulement par la disposition de leurs organes. Car, au lieu que la raison est un instrument universel, qui peut servir en toutes sortes de rencontres, ces organes ont besoin de quelque particulière disposition pour chaque action particulière ; d'où vient qu'il est moralement impossible [4] qu'il y en ait assez de divers en une machine pour la faire agir en toutes les occurrences de la vie, de même façon que notre raison nous fait agir.

「デリダの余白」Web　https://derridas-margins.princeton.edu/library/descartes-discours-de-la-methode-1961/gallery/p-115/ より

マーカーのような色を重ねて目立つようにしている。加えてページ画像の右側には、一つひとつの書き込みについて、分類データが並ぶ。①書き込みの種類（下線か丸か余白の印かなど）、②書き込みの対象となった言葉（デカルトのどの言葉に下線が引かれたかなど）、③デリダが書き込んだメモがデータ化されているのだ。これはすごい。

なにがありがたいかといって、マルジナリアでは、手書きの文字を読み取るのが難しい場合がある。それもそのはず。人に見せるつもりがなければ、自分が分かるように書けばよいのだから。デリダ先生も、お世辞にも読みやすい字ではない。というわけで、「ここにはこう書いてありますよ」とテキストデータにしてくれているのは大いに助かる（判読されていない箇所もある）。

また、ページ上の書き込み箇所をクリックすると、それに対応した分類データはこれですよと示してくれる。逆に分類データ一覧からどれかをクリックすると、それに対応するページ上の書き込み箇所を示してくれる優れもの。至れり尽くせりとはこのことだ。

5. マルジナリアをタグづける

デリダの書き込みを見ていると、同じ下線でも特に力を込めて引いた太い線と、そこまではない線と、どうも少なくとも二段階、場合によっては三段階くらいの違いがありそうだ。線はどちらかといえば、きれいに引くというよりはぐいっとラフに描いている印象。

また、丸で囲んでいるのは、デカルトが「第一に……」「第二に……」と数え上げている箇所で、その余白にはご丁寧に「1」「2」と書き込んである。これは私もよくやるのでその気持ち、分かるつもり。著者がなにかを列挙するような場合、余白に見出しをつけるように番号を書き込むと、把握したり認識したりしやすくなる（気がする）のだ。

さらには、下線を引いた上で丸も加えている箇所がある。これはデリダの書き込みをもっとたくさん見てみないと判断できないが、マルジナリアンとしての勘で言うなら、気になる箇所を①下線だけ、②丸だけ、③下線＋丸で、重要度などを区別している可能性がある。

不可解なのは余白に書かれた「A」に丸を施したように見えるもの。同書にはもう一ヵ所同じマークが現れる。他にもページによって「D」「R」「T」「W」のようなものが見えるが、これが何を意味するかは分からない。

そんなこともあろうかと（考えたかどうかは知らないけれど）、このサイトには便利な機能が備わっている。各マルジナリアに付された分類データには「丸（CIRCLING）」や「余白の印（MARGINAL MARK）」といったタグがついている。これをクリックすると、蔵書全体で、同じ分類が施されている他の本のページを並べて見ることができるのだ。うーん、便利。

という具合に時間を忘れて余白から余白へ、本から本へとあちらこちらを行ったり来たりしているうちに、少しずつデリダのマルジナリアに目が馴染んできたりもするから面白い。といってもまだ内容に踏み込めるほど理解はできていない。そこでまずはとりあえず、マルジナリアに特化したこのウェブサイトの見所をご紹介してみた次第。引き続きデリダの蔵書に入り浸って、なにか分かり次第ご報告しようと思う。それにしても、こうして誰かの蔵書を眺めてみると、本は本のあいだにあるものなのだなあ、ということが実感されるのだった。

プログラマの気持ち

1．なんだこの仕様書は!?

ある日、編集のTさんがこう言った。「プログラムにもマルジナリアってありませんでしたっけ」おお、そうだ。あるよある、プログラムにもマルジナリアが。というので、そのことを書いてみたい。

コンピュータゲームをつくる場合を例にしてみる。とても大まかに言うと、四つのステップがある。はじめにアイデアありき。こんなゲームをつくりたい、という発想がすべての出発点。お次は設計。具体的になにをどうつくるかを指示するわけだ。さらにその設計に従って開発する。もう少し具体的には、絵を描いたり、音をつくったり、文章を書いたりそれらをまとめてプログラムしたりする。最後につくったプログラムがちゃんと意図通りに動くかチェックする。ざっとこんなところだ。

ゲームを設計する人をプランナとか企画者といい、プログラムする人をプログラマという。一人で兼ねることもあるけれど、いまでは分業する場合が多い。そこで企画者は、どんなものをつくりたいかを伝える必要がある。つまり、こちらの頭の中にあるものを、あちらの別の頭の中にコピーせねばならない。そこで仕様書といって、建築でいえば設計図のようなものをつくることになる。言葉と図で、まだ頭の中にしかないゲームを説明する文書だ。

例えば、コントローラのボタンを押したら、画面のなかのキャラクタがジャンプするようにしたい。どのくらいの速さで、どのくらいの高さか、どんな軌跡を描くようにするか、重力はどのくらいにするか、なんてことを説明する。仕様書を渡されたプログラマは、それを眺めながらプログラム言語で書いてゆく。プログラム言語とは、コンピュータに対する命令のこと。まずこうして、それが済んだら次はこうして、とコンピュータに指示をするわけである。

ここから先は人によって流儀はまちまちだが、私がプログラマをしていたときは、仕様書をともかくプリントアウトした。パソコンの画面だと一度に眺められる範囲が狭いからだ。というのも仕様書はたいていの場合、結構な分量になる。そして、プログラムをするために、あちこち行ったり来たりすることになる。

例えば一〇〇ページの仕様書があるとする。ゲームに登場するキャラクタの仕様は一五ページにあり、そのキャラクタたちが活動するマップについては七二ページにあって、キャラクタがマップ中で手に入れるアイテムについては……という具合。紙なら机に一〇ページ分くらいを並べて見比べるのも難しくない。

この仕様書を読み解いていくとき、プログラマはしばしば書き込みをする。ここまではつくった。これはなんだろう。このルールは矛盾してないか。こっちとこっちの話はまとめたほうがよいのではあるまいか。これは要らない。なんだこの仕様書は!?——などなど、書き込みは人それぞれである。こうした仕様書へのマルジナリアが一つ。

2. コメントは人間向け

もう一つ、プログラマが行うマルジナリアがある。他ならぬプログラムへの書き込みだ。どういうことか。

プログラムとはコンピュータを制御するための命令である。専用のプログラム言語というものがある（何百種類もある）。プログラマは、C++、Java、Python、PHPなど特定のプログラム言語を使ってプログラムを書く。多くは、英語をベースにしているので、ぱっと見では英語で書かれた数式が並んでいるように見えるかもしれない。

最近のパソコンやゲーム機やスマートフォン向けのゲームをつくる場合、プログラムは数万行、数十万行という規模になることも稀ではない。仮に五万行のプログラムがあるとしたら、これはどのくらいの分量か。誠に乱暴ながら文庫本で換算してみよう。例えば、一ページに一七行で四五〇ページの文庫本なら七六五〇行になる（たまたま手元にあったフィリップ・K・ディックの小説からとった数字）。五万行のプログラムは、この文庫本が六・五冊分になる勘定。

プログラムをつくる場合、自分や他の人が書いたプログラムを見直すこともある。その際、プログラムだけだと分かりづらいので、「コメント」と呼ばれる注釈を入れたりもする。コメントはプログラムではないので、コンピュータからは無視されるもの。あくまで人間向けのメモである。という説明ではイメージが湧きづらいかもしれない。ほんのちょっとだけ例をお示ししよう。大丈夫、怖くないから。

#暗算したほうがはやいよ

print（1+1）

この場合、#で始まる行が人間向けのコメント。print（1+1）がコンピュータ向けの命令だ。こうしたコメントもプログラムの余白への書き込みと言えなくもない。

3．まじか？

ただし、いま述べたコメントは本題ではない。プログラマが行うもう一つのマルジナリアについて話そう。現在ではプログラムのための道具も便利になっているので、そういうことをする人がいるか分からないが、かつては込み入ったプログラムをじっくり検討したい場合や、開発終了後の保存のためにプログラムをプリントアウトしていた。

うってつけの例がある。近年、NASAが、アポロ計画に関連するプログラムや資料を公開しているのをご存じだろうか。いまからおよそ五〇年前のものだ。この資料が公開された当時、アポロ誘導コンピュータ（AGC）用のプログラムを眺めてみたことがある。

ＡＧＣアセンブリ言語という専用の言語で書かれたプログラムのページを見てゆくと、そこかしこにある。そう、書き込みが。

あるページでは数値計算のチェックをしていたり、訂正を加えていたり、足りない命令を書き足したりしている。また、グラフや矢印が描かれているページもある。そんなふうにプログラムを眺めながら、思わず声を出して笑ってしまったページがあった。

このページは大変味わい深い。まず一行目に面白いコメントが印刷されている。「私たちは、唯一無二の偉大なジョン・ショーの手によってここに示された強力な魔法に大いに助けられている」と、恐らくこのページに印刷されたプログラムを書いた人物に感謝の言葉が捧げられている。こういう褒める文化はいいなあ。というのは置いといて、プログラムが魔法（magic）に喩えられているのも面白い。どこで始まった習慣か知らないが、アメリカの古いＳＦで、凄腕のプログラマやハッカーをウィザード（魔術師）に喩えていたのを思い出す。

さて、ここからだ。プリントアウトには、向かって左側にプログラムの命令があり、その右側に英語でコメントも添えられている。ある行のコメントに対して青いペンで大きく「WHY?」と書き込まれている。「ナンデ？」あるいは「まじか？」という感じだろうか。

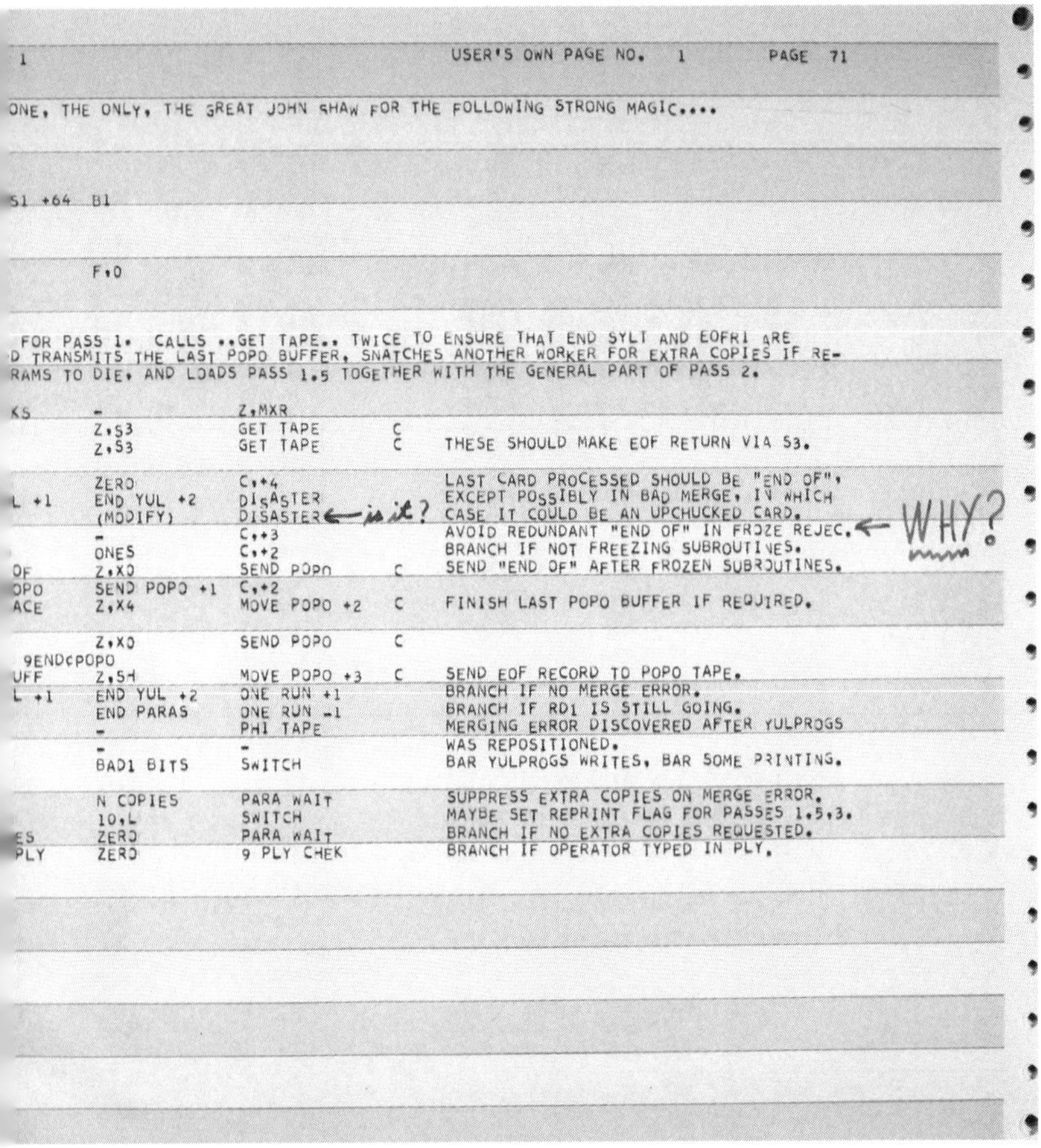

```
1                                          USER'S OWN PAGE NO.   1        PAGE  71

ONE, THE ONLY, THE GREAT JOHN SHAW FOR THE FOLLOWING STRONG MAGIC....

S1 +64  B1

        F,0

 FOR PASS 1.  CALLS ..GET TAPE.. TWICE TO ENSURE THAT END SYLT AND EOFRI ARE
D TRANSMITS THE LAST POPO BUFFER, SNATCHES ANOTHER WORKER FOR EXTRA COPIES IF RE-
RAMS TO DIE, AND LOADS PASS 1.5 TOGETHER WITH THE GENERAL PART OF PASS 2.

KS      -              Z,MXR
        Z,S3           GET TAPE       C
        Z,S3           GET TAPE       C    THESE SHOULD MAKE EOF RETURN VIA S3.

        ZERO           C,+4                LAST CARD PROCESSED SHOULD BE "END OF",
L +1    END YUL +2     DISASTER            EXCEPT POSSIBLY IN BAD MERGE, IN WHICH
        (MODIFY)       DISASTER            CASE IT COULD BE AN UPCHUCKED CARD.
        -              C,+3                AVOID REDUNDANT "END OF" IN FROZE REJEC.
        ONES           C,+2                BRANCH IF NOT FREEZING SUBROUTINES.
OF      Z,X0           SEND POPO      C    SEND "END OF" AFTER FROZEN SUBROUTINES.
OPO     SEND POPO +1   C,+2
ACE     Z,X4           MOVE POPO +2   C    FINISH LAST POPO BUFFER IF REQUIRED.

        Z,X0           SEND POPO      C
 9END¢POPO
UFF     Z,SH           MOVE POPO +3   C    SEND EOF RECORD TO POPO TAPE.
L +1    END YUL +2     ONE RUN +1          BRANCH IF NO MERGE ERROR.
        END PARAS      ONE RUN -1          BRANCH IF RD1 IS STILL GOING.
                       PHI TAPE            MERGING ERROR DISCOVERED AFTER YULPROGS
        -              -                   WAS REPOSITIONED.
        BAD1 BITS      SWITCH              BAR YULPROGS WRITES, BAR SOME PRINTING.

        N COPIES       PARA WAIT           SUPPRESS EXTRA COPIES ON MERGE ERROR.
        10,L           SWITCH              MAYBE SET REPRINT FLAG FOR PASSES 1.5.3.
ES      ZERO           PARA WAIT           BRANCH IF NO EXTRA COPIES REQUESTED.
PLY     ZERO           9 PLY CHEK          BRANCH IF OPERATOR TYPED IN PLY.
```


NASAの公開資料より
YUL AGC Assembler Program Listing by Hugh Blair-Smith (1967-12-12)
Internet Archive
https://archive.org/details/yulsystemsourcec00hugh/page/n221/mode/2up

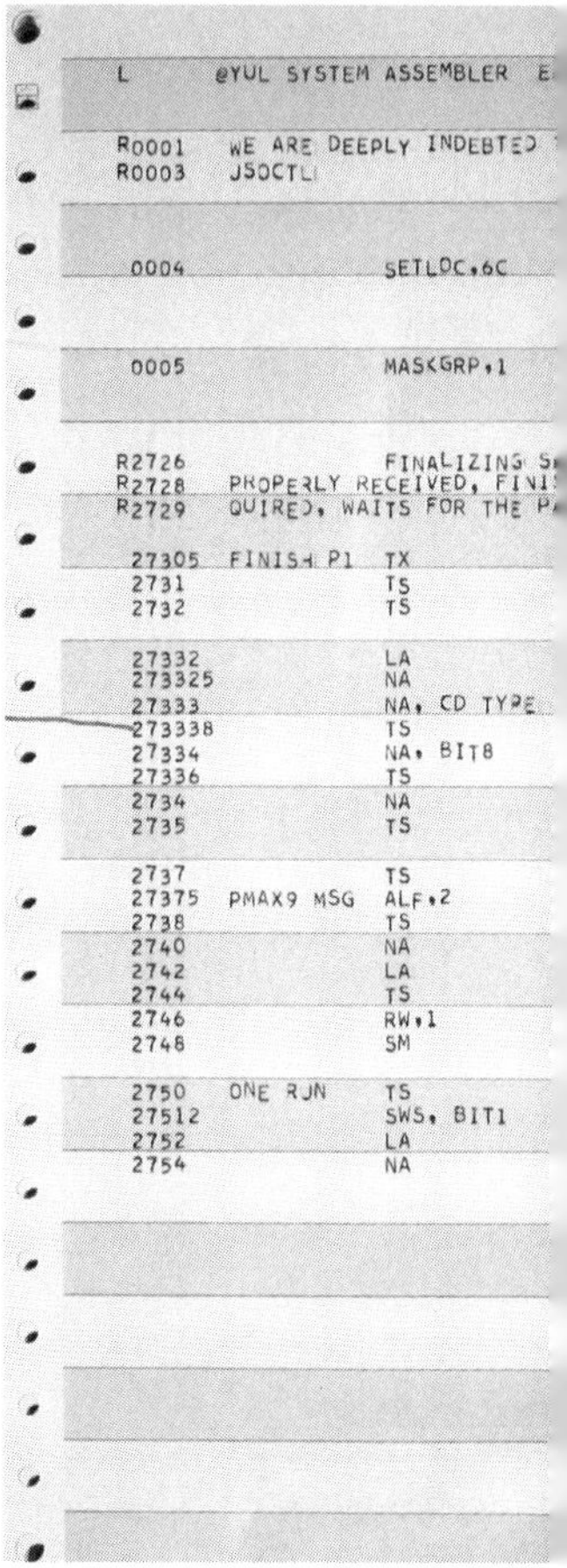

```
L        @YUL SYSTEM ASSEMBLER  E
R0001    WE ARE DEEPLY INDEBTED
R0003    JSOCTL
 0004                    SETLOC,6C
 0005                    MASKGRP,1
R2726                    FINALIZING S
R2728    PROPERLY RECEIVED, FINIS
R2729    QUIRED, WAITS FOR THE P
 27305   FINISH P1       TX
 2731                    TS
 2732                    TS
 27332                   LA
 273325                  NA
 27333                   NA, CD TYPE
 273338                  TS
 27334                   NA, BIT8
 27336                   TS
 2734                    NA
 2735                    TS
 2737                    TS
 27375   PMAX9 MSG       ALF,2
 2738                    TS
 2740                    NA
 2742                    LA
 2744                    TS
 2746                    RW,1
 2748                    SM
 2750    ONE RUN         TS
 27512                   SWS, BIT1
 2752                    LA
 2754                    NA
```

そのコメントに対応する命令部分には「is it ?」（え、これのこと？）とも書いてある。

この書き込みが誰によるものかは分からないが、気持ちは分かる。プログラムも書く人によっていろいろな流儀や癖の違いが出る。それだけに、人が書いたプログラムを読んでいると、ときどき「なんだこれは？？？」「どんな魔法を使ってるの?!」と驚かされたり、逆にひどい場合には「うへえ」とか「ぎゃー」と声が出たりもするものだ。このマルジナリアは、そんな読み手の驚きがごく手短に表されている。思わぬところで人間に出会った気がして、笑ってしまったのだった。

それにしても、エラー一つが大きな事故をもたらしかねない宇宙船の制御プログラムを書くのは、いったいどんな気分だっただろうか。

マルジナリアことはじめ

マルジナリアことはじめ

ここでは、本書のいろいろな例に触れてマルジナリアに興味が湧いてきた人や、どれ、ひとつやってみようかという人に向けて、心得を少々お伝えしてみます。といっても、たいしたことではありません。これまで私が味わったあれこれの失敗なども踏まえて、マルジナリアを楽しむためのコツのようなものを書いてみようというわけです。

1．無理は禁物

まずなにより大事なのは、無理をしないこと。いざ筆記用具を片手に本に向かってみたものの、どうも書き込む気にならない。そんなときは、無理をしないのがなによりです。というのも、いざ余白に書き込みをしてみたところ、ペン先が滑って文字が歪んだり、いつもと比べてうまく書けなかったりすると、それだけでなんだか本を台無しにしたような気分にもなるものです。この悲しみとも後悔の念ともつかない気持ちは、その本の造本がすばらしいと感じている度合いに比例して大きくなる可能性があります。

私がしばしば不如意を味わうのは、こんな状況です。揺れる電車やバスなどに乗って、言葉に傍線を引こうとしてペンを下ろす。線を引き始めたところでガタンと揺れて、その揺れとともにペン先もぐにょりと蛇行。意味もなく乱れた線になってしまったりして。

そんなときでも鷹揚に「真っ直ぐよりも味があっていいじゃないか」などと思えればよいのですが、どちらかというとやり直したくなるたちなので困ります。もっとも困っても詮無いので、結局はそのままになるのですが。

2. 練習用の本を使う

そこで最初は、なにか練習用の本を使ってみるのもよいでしょう。つまり、多少失敗しても惜しくはない本で試してみるわけです。

例えば、書棚に二冊以上ある本があれば、一冊をそうしたマルジナリア練習帖として使ってみるのもよいですね。あるいはもうこれは資源ゴミに出そうかと思っているという本でもよいと思います。手に入れやすい文庫や新書でも。

気兼ねなく線を引いたり言葉を書き込んだりできそうな本で試してみましょう。

3．筆記用具を選ぶ

本に書き込む道具はなんであっても構いません。鉛筆でもシャープペンシルでもボールペンでも万年筆でもその他でも。使いやすいものを選びましょう。

私はマルジナリアをはじめた頃、あとで消せるようにと思って鉛筆を使っていました。実際には、あとで消すこともあまりなく（いろいろ書き込んだ本に消しゴムをかけるのは、意外と面倒でもあります）、それならと水性ボールペンを使うようになりました。

水性ボールペンで書き込みをして困ったことが一度だけありました。長年にわたって大量の書き込みをして読んでいた夏目漱石『文学論』（岩波文庫）を、鞄に入れて持ち歩いていた時期があります。ある雨の日に、この本が鞄から水たまりに落ちてしまいました。拾い上げたときには、書き込みの一部が水に溶け出して滲みます。すぐティッシュなどを挟んで応急措置をしたので事なきを得ましたが、そのまま放っておいたら書き込みが消えてしまったかもしれません。という出来事ぐらいでしょうか。

ペン先の細さ太さはお好みでよいと思います。私は細いほうが書きやすいと感じるので、0.28mmのものを使っています。一時期、さらに細いペンがよいと思って、ロットリングペンなども試しましたが、これは長続きしませんでした。それにははっきりと理由があります。

ロットリングペンは、たしかに先が細くて狭い余白にも書きやすいのです。が、ペン先がデリケートで乾きやすいため、未使用時はキャップをきちんとはめる必要があるのですね。頻繁に書き込みをする場合、このキャップの開け閉めが存外手間なのです。たかだか一手間じゃないかと思わなくもありません。私の場合、本に書き込みをしたいときは、なるべくすぐ取りかかりたいので、余計なアクションがないほうが理想的です。できるだけ楽をしたいので、キャップがないものにしようと考えました。

また、ついでながら、筆記用具に対して「こうだったらいいな」という希望をいくつか並べてみました。

- キャップを開け閉めしない方式がよい。

・たくさん使うのでインクが切れたら、インクだけ入れ替えたい。
・赤ペンとブルーブラックを使いたい。
・でもペンを二本持ち歩いて使い分けるのは面倒。
・インクのリフィルは、安定して手に入るのが望ましい。
・多少ラフに扱っても壊れない程度の丈夫なものなら言うことなし。

結果的に、uni STYLE FITというシリーズが、この条件を満たしていると分かりました。金属製で、ペン軸を左右に回すと三本のインクを使い分けられるものがあり、以来、このペンとインクのリフィル数本をいつも持ち歩くようにしています。

筆記用具は好みで選べばよいと申しあげました。一つだけ助言できることがあるとすれば、比較的古い本などに書き込むことが多い場合は、先があまり尖っていないものを使うとよいかもしれません。例えば、戦時中やその前後に刊行されて紙の質が必ずしもよくない本や、薄い紙、ざらざらしている紙などを使った本に先の細いボールペンを使うと、ペン先が紙の繊維に引っかかって穴を開けたり破いたりしてしまうこともあります。この場合、先のやわらかい鉛筆のほうがよいですね。

また、細かい話としては、同じペンを使っていても、本の紙質によってまるで書き心地が違う場合もあります。ペンと紙の相性というのでしょうか。自分がよく手にする本の紙質が分かる場合、その紙に書きやすい筆記用具を選ぶという手もあります。

4．線を引く

では、実際にはどんな書き込みをしたらよいでしょうか。はじめに申せば、特に決まったルールや作法があるわけではありません。なにしろ他の誰のためでもなく、自分のためのマルジナリアです。人がどんなふうにやっているかという例は、本書に登場するマルジナリアを見比べてみてください。

書き込みにもいろいろありますが、線を引くのはその一つ。中学や高校の教科書などで重要な箇所に線を引いたりした経験があるかもしれません。ページにたくさんの文字が並ぶなかで、「ここは重要」という箇所を浮かび上がらせるためのマーキングですね。

「重要」な箇所ばかりでなくてもよいと思います。私の場合、「気になるところ」ぐらいの意味で線を引くことが多いです。ここは気になる、あとでもう一度戻ってきたい、なんだろうこれは？といった具合です。基本的には、「あ、ここに線を引きたい」と感じたら、気持ちの赴くままに引けばよいわけです。もちろんなんらかのルールを設定して運用するのもありです。

私はときどき、読み進めながら線を引くことがあります。そして、これで失敗することもあります。先まで読み終えてから引く場合なら、「ここからここまでが重要」というふうに線を引く範囲を適切に選べます。ところが、読みながらせっかちに線を引いていくと、余計なところまで線を引いてしまったりするのです。電車で乗り越しつつあるときのように、「ああ、いまのところでペンを止めてよかったのに、文章が続くからといって線を引き続けているけれど、ここはもうどちらでもいい部分なので止めたい。でも、駅のない場所で飛び降りるようで止められない。ええい、この文の最後まで行くか」とかいって、そこまで線を引かなくてもよかったのに、という箇所まで引いてしまったりします。もちろん文のおしまいまで目を通し終えた後で線を引けば、こういう失敗は生じないはずです。

5. 線に線を引く

また、気の向くまま線を引いていくうちに、ページが線だらけになってしまうこともあります。どうも面白く読んでいるほどそうなりがちです。明治の頃につくられた本を見ていると、ときどきページのすべての文字に傍点が振ってある例に出会います。「ここ、全部重要！」というわけなのでしょう。しかし、これは目がちかちかするし、なにが重要なのか分からなくなります（なにしろ全部の文字に傍点ですから……）。線を引きまくると、これに近い状態になることがあります。

そういう場合、どうするか。引いてしまったものは仕方がないのでおくとして、その上から蛍光ペンで強調したい箇所をマークします。こうすると、傍線だらけのなかからさらにもう一段階浮かび上がらせることができるわけです。蛍光ペンだらけになった場合は……次の手を考えましょう。

6. 補助記号を使う

余白にいろいろな記号を書くこともあります。私の場合、最も多いのは、行頭から本の外側へ向けた矢印と、その逆向きの矢印です。外側へ向かう矢印は「後で調べる」という意味で、内側へ向かう矢印は「ここは（線を引くほどではないものの）注意」というくらいの意味で使い分けています。

また、次のような記号を使ったりもします。既存のものもあれば、自分で勝手につくっているものもあります。

- ?　意味不明……
- !　なんだって!?　すごい!
- cf　次のものと比較せよ（confer）
- cit　引用せよ（cite）
- cr　批判が述べられている（critique）
- f　感情が書かれている（feeling）

・F　認識が書かれている（Focal impression or idea）
・s　音について書かれている（sound）
・rep　繰り返されている（repetition）
・w　笑ってしまった
・©　「資本主義」に関わる（capitalism）
・mem　「記憶」に関わる（memory）
・α、β、γ　番号を振って区別

その他「Aの意見」「Tの見方」「Vの発想」という具合に、著者の名前をアルファベット一文字で表すこともあります。

記号を使うコツは、手間を減らすのが第一です。いちいち「資本主義」と書くのは面倒なのでcapitalismのcで代表する。ただし、普通のcだと、a、b、cといったアルファベットとして使う場合と区別できなくなるので、特別な用法であることを示すために©などとしたりしています。

また、その場でつくったルールは、あとで忘れてしまう可能性があることに気をつけるとよいかもしれません。私は、何度も似たような失敗を重ねた結果、自分は決めたルールを忘れるものだと自覚するに至りました。そこで、本のはじめのほうに「rep＝繰り返し」などと、凡例を記すようにしています。

7. メモを書く

余白にメモを書く。何を書くかはもちろん自由です。私の場合、いくつかのパターンがあることに気が付きました。

- 要約：込み入った内容を簡単にまとめる
- 換言：込み入った内容を自分なりにパラフレーズ
- 意見：読んで思い浮かんだこと、アイデアなども
- 疑問：書かれていることへの疑問
- 調査：他の文献やネットなどで調べたこと
- 原文：翻訳書などで原文の表現がどうなっているか

こうしたことをあれこれ書くわけです。

特に複雑なことはありませんが、そのとき思い浮かんだことをできるだけ書き留めておこうと努めています。というのも、ものを読んでいるとき、そのときしか思い浮かばないことも結構あるように感じるのです。かつては「そんなに大事なことなら、あとでまた思い出せるはずだから、いちいち書かないでもいいじゃん」と思っていました。ところが、私は物覚えがよくないのか、読みながら思い浮かんだことも、先へ進んだり他のことに気を取られたりしているうち、つぎつぎと消えていき、忘れてしまいます。あるとき考え直しました。そうか、昔、同じ川の水には二度入れないと言った人がいた。川の水は常に流れているので、同じに見えてもすでにそこを流れる水も違うというわけだ。本を読むのも川の流れのようなものかもしれないな。いまこの文字列を見て思い浮かんだことは、後になって同じようには思い浮かばないかもしれない、と。

ここで注意したいのは、「でも、そんなたいしたことを思いつくわけじゃないんだから、やっぱりいちいち書かなくてもいいんじゃない？」とわき上がる疑問にどう対処するかです。もちろん、自分のことだから、そうそうたいそうなことが思い浮かぶはずもありません。しかし、思い浮かんだことがどんな意味を持つかは、後になってみないと分からないものです。書くだけ書いておいて、価値判断は未来の自分に任せる、そんな気分です。

実際、長年にわたって読みながらいろいろなことを書き込んだ『西周全集　全四巻』（宗高書房）や夏目漱石『文学論』といった本があります。将来なにかしようと考えてのことではありませんでした。ただ読み解こうと思ってそのつど考えたことや調べたことを書き込んでおいたのです。後に編集者との雑談のなかで、これらの本について話したのがきっかけとなり、本を書くことになりました。『「百学連環」を読む』（三省堂）、『文学問題(F＋f)＋』（幻戯書房）です。いざ本を書くことになってから、かつての自分が書き込んだメモや疑問がおおいに助けになったのは言うまでもありません。いえ、それらの書き込みがなかったら、大変な苦労をしたと思います。

これは物事がうまくいった例です。とはいえ、あるとき行ったことが、後にどのような意味や価値を持つかは、その時点だけで決まるものではない。これはちょっと大袈裟に言えば、一種の真理ではないかと思います。言い換えれば、未来の自分と協力する感じであります。

マルジナリアは、言ってしまえば本の余白にメモをするだけのことでもあります。思いついたら書いておいて損はない、というぐらいの気分で取り組んでよいように思いますがいかがでしょうか。

8. 書き換える

場合によっては、読みづらいと感じた文章を、自分なりに書き換えてしまう場合もあります。なぜそんな面倒なことをするのか。いくつかの理由があります。

一つは、自分の練習のためです。人が書いたり訳したりした文章を読んで違和を感じるとします。まあ、他人が書いたものなのですから、そのまますんなり丸ごと気に入ったり理解できたりするのは稀で、なにかしら気になることはあろうかと思います。その際、自分が感じた違和を放置せず、「それなら自分はどう書くのか」と試してみるわけです。すると、かえって自分が文章のどういう部分を気にしているのか、どのような好みがあるのか、といったことも自覚されます。

もう一つの理由は、もう少し実用的です。自分にとって重要な本や、あとで読み直すことになりそうな本の場合、より読みやすい文章に直しておくとなにかと便利です。直すときは少々手間ですが、一度直しておけば次回以降はその手間はありません。もっとも、翻訳書などで、訳文があまりにも自分にとって読みづらく感じる場合は、結局原書を入手してそちらを読んだりすることもあります。その場合、読みづらく感じる翻訳と、母語ほどにはすらすら読めない異言語のどちらを読むほうが楽か、という比較の問題にもなります。

いずれにしても、書き換えたり補足したりすることで、その本が自分にとって、より読みやすく、使いやすいものに変わります。いわば自分専用にカスタマイズしようというお話でした。

そうそう、書き忘れるところでした。こういう場合、具体的にはどうしているかを述べておきましょう。ちょうど校正と同じように、ある部分をトル（削除）したり、言葉を書き換えたり、順序を入れ替えたりといった書き込みをしています。あまりに書き込みが多くなって、かえって読みづらくなった場合は、コンピュータでタイプして印刷したものをそのページに挟み込む場合もあります。こうなると、ページを差し替えたり加えたりするわけで、マルジナリアの領分を越えているかもしれません。

9. 自分を知るよすが

着古してくたくたになったTシャツや、手に馴染んだあれこれの道具のように、本もまた長くつきあうことで、変化してゆきます。本屋から買ってきたばかりの本は、いってみれば大量に複製されたあちこちにあるものです。もちろん、それでもいいし、つくられたままの美しい状態にあるのも素敵です。

他方で、何度も手にとったり読んだりするうちに、ページの開き具合が変わったり、よく触れる箇所が柔らかくなったりと、モノとしても変わっていくのもまたつきづきしいものです。

なかでもマルジナリアは、たとえ一文字でも、ちょっとした線でも、それだけで数ある複製品としての本が、他にはない一冊に変化する魔法のようなものです。

とはいえ、その魔法の効果はもっぱら自分だけにあります。古本屋さんは書き込みがあると分かれば「ああ、もったいない」と残念そうな顔をするでしょうし、その本を借りた友人は「なんだか読みづらいなあ……」と感じるかもしれません。あとで売りたい場合や、誰かに読ませるような場合、マルジナリアはマイナスに働くこともあります。

他方で、長くつきあう本であれば、折々の書き込みは、それ自体がともに過ごした時間、その本との交友の記録にもなります。ときには、かつて自分が書いたのも忘れて、数年後に再び目にして驚いたり笑ったり呆れたりすることもあるでしょう。そういう点は日記にもどこか似ています。書いた言葉はそのままの形で残るものの、書いた本人はそのあいだもさまざまな経験をして考え方やものの見方も変わったりします。それで、かつて自分が書いた言葉に触れて、少し気恥ずかしい思いをしたり、なかなかいいこと言ってるなあ、いまなら思いつかないよ、と感心したりもするわけです。マルジナリアは、そんな自分の変化を知ったり楽しんだりするきっかけにもなります。

10．無理せず楽しく

最後にもう一度言えば、マルジナリアは無理してするものではありません。そうしたいと感じたとき、そうしようと思いたったとき、そのつど試してみればよいことです。自分ではよう書き込まんけど、人のマルジナリアを見るのは楽しいな、という接し方もあると思います。

また、申しあげるまでもないかもしれませんが、マルジナリアは自分の本にするのが基本です。図書館の本や人から借りた本は、いくらそうしたくなったとしても、書き込んではいけません。どうしても、という場合は半透明の付箋の上から書いてページごとコピーをとるとか、同じ本を入手してそちらに書き込むとか、あるいはデジタル機器で撮影した画像にメモを加えるとか、別の手段を使うのがよいですね。

いろいろなことを述べてきましたが、決まったやり方があるわけではありません。本をよく読んだり、いっそう楽しんだりするうえで、マルジナリアがいいかもと感じたら、まずは試してみましょう。いつでも消せる薄い鉛筆で書いてみてもいいですし、やっぱり書き込むのは躊躇われるというのであれば、本の代わりにノートに書いてもいいですね。その点で、マルジナリアの利点を言えば、本とノートが同じ場所にあるので、泣き別れたりせず、本さえあればいつでもメモと、そのメモを書く気にさせた本文が同時に目に入ることでしょうか。

楽しいマルジナリアライフになりますように。

とある蔵書のインデックス

索引術で深める読書の技法

「ネットで簡単に調べ物ができる時代に本の索引? なにを寝ぼけておるのじゃ」

そう思ったとしてもご無理はありませぬ。

電子書籍で検索かければいいじゃない。

そう、適切な検索語さえ思いつけばね。

だってほら、そもそもよく知らないことは検索もおぼつかないでしょう?

その点、本の索引はいい。とてもいい。なにしろ著者や編者がその本の見所、検索語を抽出・精選して並べてくれているのだから。これを眺めれば、その本の原材料や構成要素も浮かび上がってくる優れもの。そう、もし本をもっとよく読もうと思ったら、索引を活用するのがなにより。索引を自分で拡張したりつくったりすればさらにステキ。

普段、山本が本を読むとき、どんなふうに索引をつくっているのか、使っているのか。そんな本と索引の活用法についてのお話をして、ご参加の皆さんと一緒に索引づくりにチャレンジしてみます。本との関係を深め、未来の自分といっそうよく協力するための索引ワークショップです。〈イベント告知文より〉

山本貴光『投壘通信』刊行記念イベント「とある蔵書のインデックス
索引術で深める読書の技法」(二〇一八年十月二六日 於:東京・ブックファースト新宿店)より構成

とある蔵書のインデックス　索引術で深める読書の技法

書物に索引を付けない奴は死刑にせよ
——伝バーナード・ショー

検索できるのになぜ索引？

いまはコンピュータとインターネットがあって、検索フォームに言葉を打ち込めば、結果がずらっと出てくる時代です。電子書籍なら、検索をかければ関連ページがどんどん出てきて、当該箇所を拾い読むことだって簡単です。この仕組みがあるからか、最近の電子書籍にはそもそも索引がないこともあるようです。また、本（以下では、電子書籍に対して従来の紙の本を単に「本」と書きます）には索引があるのに電子版にはないというケースもまま見かけます。やはり「電子書籍は検索をかけられるから索引はいらないよね」ということでしょうか。みなさんはどう思いますか。

私は、いくらコンピュータで検索ができても索引がないのは不便だと思います。検索と索引は似ているようで、ずいぶん違うことなんですね。日頃、検索するときの一番の問題は、いい検索語が思いつかないということです。インターネットやデータベースにいくらデータやら情報やらがあっても、適切な検索語を思い浮かべられない限りアクセスできません。なにかを調べたい時に、適切な検索方法を思い浮かべられるかどうかが勝負の分かれ目です。

現在はありがたいことに、ネット上にはさまざまなテキストを収めたデジタルアーカイヴがあります。例えば「日本古典文学大系」全巻のデータベースは、古典文学に精通している人なら便利に使いこなすでしょう。しかし、そもそものデータベースに何がどのくらいあるかの見当もつかない人や、手がかりを持たない人が検索しようという場合、目の前に検索窓がぽつんと置かれているだけでは途方にくれてしまいます。こんなふうに、折角のデータベースが宝の持ち腐れになってしまうということがあります。

検索に関わる問題をもうひとつ。イタリアの思想家にニッコロ・マキャヴェッリという人がいますね。『君主論』でよく知られています。この人の名前の日本語表記はちょっとした難問の元です。私が確認しただけで十通り以上の書き方があります。例えば先ほどはマキャヴェッリと書きました。「ヴェ」の代わりに「ベ」と書くマキャベッリ。「マキャ」ではなく「マキャ」とか「マキア」とするパターン。「ッ」がないマキャ「ベリ」やマキャ「ベリー」、「マキヤ」ベリ、同様の「ヴェリ」版等々。これのどこが問題なのか。

もっとも単純な検索の仕組みでは、ユーザーが「これを検索して」と入力した文字列と同じ文字の並びを探します。この場合、「マキャベッリ」と検索した場合、それ以外の例えば「マキャヴェッリ」などは検索にひっかかりません。もう少し気が利いた検索なら、完全に一致しない表記も探してくれます。しかし、それにしたってすべてのマキャヴェッリ……というか、Machiavelliを拾い尽くすのは一苦労。中には永久に出合えないMachiavelliもあるでしょう。宝の山のどこかに探しているものがあるにもかかわらず、辿りつけないという事態です。

電子書籍と「ページ」の奇妙な関係

コンピュータによる検索の便利さのせいか、索引はおざなりにされがちです。索引がつ

INDEX

The page numbers in this index refer to the printed version of this book. The link provided will take you to the beginning of that print page. You may need to scroll forward from that location to find the corresponding reference on your e-reader.

NOTE: Page numbers in *italics* indicate a graph or table.

本を読み終えるまで:1分　92%

図1　Steven Pinker, Enlightenment Now, Penguin Books, Kindle版の索引

いている電子書籍もあります。例えば、認知心理学者スティーブン・ピンカーのEnlightenment Now（洋書）という本の電子版では、巻末の索引にこんな注意書きがあります。訳せばこうなりましょうか。「この索引に載っているページ番号は、紙版のページに対応しています。リンクをクリックすると紙版ページの冒頭に飛ぶことができます」（図1）。ちょっとややこしいですね。どういうことでしょうか。

例えば、電子版の索引に「アカデミア（academia）」という索引語があります。そして３７２というページ数が出ています。これをクリックすると、紙版の３７２ページにあたる箇所に飛びます。自分がいま見ているのは電子版です。もしもとの本（紙版）とその電子版のペー

ジ構成がまったく同じであれば、これで問題はありません。紙版の372ページは電子版でも372ページです。例えば、紙版の本をそのままスキャナーでとりこんで電子化した場合なら、紙版の本をデジタルで複製しただけですので、紙版と電子版のページ構成は同じままです。他方で、電子書籍はこれとはまた別の仕組みです。紙版と電子版でページ構成が一致するとは限らないのですね。どういうことか、具体的に見てみましょう。

図をご覧ください（図2）。どちらも電子書籍の画面です。上は文字の大きさを最小にした場合の一ページ、下はそのページの文字を最大化した場合の一ページです。いま「一ページ」と書きましたが、紙版と区別するためにも「一画面」と言ったほうがよいでしょう。電子書籍を読むための装置、電子書籍リーダーは、フォントや余白、行間なども好みの設定に変えることができます。そのため、同じ電子書籍でも、読む人の設定によって画面に表示される文字数や行数はみな違います。

すると何が起きるか。電子書籍で、紙版の372ページに相当する位置を画面に表示する。文字を小さく表示している状態なら、その画面に372ページ全体が収まっているかもしれない。でも、文字を大きく表示している場合、その画面に372ページ全体が収まらず、さらに二画面分、372ページが続いているかもしれない。紙版のページと電子書

ENLIGHTENMENT NOW: THE CASE FOR REASON, SCIENCE, HUMANISM, AND PRO...

CHAPTER 12

SAFETY

The human body is a fragile thing. Even when people keep themselves fueled, functioning, and free of pathogens, they are vulnerable to "the thousand shocks that flesh is heir to." Our ancestors were easy pickings for predators like crocodiles and large cats. They were done in by the venom of snakes, spiders, insects, snails, and frogs. Trapped in the omnivore's dilemma, they could be poisoned by toxic ingredients in their expansive diets, including fish, beans, roots, seeds, and mushrooms. As they ventured up trees in pursuit of fruit and honey, their bodies obeyed Newton's law of universal gravitation and were liable to accelerate toward the ground at a rate of 9.8 meters per second. If they waded too far into lakes and rivers, the water could cut off their air supply. They played with fire and sometimes got burned. And they could be victims of malice aforethought: any technology that can fell an animal can fell a human rival.

Few people get eaten today, but every year tens of thousands die from snakebites, and other hazards continue to kill us in large numbers.[1] Accidents are the fourth-leading cause of death in the United States, after heart disease, cancer, and respiratory diseases. Worldwide, injuries account for about a tenth of all deaths, outnumbering the victims of AIDS, malaria, and tuberculosis combined, and are responsible for 11 percent of the years lost to death and disability.[2] Personal violence also takes a toll: it is among the top five hazards for young people in the United States and for all people in Latin America and sub-Saharan Africa.[3]

People have long given thought to the causes of danger and how they might be forfended. Perhaps the most stirring moment in Jewish religious observance is a prayer recited before the open Torah ark during the Days of Awe:

> On Rosh Hashanah will be inscribed and on Yom Kippur will be sealed: . . . who will live and who will die; who will die at his allotted time and who before his time, who by water and who by fire, who by sword and who by beast, who by famine and who by thirst, who by earthquake and who by plague, who by strangling and who by stoning. . . . But repentance, prayer, and charity annul the severity of the decree.

Fortunately, our knowledge of how fatalities are caused has gone beyond divine inscription, and our means of preventing them have become more reliable than repentance, prayer, and charity. Human ingenuity has been vanquishing the major hazards of life, including every one enumerated in the prayer, and we are now living in the safest time in history.

In previous chapters we have seen how cognitive and moralistic biases work to damn the present and absolve the past. In this one we will see another way in which they conceal our progress. Though lethal injuries are a major scourge of human life, bringing the numbers down is not a sexy cause. The inventor of the highway guard rail did not get a Nobel Prize, nor are humanitarian awards given to designers of clearer prescription drug labels. Yet humanity has benefited tremendously from unsung efforts that have decimated the death toll from every kind of injury.

~

Who by sword. Let's begin with the category of injury that is the hardest to eliminate precisely because it is no accident, homicide. With the exception of the world wars, more people are killed in homicides than wars.[4] During the battle-scarred year of 2015 the ratio was around 4.5 to 1; more commonly it is 10 to 1 or higher. Homicides were an even greater threat to life in the past. In medieval Europe, lords massacred

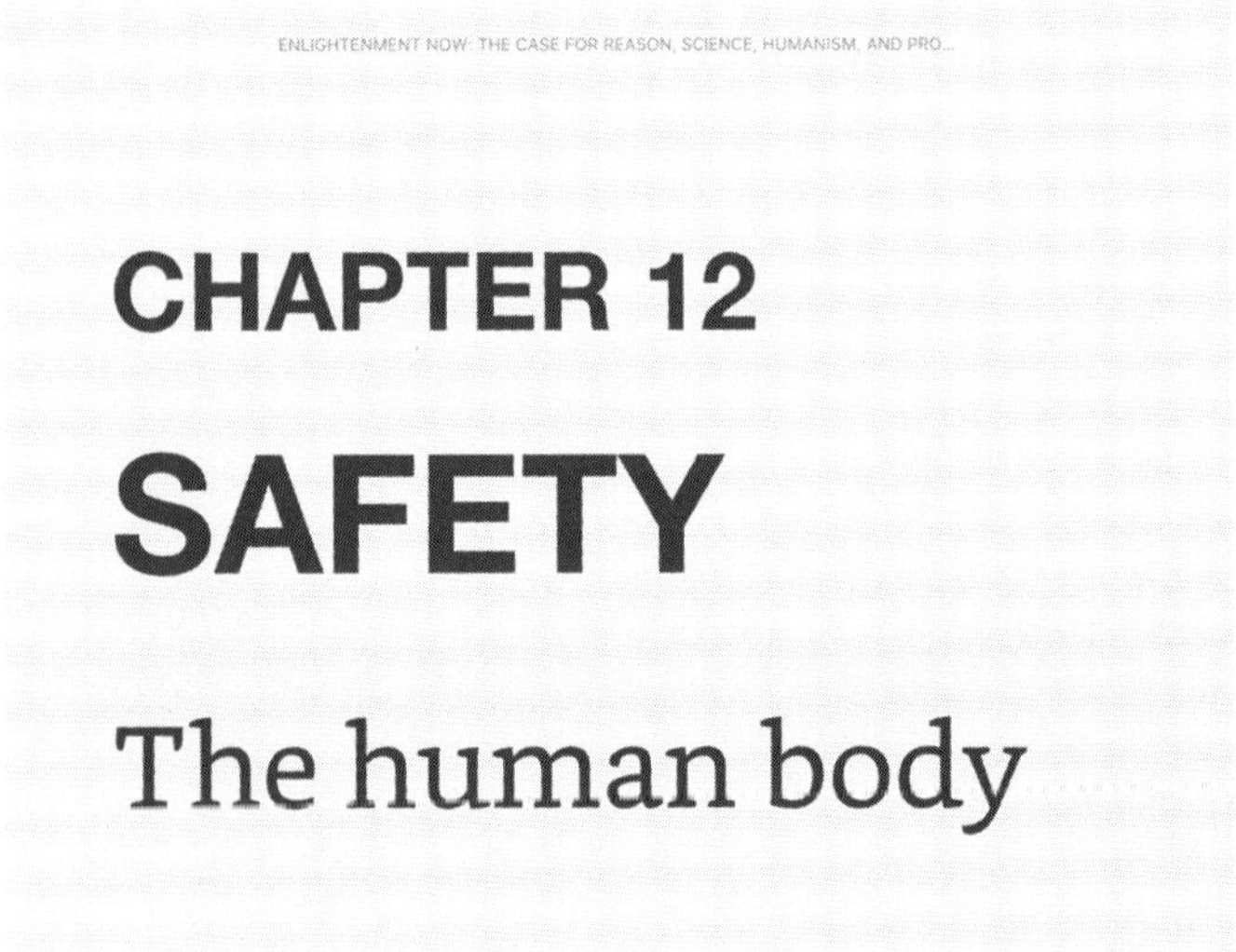

ENLIGHTENMENT NOW: THE CASE FOR REASON, SCIENCE, HUMANISM, AND PRO...

CHAPTER 12

SAFETY

The human body

図2 「同じ」ページ

籍版の画面は必ずしも一致しないわけです。こうなると、索引で見た「アカデミア」という語は、紙版ならたしかに３７２ページにあるけれど、いま目にしている画面内にはないかもしれない。なぜなら紙版の３７２ページに相当する箇所は、電子書籍版で三画面にまたがっているからです。ですから索引からジャンプした先で、さらに画面をスクロールさせる必要があるかもしれない。これが先ほど電子書籍版の巻末に書かれていた注意書きの意味でした。本のページと電子書籍の画面が一致しないためにこういうことが生じます。

ページがずれても大丈夫

おもしろいことにこれは現代だけの事情ではありません。例えば、中世ヨーロッパにも似たような話があります。活版印刷術が登場する一五世紀以前のヨーロッパでは、本は写本が基本でした。英語では「マニュスクリプト（manuscript）」と言います。語源はラテン語で、マヌス（manus）は「手」、スクリプトゥス（scriptus）は「書かれたもの」。手で書かれたものがすなわち本なのでした。写字生という本を書き写す人たちがいた時代ですね。

さて、写本は手書きなので、ページに収まる文字の量が書く人によって変わります。本の形式も巻物状のスクロールや、私たちに馴染みのある冊子体、コーデックスなどいろいろです。同じ内容の本でも、文字の書かれる位置が同一になるとはかぎらないし、手がける写字生によって、文字の大きさも違えばページもずれていきます（ついでに言えば、書き写しも生じるので本文もちょっとずつ変化したりします）。おもしろいことに、図らずも二一世紀の技術を用いた電子書籍と写字生時代の写本で同じ現象が起きているわけです。同じ本でも文字のサイズや配置が違うために、ある言葉の位置を特定しにくくなるのですね。

みなさんが写本時代にこの問題に遭遇したら、どういう工夫をしますか。ページが一致していない本の同じ場所を指したい。そしてある言葉が出てくる位置について索引をつくりたい。

解決法のひとつをご紹介しましょう。といっても私が考えたわけではありません。古代ギリシアの哲学者プラトンの作品を集めた「プラトン全集」には、いくつもの版がありま す。なかでも一五七八年にジュネーヴで刊行された「ステファヌス版」と呼ばれる全集は、それ以後の標準版とされました。ステファヌスとは、その全集を校訂した人の名前で、ヘンリクス・ステファヌス（アンリ・エティエンヌという人のラテン語名）といいます。このステファヌス版は、全三巻の構成で、本文の余白に一〇行ごとにAからEのアルファベットが振ってあるのです。言ってみれば、文章に住所を割り当てるようなものですね。

それ以後に刊行されたプラトン作品では、しばしば余白にステファヌス版のページ数とアルファベットを振ってあります。こうしておくと、ステファヌス版と照合できるわけです。岩波書店から出ている「プラトン全集」、つまり日本語訳版でもステファヌス版と照合できるようにしてあります。

そこで索引も、邦訳全集のページ数ではなく、このステファヌス版のものを使います。例えば索引に【⑪国家Ⅱ375C～D】と記載されていたら、「ステファヌス版の三七五ページのCからDの位置」という意味です。ただし、お気づきかもしれません。ステファヌス版「プラトン全集」は三巻本ですので、実は三巻のいずれにも三七五ページCからDという位置があります。もっとも、どの巻にどの作品が入っているかを把握していれば、これで困ることは少ないかと思います。話を戻すと、【⑪国家Ⅱ375C～D】は、岩波版「プラトン全集」第一一巻収録の『国家』第二巻（Ⅱ）の375C～Dの箇所を指します。しかもいま述べたように、「375C～D」はステファヌス版のテキストの位置でもありますから、ステファヌス版でギリシア語原文を読みたい場合にも便利です。このやり方なら、文章が本のどこに移動していても場所を特定できるわけです。

つまり、基準となるテキストを決めて、そのテキストに番地を振る。この番地を使って文章の位置を指定する。こうすることで、全集版でも文庫でも電子書籍版でも、何語訳版でも同じ位置に辿りつけます。

索引とは

ところで、冒頭で紹介したバーナード・ショーのものとされる言葉は、言い伝えです。「書物に索引を付けない奴は死刑にせよ」とは穏やかではありませんね。バーナード・ショーならいかにも言いそう……かどうかは別として、なぜ索引がないことにこんなに憤慨しているのでしょうか。

そこで基本に立ち戻って、索引とはなにかについて考えてみましょう。「索引」は英語でindexと言います。これは例によってラテン語が語源です。ラテン語の辞書でindexを引くといくつかの意味が出ています。「情報提供者」「表示するもの、しるし」「人差し指」「(書巻の)表題」「要約、摘要」「試金石」「一覧表、目録」(『羅和辞典』、研究社)。「知らせる」

「示す」という意味の動詞「インディコー（indico）」から派生した名詞です。なにかを指し示すもの、というわけです。

「索引」という日本語を、『日本国語大辞典』（小学館、JapanKnowledge版）で調べてみます。なぜこの本かというと、この辞書には、その言葉が使われた古い用例が年代順に並べられているのです。ですから、この言葉がいつ頃から使われていたかを知る目安になります。ただし、この辞書をつくった人たちが発見できた限りで、という制限もあります。まだ見つけられていない、もっと古い用例が存在する可能性もあることに注意しましょう。

さて、『日本国語大辞典』の「索引」の項目には、二つの意味が載っています。一つは「ひっぱること。また、ひっぱってたどり出すこと。さがし出すこと。索隠」です。文字通り引っ張るという意味ですね。これについては一一世紀の中国の文献の用例と、一九一四年の日本語文献の用例があります。つまり、古い中国語であることが分かります。

もう一つの意味として「ある書物の中の、語句や事項などが容易にさがし出せるように、それらを抽き出して一定の順序に排列した表。引得。インデックス」とあります。これについて、最も古い用例として、「＊布令字弁〔1868〜72〕「Sakuin サクイン　索引」」と出ています。調べてみると、国立国会図書館のウェブサイト「デジタルコレクション」

に、同書の明治七年に刊行されたものが公開されていました。荻田長三編『増補布令字辨』（明治七年、大野木市兵衛）という本です。この辞書は、言葉をイロハ順に並べていますので、五十音順に慣れているとちょっと探しづらいかもしれません。その「サ」の項目にありました。

索引《サクイン》　ミダシ

右で見た『日本国語大辞典』で紹介されている本と表記が違うのは、明治七年（一八七四年）に刊行された増補版だからだと思います。ここでは「ミダシ」と説明されていますね。「見出し」という言葉はいろいろな意味で使われますが、語義からすれば「見出すこと」でした。なにかを見つけ出すというわけです。いまでは「本の見出し」といったら、本文の節の頭に置かれたタイトルのようなものを指すことが多いでしょうか。辞書の項目を示すものや、目次や索引のようなものも見出しと呼ばれます。

いずれにしても「索引」という言葉は、中国語としては古くからあったようですが、インデックスに対応する意味で使われ始めたのは、どうも明治期のようですね。

さて、ものの本によれば、ヨーロッパで本に索引らしきものがつくられるようになるのは、一三世紀はじめころとのこと。聖書のコンコーダンス（用語索引）をつくる人が現れたというのです。当時のヨーロッパでは、教会の聖職者たちがいまでいう学者のような存在でもありました。写本や知識を扱う彼らにとって、最も重要な本といえば聖書です。その聖書について、読んだり教えたりしやすくするために、どこに何が書かれているかを見つけやすくする仕組みが工夫されたというのです（Edited by Dennis Duncan and Adam Smyth, Book Parts, Oxford University Press, 2019, p.266. 本の各部について、その歴史を論じた本です。その第二〇章でインデックスを扱っています）。

索引のない本から、どこに何が書かれているかを見つけるのは、なかなか骨が折れます。電子書籍のように検索すれば自動的に見つかるわけではありません。ページをめくりながら、目でスキャンしてゆくしかありません。例えば前に読んだことがある本のどこかに猫と話す方法について記されていた。いまそれを確認したいのだけれど、たしかこの本の三〇〇ページのどこかに書かれているはずという手がかりしかないとしたら、結構大変です（必要ならそれでも探すわけですけれど！）。こんなとき、索引があれば助かります。索引に出ている言葉であれば、どこに出ているかを簡単に分かり、そのページを開けるからです。ただし、自分が探したい言葉が索引になければ、やはり自力で探すしかありません。

インターネットでも大活躍

indexという語は、じつはインターネットでもお馴染みのものです。ネットを使う人なら、意識してもしなくても、インデックスのお世話になっています。

インターネットを利用する際、よく使うものの一つにワールドワイドウェブ（WWW: World Wide Web）という仕組みがあります。いろいろな人や組織がネット上にウェブサイトをつくって公開していますね。例えば、国立国会図書館のウェブサイトや、本の雑誌社のウェブサイトといった具合です（私も一九九七年くらいから、吉川浩満くんと「哲学の劇場」というウェブサイトをつくっていました。いまは開店休業中ですけれど）。

このワールドワイドウェブ（以下では「ウェブ」と略記）という仕組みでは、本の喩えをたくさん使っています。例えば「ページ」。ウェブサイトは、通常複数の「ウェブページ」から構成されています。本の雑誌社のウェブサイトなら、最初に表示される「ホームページ」や、雑誌の紹介ページ、新刊書のページなど、いろいろなページがあります。よく使われる「ホームページ」というのは、そんなふうにして、ウェブサイトを構成するいろいろなページのうち、ホーム（本拠地）となるページというのが元の意味でした。トップページなどとも言います。

そうしたウェブサイトで最初に表示されるホームページのことを、技術的には「インデックスページ」といいます。最初に表示されるページということは、そのウェブサイトに含まれる他のページに対するインデックスにもなっているというほどの意味だと思えばよいでしょう。

また、グーグルなどの検索エンジンの裏側で動いているプログラムに「インデクサー（indexer）」というものがあります。「索引をつくる者」という意味です。インデクサーは、ワールドワイドウェブ、世界中のウェブサイトに対して索引をつくっておく仕組みです。グーグルで誰かが検索語を入力したとき、その索引を使って、「それならこのページにありますよ」と結果を表示するわけです。こんなふうに、インターネットでもインデックスが活躍しているのでした。

ところで世界史上でよく知られるインデックスは、ローマ教皇庁が二〇世紀半ばに至るまで「この本はけしからんから出版してはならん」とつくっていた本のリスト「禁書目録」かもしれません。通称「インデックス」と呼ばれています。日本ではひょっとしたら、ライトノベル『とある魔術の禁書目録』（鎌池和馬、イラスト・はいむらきよたか、電撃文庫）のほうがよく知られているかもしれません。

索引のUX

ここまで、索引の概要や働きについて検討してきました。次にもう一つ大事なポイントがあります。利用者の観点です。このことを考えるのに便利な言葉があるので、ここでも使うことにしましょう。「UX（User Experience）」といいます。なんだかものものしいですが、日本語にすれば「ユーザー体験」「利用者体験」のこと。デザインやゲーム業界でよく使われます。ゲームであれば、それで遊ぶ人（利用者）がどんな体験をするかという意味でした。例えば、分かりやすいところで言えば、遊んで楽しいと感じるかどうか。手に汗を握ったり、ドキドキしたり、笑ったりするか。画面を見て遊びたくなるか。遊び始めたとき、なにをすればよいか理解できるか。そうしたくなるか。途中で失敗したら、イヤになってしまうか。もう一回遊びたくなるか。こんなふうに、ゲームをする人の心と体に起きていることを、ゲームのユーザー体験（UX）と言います。同じように索引のUXを考えてみることができます。

例えば、人はどういうときに索引を使うか。使いたくなるか。

私の場合、初めて読む本は、まず目次を見て、次に索引を読みます。その本でなにかを探したい場合はもちろん索引をチェックします。また、あるテーマについて考えているとき、「アリストテレスならなんと言っているだろう、南方熊楠なら？」といって、彼らの全集や著作の索引を見たりします。

また、索引を使う人はどんな体験をするでしょうか。ここで具体的に試してみましょう。今回取り上げるのは、イスラエルの歴史家ユヴァル・ノア・ハラリの『ホモ・デウス』（下巻、柴田裕之訳、河出書房新社）の索引です。ちなみにこの本の電子版には、索引がありませんでした。

特に目的を持たずに眺めても面白いですね（図3）。当たり前に思えることも一度は確認してみましょう。こうして眺めると、この本に出ている言葉がそれぞれの文脈から取り出されて、五十音順で並べられていることが分かります。音の順に並べるのは言葉を探し

図3 ユヴァル・ノア・ハラリ『ホモ・デウス』の索引

やすくするためです。五十音を知っている人なら、「コンピュータ」という言葉は索引にあるかな、と探せるわけです。

例えば、「アインシュタイン、アルベルト」「アウシュヴィッツ」「アステカ」という具合に、人名や地名が拾われていることが分かります。「アメリカ軍」「アルゴリズム」「アルファ碁」などの事物も出ています。また、「アルゴリズム」については、その下に「――としての生き物」「――の形での社会の組織」「概念の定義」「個人主義への脅威」「データ至上主義と――」「人間至上主義への脅威」「人間を経済的にも軍事的にも無用にする――」といった用法ごとの分類も設けられています。これはとても助かりますね。この言葉がどんな文脈で使われているかも分かります。また、もしこうした分類がなかったら、「アルゴリズム」という言葉があちこちに出てくることは分かっても、それぞれの使い方は、それぞれのページを見るまで分からないわけです。「人間至上主義への脅威」の項目には「↓データ至上主義も参照」というふうに、別の項目も関連していることを教えてくれています。

さて今回は、この本がどんな要素から出来ているかを調べるつもりで索引を見てみましょうか。まずは出現回数が多いもの、例えば一〇回以上出ている言葉をチェックしてみましょう。加えて気になる言葉や、これは重要そうだなと感じる語を意識して索引を読んでみます。

索引から出現回数が多い言葉を拾っていくと、アルゴリズム、イスラム教、遺伝子工学、エジプト、革命、カトリック教会、神、教育、共産主義、グーグル、経済、個人主義、自己、資本主義、社会主義、宗教、狩猟採集民、進化、石器時代、魂、中国、テクノロジー、データ至上主義、データ処理、動物、人間至上主義、脳、ホモサピエンス、民主主義、ユダヤ人、ユダヤ教……などがありますね。

いま拾い上げた言葉は、ほぼ全部、この本のキーワードです。それだけ言及回数が多いということは、著者が重視している言葉である可能性も高いわけです。たくさん言及されるからといって、重要ではない場合もありますけれど。

どうやらテクノロジー、社会体制や宗教、生物や脳科学みたいなものが重要なキーワードらしいと分かります。こうして索引から本のストーリーが浮かび上がって見えてきます。

改めて言えば、索引は一冊の本をつくっている何十万という文字から取り出された構成要素です。こうして実際に眺めてみると、検索とは異なる発想のものであることがお分かりになるでしょう。私はよく、索引は本のリヴァースエンジニアリング（逆行工学）であると思います。リヴァースエンジニアリングとは、エンジニアリングを逆さに行うという意味です。エンジニアリングは、なにか装置やソフトウェアなどをつくること。それをリヴァースするというのは、完成された装置やソフトウェアから、それがどのような部品をどのように組み合わせてできているのかを分解・分析することを指します。

索引は、その本を要素に分解して部品を並べた状態のようなものです。これは喩えるなら、ある建物をばらばらにして、部品の名前順に並べてあるようなものでしょうか。あるいは、ある料理をつくるのに必要な材料を名前順に並べていると喩えてもよいかもしれません。索引に並ぶキーワードは、その本が何からできているのかを教えてくれます。いわば本の成分表示です。ここに足りないものがあるとすれば、そうした部品同士がどのように組み合わさっているかです。本の場合、本文そのものがそうした組み立てを表しているわけですね。

その本が、あなたにとって馴染みのある領域なら、索引から著者が扱っている材料の傾向や範囲が分かるでしょう。なるほど、この材料を使っているのならこういうストーリーかな、といったように。先ほども述べたように、索引の言葉の並びは五十音順、音の順で、意味のつながりはありません。索引語同士を結びつけたり分類したりするのは読者の仕事です。

索引は、本を読むときの大きな手掛かりになります。ここにある言葉の数だけ本への入り口があるとも言えますね。

手製索引への道

では、これからみなさんに索引づくりの体験をしてもらいます。

参考までに、私がつくった索引を紹介します。『文学論』の上巻の奥付ページ（図4）は、索引を拡張している例です。「批評」ということばを漱石がどう使っているのかに関心があったので、読みながら拾っていきました。

『文字渦』（口絵一六ページ参照）は、書評を書いたり著者の円城塔さんと対談したりする予定もあって、普段以上によく読み込もうと索引をつくりました。一般に、小説にはあまり索引がつきませんね。小説は、もともとそういう使い方をする本ではないから、ということもあります。他方で、本をよく読む方法の一つは、索引をつくることなんです。著者がどういう言葉や概念を使っているのかを抽出しながら読みます。そうすると、互いに関連しているページ、章と章の関係、本の構造などもよりよく見えてきます。そんなふうに、索引づくりの過程で気がついたキーワードもあって、その言葉は『文字渦』の各短篇を貫く糸になっていました。

自分で索引をつくる読者は昔からいたようです。ルネサンス期のイギリスの市民が、本をどうやって使っていたのかを研究した本があります。『ユーズドブックス（Used Books: Marking Readers in Renaissance England (Material Texts), William H. Sherman）』といいます（図5）。同書から一点ご紹介しましょう。サー・ユリウス・カエサルと冗談のような署名がありますが、この人が蔵書に索引を記したページです。たくさんの書き込みを施して自分仕様の索引をつくっている様子が窺えますね。特に長くつきあうつもりの本は、こんなふうに索引をつくる甲斐もあります。

では、つくる索引の種類、項目と方法を決めましょう。

1. 項目

人名、地名、書名索引は、人や土地や本などの名前を項目にしたものですね。事項名索

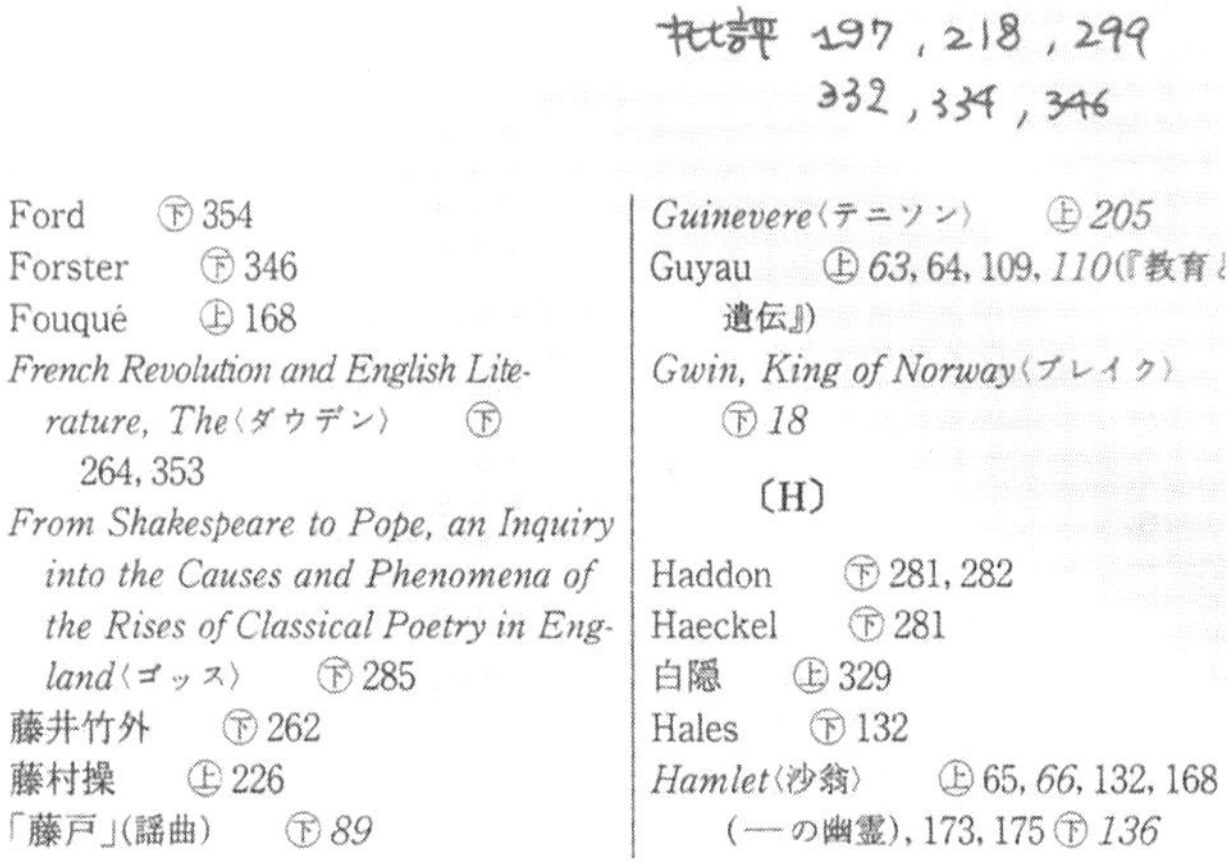

批評 197, 218, 299
332, 334, 346

Ford ㊦ 354
Forster ㊦ 346
Fouqué ㊤ 168
French Revolution and English Literature, The〈ダウデン〉 ㊦ 264, 353
From Shakespeare to Pope, an Inquiry into the Causes and Phenomena of the Rises of Classical Poetry in England〈ゴッス〉 ㊦ 285
藤井竹外 ㊦ 262
藤村操 ㊤ 226
「藤戸」(謡曲) ㊦ *89*
Guinevere〈テニソン〉 ㊤ *205*
Guyau ㊤ *63*, 64, 109, *110*(『教育と遺伝』)
Gwin, King of Norway〈ブレイク〉 ㊦ *18*

〔H〕

Haddon ㊦ 281, 282
Haeckel ㊦ 281
白隠 ㊤ 329
Hales ㊦ 132
Hamlet〈沙翁〉 ㊤ 65, *66*, 132, 168 (一の幽霊), 173, 175 ㊦ *136*

図4　漱石『文学論』の索引へのマルジナリア

Dilectio Dei. 30 Diaconi. 168.
Diluuia. 146 Dilectio. 96.
Discordia. 189 Desidia. 142.
Disciplina ecclesiastica. Desidia.
Discrimen legis & Euangelij. 149 Dignitates. 144.
Dissensio. 148 Domiciliū. 165.
Dissimulatio. 269 Duplicatio. 183
Diuersitas in rebus religionis & cultu. 485 Depositū. 185.
Diuitiæ. 151 Depriuatio. 189.
Diuortia. Repudia. 356 Dialogus. 192.
Doctrina. 154 Deportatio. 194
Docti. 157 Direptores. 231
Doctores, eorumq; opiniones, ætates et errores. 544 Deosculatio. 271
Dolus. Dolus malus. 158 Diabolus. 290
Dolor. 163
Dominatio. 17

図5　カエサル氏による索引の拡張

引は、「哲学」とか「美しさ」といった抽象語も含めたものです。並べ方は、特別な意図がなければ五十音順やアルファベット順でよいでしょう。これは探しやすくするためです。いろは順の方が探しやすいという方は、いろはにほへとで並べるといいでしょう。自分用の索引の場合、自分が探しやすい順にすればOKです。例えば、昔の中国や日本の事典を見ると、物事が天地人の順番に並んでいたりします。天は天体や月、太陽の話、地は地理や地形のこと、最後に人の話が出てきます。この場合、探したいものが天地人のどこに分類されるかをまずは見極める必要があるので、ちょっと大変です。

それから、メタ項目もあります。これは私が勝手にそう呼んでいるものです。本に記されている言葉に対する索引ではなく、それを読んだときの体験に対する索引です。ある場所を読んで「そうなの?」と疑問に感じたり、「あとで詳しく検討しよう」と考えたりすることがあります。そうした読書中の体験を検索できるようにするわけです。ただし、この場合、本にその痕跡を残しておかないと、後で分からなくなるかもしれません。私は、疑問点の余白に「?」と書いたり、あとで再検討したい箇所には矢印を書いたりしています。それらの書き込み、マルジナリアの位置を索引に拾うわけです。本文そのものではなく、本文にかかわる体験への索引を、ここではメタ索引と呼びます。

2．方法

一口に索引といっても、つくり方もいろいろです。ここでは三種類ほどご紹介しましょう。名称は、これまた私が勝手につけたものです。

・機械的索引　ある言葉が出てきたら機械的にすべて拾っていくつくり方です。現在なら、印刷物のデザインをするデスクトップパブリッシング（ＤＴＰ）やワードプロセッサなどの各種ソフトウェアを使えば、文字通り機械的に自動で抽出できます。

・意味的索引　例えば、同じ「文字」という語でも、文中で通りすがりのように触れているだけの場合と、「文字」とは何かといった重要な議論で使っている箇所があったりします。先ほどの機械的索引では、そうしたことに関係なく、すべて拾いますが、意味的索引では、この本にとって意味のある使い方をしている箇所を抜き出します。もちろんこの場合、「このページでの使い方は意味がある」「このページの用法は、あまり意味がない」という判断をするのは索引の作者ですから、人によって判断が分かれる場合もあります。

・メタ索引　先ほども触れたように、文章には記されていない、読んだ時の体験の索引です。本を読んでいるとき、自分に何が起きているのか。例えば、笑った箇所があれば「w」と書いておく。そして「w」が書き込まれたページを索引にしておくと、自分の感情が動いた箇所を特定しやすくなります。本文に記載はない、でもそれを読んだ時、自分に訪れた気分。そこに立ち戻りたい時のための索引です。例えば、なんらかの創作をする人は、自分がどんなものに触れてどんな意識状態になるかということが考える材料になるので、こうした索引が役に立ちます。

○ワークショップ　索引をつくろう!

今日は、ご参加のみなさんに、「索引をつくってみよう」という本を持って来てもらいました。ワークショップの時間は約三十分です。どんな索引をつくりたいか、決まりましたか。はじめるにあたって心得を少々。

索引づくりの心得 十ヵ条 ver. 0.8
一、索引のない本はただの紙束である
一、索引がなければつくればよし
一、索引が足りなければ足せばよし
一、索引づくりは文章のリヴァースエンジニアリングと心得よ
一、疑わしきは拾え
一、拾うは見えるものばかりにあらず
一、索引語の類語、対語などを連想せよ
一、索引語にその本や著者のキーワードを探せ
一、日頃から索引を読むべし
一、よい索引は人を助けしあわせにする

少し補足してみます。

「索引のない本はただの紙束である」↓これまでさまざまな人が同趣旨のことを指摘してきました。私は、生物体系学・生物統計学の研究者である三中信宏さんが対談でおっしゃ

ったこの言い回しが好きで、しばしば使っています。

「疑わしきは拾え」↓迷ったら拾っておくのが吉です。あとで拾い直すよりは、拾っておいて不要なら削除するほうが楽です。

「拾うは見えるものばかりにあらず」↓文章に表れている言葉を索引語にするだけでなく、「著者の意見」が述べられている箇所といった索引や、その箇所を読んで驚いたとか、笑ったとか、そういう読者の体験を索引にしてもよいですね。

「類語、対語」↓ある言葉を拾う時、関連の類語や対語を思い浮かべると、本に対する網の掛け方も変わりますよ。


それでは始めましょう。まずは五ページぐらい、対象とする範囲を選んでください。選んだ五ページを最初は普通に読みます。一読したら今度はマーカーペンで気になる言葉をチェックしましょう。そして、マークした言葉から、索引語として拾い上げるものをノートなどにリスト化します。

最初から読みながら索引語を拾おうとすると、何が重要なのかが分からなくなります。一度通して読んだあとで、全体を頭に入れてから拾うと見通しがよくなりますよ。

もちろんうまくできなくてもまったく問題ありません。リラックスして取り組みましょう。人間の体は存外よくできていて、「犬」という言葉を頭の片隅においてページを眺めていると、目が勝手に「犬」という字を見つけてくれたりします。

○質疑応答から

Q1　やたらと語を書き出してしまいます。
A1　無理もありません。今回は対象とする範囲が五ページぐらいだったので、見る目も細かくなりがちですから。本全体を見る場合、もう少し粗く見るようになると思います。
　索引をつくろうと思って読む場合、普段とずいぶん違う読み方をしていることに気づいたでしょうか。ある言葉に注目しながら「この言葉がまた出てきた。あ、こっちにも」と思いながら読む体験ですね。「この言葉を索引に拾おうかな」と検討しながら読むわけです。あるいは索引語にしようと思った特定の言葉にフォーカスして読み進めていくと、普段の読み方では発見できない繋がりが見えてくることもあります。

Q2　取捨選択の基準についてどう考えたらよいでしょうか。

A2　索引づくりには、本にとって大事かどうかという客観的な基準と、いまの自分にとって重要かという主観的な基準があります。主観的な基準だと、あれもこれもとたくさん拾いがちなので、まずは客観的な基準で少し篩《ふるい》にかけてもいいかもしれません。第三者がこの本を使う時、この索引語があると使いやすくなるだろうか。未来にこの本を手にする誰かのために索引をつくるとしたら、どうしておくとよいだろう。そんなふうに考えるわけですね。もちろん自分にとって重要に思える言葉や、後で戻ってきたいページがあれば、それも拾うとよいでしょう。

理想の索引へ

さて、索引づくりを体験してみて、いかがでしたか。

いろいろな種類の索引があります。もっと使いやすい索引、もっと本の読み方を変えてくれるような索引があるとしたら、それはどういうものなのか。これにはまだまだ探究の余地があるように思います。

理想の索引への大きな手掛かりとして「プラトン全集」の索引をみなさんと共有しておきます（図6）。例えば「哲学」の項目はこう書かれています。

哲学，愛知，求知（知を愛し求める）

ギリシア語表記が続き（ピロソピアー）と読み方も記される。「哲学」という捉えにくい言葉をていねいに説明してあります。更に項目は文章になっています。これ、索引なんですよ。この全集のあちこちでプラトンは哲学について議論しているのですが、索引にはそれぞれの文脈も書いてあるので、同じ「哲学」でも巻によって違うということもわかります。他の語についても同様で、索引自体が一つの読みものになっているのです。これは素晴らしい索引だなあと思ってときどき読んでいます。

これからの索引

いつだったか、古代ギリシア哲学を専門とする先生が「索引があると学生が本を読まな

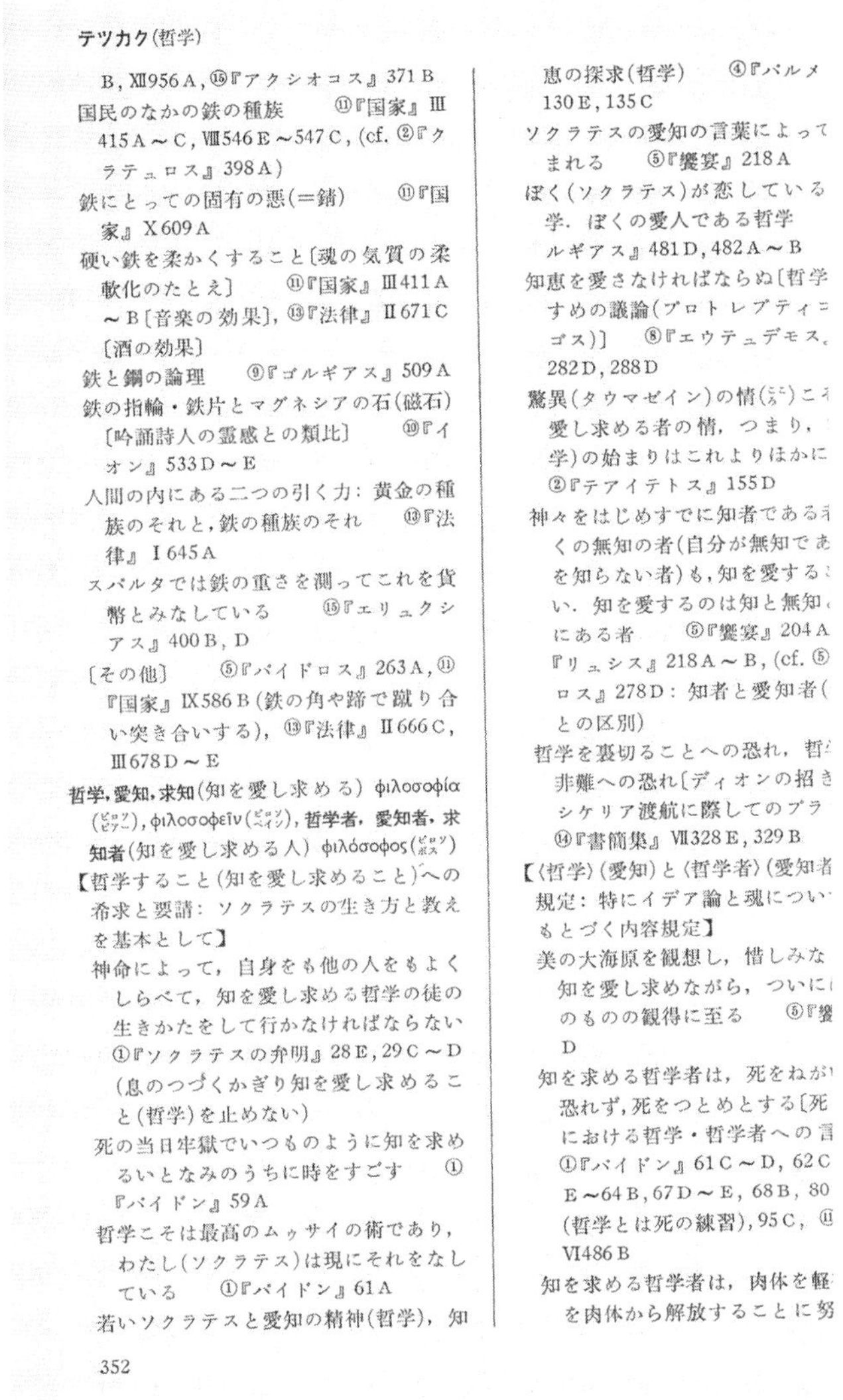
テツカク(哲学)

B, Ⅻ956 A, ⑮『アクシオコス』371 B
国民のなかの鉄の種族　⑪『国家』Ⅲ 415 A ～ C, Ⅷ546 E ～547 C, (cf. ②『クラテュロス』398 A)
鉄にとっての固有の悪(＝錆)　⑪『国家』Ⅹ609 A
硬い鉄を柔かくすること〔魂の気質の柔軟化のたとえ〕　⑪『国家』Ⅲ411 A ～ B〔音楽の効果〕, ⑬『法律』Ⅱ671 C〔酒の効果〕
鉄と鋼の論理　⑨『ゴルギアス』509 A
鉄の指輪・鉄片とマグネシアの石(磁石)〔吟誦詩人の霊感との類比〕　⑩『イオン』533 D ～ E
人間の内にある二つの引く力：黄金の種族のそれと, 鉄の種族のそれ　⑬『法律』Ⅰ645 A
スパルタでは鉄の重さを測ってこれを貨幣とみなしている　⑮『エリュクシアス』400 B, D
〔その他〕　⑤『パイドロス』263 A, ⑪『国家』Ⅸ586 B (鉄の角や蹄で蹴り合い突き合いする), ⑬『法律』Ⅱ666 C, Ⅲ678 D ～ E
哲学, 愛知, 求知(知を愛し求める) φιλοσοφία (ピロソピアー), φιλοσοφεῖν (ピロソペイン), **哲学者, 愛知者, 求知者**(知を愛し求める人) φιλόσοφος (ピロソポス)
【哲学すること(知を愛し求めること)への希求と要請：ソクラテスの生き方と教えを基本として】
神命によって, 自身をも他の人をもよくしらべて, 知を愛し求める哲学の徒の生きかたをして行かなければならない　①『ソクラテスの弁明』28 E, 29 C ～ D (息のつづくかぎり知を愛し求めること(哲学)を止めない)
死の当日牢獄でいつものように知を求めるいとなみのうちに時をすごす　①『パイドン』59 A
哲学こそは最高のムゥサイの術であり, わたし(ソクラテス)は現にそれをなしている　①『パイドン』61 A
若いソクラテスと愛知の精神(哲学), 知恵の探求(哲学)　④『パルメ
130 E, 135 C
ソクラテスの愛知の言葉によって
まれる　⑤『饗宴』218 A
ぼく(ソクラテス)が恋している
学. ぼくの愛人である哲学
ルギアス』481 D, 482 A ～ B
知恵を愛さなければならぬ〔哲学
すめの議論(プロトレプティ
ゴス)〕　⑧『エウテュデモス』
282 D, 288 D
驚異(タウマゼイン)の情(こころ)こそ
愛し求める者の情, つまり,
学)の始まりはこれよりほかに
②『テアイテトス』155 D
神々をはじめすでに知者である
くの無知の者(自分が無知で
を知らない者)も, 知を愛する
い. 知を愛するのは知と無知
にある者　⑤『饗宴』204 A
『リュシス』218 A ～ B, (cf. ⑤
ロス』278 D：知者と愛知者
との区別)
哲学を裏切ることへの恐れ, 哲
非難への恐れ〔ディオンの招き
シケリア渡航に際してのプラ
⑭『書簡集』Ⅶ328 E, 329 B
【〈哲学〉(愛知)と〈哲学者〉(愛知者
規定：特にイデア論と魂につい
もとづく内容規定】
美の大海原を観想し, 惜しみな
知を愛し求めながら, ついに
のものの観得に至る　⑤『饗
D
知を求める哲学者は, 死をねが
恐れず, 死をつとめとする〔死
における哲学・哲学者への言
①『パイドン』61 C ～ D, 62 C
E ～64 B, 67 D ～ E, 68 B, 80
(哲学とは死の練習), 95 C, ⑪
Ⅵ486 B
知を求める哲学者は, 肉体を軽
を肉体から解放することに努

352

図6　『プラトン全集』の索引

い」という趣旨のことを言っているのを目にしたことがありました。索引があると、必要なところだけつまみ読み、拾い読みばかりして、本文をよく読まないという意味だろうと思います。裏返せば、索引とは、本全体を読まずに中身を手っ取り早く知りたい人のためのツールにもなるわけです。

例えば、ヨーロッパ方面では、活版印刷術の実用化で本を大量複製できるようになった「情報爆発」の時代に、人生は短いし全部読んでいる暇はない、でも知りたい、というので本の中身を知るためのテクニックが求められもしたようです。そこで索引を見てみようとなります。これは「本というものは、はじめからおわりまで通読するものだし、そうすべきだ」と考えている人から見ると、ズルをしているように見えるかもしれません。しかし、拾い読みもひとつの読み方です。ただし、適切に拾い読みをするためには、その土台となる知識がある程度自分の頭のなかになければうまくできないのも確かです。アリストテレスの哲学について知識をもっていない人が、いきなり『形而上学』の一部を拾い読みしようとしても、これは理解するのが難しい道理です。

話を戻しましょう。厖大な情報の洪水のなかで、何かを手繰って効率よく知を吸収したい。索引はそのための道具でもあります。そのとき、本をより活用できる索引にはどんな項目や表記があればいいのか。ここには工夫の余地があります。

電子環境での議論もまだ十分とは言えません。検索では満たせない索引の便利さを、どのようにしてコンピュータでも享受できるようにするか。技術的にはそう難しいことではないのですが、そのためのアイデアが必要です。索引つきの本を使い倒して、その働きやユーザー体験を熟知している人と、コンピュータの画面や操作法を設計する設計者とが協力すれば、おそらく現在のコンピュータを使ってものを読む環境は、さらによいものにできるはずだと思います。

索引は本のマップです。デジタルにせよ紙にせよ、どういう索引があれば、私たちは本やデータをもっとうまく使えるのか。先ほどどなたかが提案してくれましたが、索引のついていない本を持ち寄って索引をつくる「バーナード・ショー・プロジェクト」を進めてみるのも楽しそうですね。

というわけで以上でおしまいです。本日は、長い時間、このような地味な作業におつきあいいただきまして、ありがとうございました。楽しい索引ライフを！

本を読むとき、心と身体では何が起きているのか。これは存外よく分からないものです。この点について詳しく検討しているのが、ピーター・メンデルサンドの『本を読むときに何が起きているのか』（細谷由依子訳、フィルムアート社）です。例えば、小説を読むと、たいていは登場人物の描写が出てきます。では、それを読む私の頭の中では、その人物の顔は思い浮かんだりするのか。それとも顔はぼんやりしているけど声が聞こえたりするのか。著者のメンデルサンドさんはブックデザイナーでもあり、この本ではヴィジュアル要素を駆使して、本を読むとき、私たちの心身で何が起きているのかを、ああでもないこうでもないと探っています。これはメタ索引にもつながる思考です。

索引について考える上では、ピエール・バイヤール『読んでいない本について堂々と語る方法』（大浦康介訳、ちくま学芸文庫）も、読んでおいて損はない1冊です。これから読む本、あるいはまだ読んでいない本について、その索引から内容を推察するという使い方についてヒントを得られるでしょう。

2019年に藤田節子『本の索引の作り方』（地人書館）という本が刊行されました。索引とはどのようなものか、その働きと構造、作り方まで丁寧に解説されています。さらに本格的に索引づくりをしたい人は必読であります。

付　録

○私の好きな索引

ちくま学芸文庫版の「ニーチェ全集」の索引はとても愉快です。ニーチェはいろんなことを言っていて、索引にもおもしろい言葉がいっぱい飛び出しています。「え？ この言葉でなにを言ってるの？」と、つい読みにいってしまいます。

また、イベントでも言及した「プラトン全集」（岩波書店版）の索引は、クロスリファレンスといって索引語同士の関連が指示してあります。全集の別巻は索引だけの巻です。好きな索引はたくさんありますが、中でも一等好きなものです。

「井筒俊彦全集」（慶應義塾大学出版会）の索引は、これもまた工夫が凝らされたもので、人名にはその人の著作への索引も添えられています。さすが多言語に通じた碩学というべきか、索引にも古今東西の名前が並び、見飽きません。

○関連書

アン・ブレア『情報爆発　初期近代ヨーロッパの情報管理術』（住本規子・廣田篤彦・正岡和恵訳、中央公論新社）という本があります。原題は“Too Much, to Know”「知るべきことが多すぎる」。ヨーロッパでは、15世紀頃に活版印刷術が実用化されて、それ以後、本が大量につくられるようになります。いいじゃないかと思うのですが、当時の学者や研究者たちは、「本が多すぎて全部読めない」と文句を言うんですね。私が見たものでは、ヴィーコやライプニッツといった知識人が「本が多すぎて追いきれない」とぼやいています。目にできる本が急増した時代に、情報を扱う知識人たちがどうやってそれを捌いて整理したのか。ブレアさんの本は、そうした様子を研究したものです。索引にも言及されています。

おわりに——マルジナリアは突然に

人生は、自分では予定していなかった出来事でできている。

よもやマルジナリアについて、本を書くことになるとは思ってもいませんでした。なにしろ自分の楽しみのために調べたり、本を集めたりしてはいたものの、それでなにかをしようとは露とも思っていなかったのですから。では、なにをどうしたら、このような本ができるのか。経緯をお伝えしてあとがきとしましょう。

きっかけは二〇一五年に遡ります。その年の二月に、リブロ池袋本店で友人の吉川浩満くんと公開対談をしたことがありました。吉川くんが『理不尽な進化』（朝日出版社）を、私が『文体の科学』（新潮社）を刊行したところで、それをきっかけに企画されたイヴェントです。

テーマは「いかに探し、読み、書くか？　ネット時代の〈本〉との付き合い方」。その際、ご来場のみなさんへのお土産にと、簡単な冊子をこしらえたのです。そのなかで、本の使い方のひとつとしてマルジナリアを紹介してみました。そこではモンテーニュやニュートン、漱石の例に触れたと思います。

このイヴェントを聴いてマルジナリアに興味を持ってくれたのが、本書の編集担当でもある高野夏奈さんです。その高野さんから、二〇一六年末に『本の雑誌』への執筆依頼を頂戴して、それから半年のあいだに二度ほど寄稿する機会がありました。そのやりとりのなかで、マルジナリアについて連載するのはどうか、という話になったのだと思います。お調子者の私はたぶん「それならいくらでも面白い材料がありますよ」とかなんとか言ったのでしょう。その結果、二〇一七年一〇月号から「マルジナリアでつかまえて」というタイトルで連載が始まったのです。

この「あとがき」を書いている現在、連載は三四回（二〇二〇年七月号）を数えます。本書はそのうち、第一回（二〇一七年一〇月号）から第二五回（二〇一九年一〇月号）をまとめたもの。また、書き下ろしの「マルジナリアことはじめ」と、二〇一八年に行ったイヴェントの記録「とある蔵書のインデックス　索引術で深める読書の技法」を収録しています。

マルジナリアについては、できるだけ多方面から事例を紹介するように努めてみました。プログラムへのマルジナリアなどは、あまり注目されないものではないかと思います。あれもこれも全部とまではいかないまでも、これは面白いなと感じるものがあれば幸いです。

＊

最後に謝辞を述べます。本書がつくられたのは、先ほど述べたように本の雑誌社の高野夏奈さんのおかげです。そもそも高野さんが企画を思いついて、材料はもっていてもぼんやり何もしないいまだったはずの私をつつかなかったら、『本の雑誌』に連載されることもなく、したがってこの本ができることもありませんでした。高野さんには以前、『投壜通信』（本の雑誌社、二〇一八）も企画・編集を担当してもらいました。

装幀は有山達也さんと岩渕恵子さんによるものです。有山さんには『心脳問題――「脳の世紀」を生き抜く』（吉川浩満との共著、朝日出版社、二〇〇四）と『コンピュータのひみつ』（朝日出版社、二〇〇六）でもお世話になっています。今回も、マルジナリアについての本というあまり例のない試みにふさわしい形を与えていただきました。表紙の活版による造形の手触りもお楽しみください。口絵に私の書き込みを入れるというのも、有山さんのアイデアで実現しました。

口絵の写真は多くのみなさんのご協力によって実現できました。石井桃子さんの書斎と蔵書についてはかつら文庫、夏目漱石のマルジナリアについては、漱石の蔵書を保管する東北大学附属図書館に、高野長英による角筆についてては奥州市立高野長英記念館に、和辻哲郎のマルジナリアについては、法政大学図書館のお世話になりました。ありがとうございます。ご覧のように書き込みの文字を読める大きさでお目にかけることができました（いつかマルジナリアばかり集めた写真集などもつくってみたいですね）。撮影の手配は高野さん、撮影は野村知也さんです。本文中でも多数の写真を拝借しています。それぞれ使用を許可してくださった関係者のみなさんにも御礼申しあげます。

紙やインクをはじめ、書体、製本、流通、販売、営業……と、一冊の本が形になり、複製されて書店に運ばれて並び、みなさんの手元に届くまでのあいだ、さまざまな人たちの力を借りています。私たちは分業に慣れすぎてしまったせいか、そうした関係を忘れてしまいがちですが、本もまた、他のものと同じように直接にも間接にも多くの人たちによって実現するものであります。そうしたすべてのみなさんにも感謝申しあげます。このようなことを述べるのは、さまざまな課題を抱えてはいるものの、書店や出版というしくみがなんらかの形で続くといいなと願う者だからでもあります。

『本の雑誌』で連載を読んでくださったみなさんにも心から御礼申しあげます。そもそもマルジナリアについての話など誰が関心を持つだろう……。そんなふうに半信半疑で始めたのでしたが、楽しんでいる人がいるのをときどき耳目にして、あながち無意味な試みでもなかったかなと思います。また、エディターでライターの鳥澤光さんが、雑誌『BRUTUS』2020年1月1日・15日号（マガジンハウス）の特集「危険な読書2020」で「〝マルジナリア〟という古くて新しい読書術。」というページを企画・執筆してくださったのも思わぬ出来事でした。その取材では、その場で本に書き込みをしている様子を撮影されるという得がたい経験もしました。

もちろんマルジナリアや書き入れという営みは、私がことさらなにかを言うまでもなく、昔から続けられてきたものです。すでにさまざまな形で実践したり楽しんだりしている人もいるでしょう。私としては、ささやかながらその一端をご紹介して、面白さを分かちあえる人が増えたら、と願うばかりです。

というわけで、これにておしまいです。もっと知りたいなという方は、ぜひ『本の雑誌』

の連載もご覧ください。ではまた、機会があったら、どこかでお目にかかりましょう。ご機嫌よう。

二〇二〇年六月二五日
山本貴光

◯達人のマルジナリア

P26-27 G. de. Maupassant, Little French Masterpieces.1904 ,p146
夏目漱石蔵書より。東北大学附属図書館 夏目漱石ライブラリ 漱石文庫所蔵

P28-29 『詞八衢（ことばのやちまた）上』（本居春庭）
書き込みが見受けられる筆者所蔵版。

P30-31 『獄中角筆詩文（伝爪書）』高野長英
高野長英が小伝馬町牢屋敷の獄中で弘化元（1844）年に書いたと推測される角筆書。タテが12.1cm、横幅が其々十数cmの4通が糊付けされ巻物に仕立てられている。平成6年に小林芳規氏が全文を解読。経緯や詩文の全貌については『角筆のひらく文化史』（小林芳規、岩波書店）に詳しい。奥州市立高野長英記念館所蔵

P32 『コーエン　純粋認識の論理学』P16（コーエン、藤岡蔵六訳述、岩波書店）。
和辻哲郎蔵書より。法政大学図書館・和辻哲郎文庫所蔵

P8-10　『ムギと王さま』（エリナー・ファージョン、石井桃子訳、岩波少年文庫）
昭和37年4刷。便利な付箋のない時代、細かく切った紙テープの一枚一枚がセロハンテープで貼られている。

以上、P1～P10、P125、P130-131は東京・荻窪のかつら文庫の石井桃子蔵書より。
協力・（公財）東京子ども図書館　石井桃子記念　かつら文庫（東京都杉並区。JR中央線荻窪駅南口から徒歩8分）見学は、原則火・木曜日 13:00～16:00（要予約）☎ 03-3565-7711（東京子ども図書館まで）

○山本貴光の魔改造

P12-13　『西周全集　第4巻』（大久保利謙編、宗高書房）

P14-16　『文字渦』（円城塔、新潮社）
円城塔と筆者の対話は「本の雑誌」2018年12月号「科学書だからって正しいと思うなよ!」対談でもお楽しみいただけます。

P17-21　『文学論　上巻』（夏目漱石、岩波文庫）

P22-23　『文学論　下巻』（夏目漱石、岩波文庫）

P24-25　『不安の書 増補版』（フェルナンド・ペソア、高橋都彦訳、彩流社）

※　P12-25はすべて筆者蔵書

口絵の図版について

◯石井桃子の書斎から

P1 石井桃子は東京・荻窪の自宅一階を近隣の子どもたちが集う児童文庫、かつら文庫として開放、二階には仕事場を置き多くの名作を育んだ。書斎は今でも当時の様子を残す。机上にあるのは電子辞書に筆記具類、丸い箱には鉛筆削りが入っている。（東京・荻窪かつら文庫）

P2-3 『百まいのきもの』（エリノア・エスティーズ著、ルイス・スロボドキン装画、石井桃子訳、岩波書店）。
1954年刊行の『百まいのきもの』を約50年後に新装版として手がけ直すことに。大幅な加筆修正案が書かれている。本書P130-131には改訳準備のメモを収録。2006年に『百まいのドレス』と題も改め刊行、石井桃子の最後の仕事だ（99歳）。

P4-5 『カラスだんなのおよめとり』より「キラキラ光る火の鳥」（チャールズ・ギラム文、丸木俊絵、石井桃子訳、岩波おはなしの本、岩波書店）
1979年15刷。15刷を手にしてもここまで訳文と向きあう。

P6 『My Mortal Enemy』『Death Comes for the Archbishop』Willa Cather
石井は19世紀の米国の女性作家、ウィラ・キャザーを愛読、有志による熱心な読書会も定期的に開いていた。

P7 上『Death Comes for the Archbishop』より
下『My Mortal Enemy』より

ま

や

ら

わ

タイトル索引

な

は

ま

ら

わ

人物、組織索引

山本貴光
やまもと たかみつ

文筆家、ゲーム作家。一九七一年生まれ。慶應義塾大学環境情報学部卒業。九四年〜二〇〇四年までコーエーにてゲーム制作（企画／プログラム）に従事。在職中から執筆活動を開始、〇四年にコーエー退社、フリーランスに。一九九七年より吉川浩満と「哲学の劇場」を主宰、二〇二〇年一月より人文系情報チャンネル「哲学の劇場」をYouTubeに開設。（https://www.youtube.com/c/tetsugeki）日本図書設計家協会客員会員。金沢工業大学客員教授、立命館大学大学院先端総合学術研究科講師。ノートはモレスキンのクラシックノートブック（黒）を愛用。書店での買い物は、カバーなし、どんなに多くても配送せず持ち帰り派。最近、ローズマリーパンケーキとくるみ汁粉の調理法を覚えておやつライフが充実している。

著書・編著書

『心脳問題——「脳の世紀」を生き抜く』（吉川浩満と共著、朝日出版社）
『問題がモンダイなのだ』（吉川浩満と共著、ちくまプリマー新書）
『デバッグではじめるCプログラミング』（翔泳社）
『ゲームの教科書』（馬場保仁と共著、ちくまプリマー新書）
『コンピュータのひみつ』（朝日出版社）
『はじめて読む聖書』（田川建三ほかと共著、新潮新書）
『文体の科学』（新潮社）
『世界が変わるプログラム入門』（ちくまプリマー新書）
『サイエンス・ブック・トラベル』（編著、河出書房新社）
『脳がわかれば心がわかるか——脳科学リテラシー養成講座』（吉川浩満と共著、太田出版）
『「百学連環」を読む』（三省堂）
『文学問題（F＋f）＋』（幻戯書房）
『高校生のためのゲームで考える人工知能』（三宅陽一郎との共著、ちくまプリマー新書、筑摩書房）
『その悩み、エピクテトスなら、こう言うね。——古代ローマの大賢人の教え』（吉川と共著、筑摩書房）

訳　書

『MiND——心の哲学』（ジョン・サール著、吉川浩満と共訳、ちくま学芸文庫）
『ルールズ・オブ・プレイ——ゲームデザインの基礎』（4分冊、ケイティ・サレン＋エリック・ジマーマン著、ニューゲームズオーダー）
『先史学者プラトン』（メアリ・セットガスト著、國分功一郎序文、吉川浩満と共訳、朝日出版社）

初　出
「マルジナリアでつかまえて」
第一回（二〇一七年一〇月号）から第二五回（二〇一九年一〇月号）。
「本の雑誌」（本の雑誌社）にて引き続き好調連載中

書き下ろし
「マルジナリアことはじめ」
「とある蔵書のインデックス　索引術で深める読書の技法」

撮　影　野村知也（P1-25,28-29,32,44-5,70,125,130-1,207下）
カラー口絵の手書きコメント　山本貴光
デザイン　有山達也　岩渕恵子（アリヤマデザインストア）

マルジナリアでつかまえて　書かずば読めぬの巻

二〇二〇年七月三十一日　初版第一刷発行

著　者　山本貴光
発行人　浜本　茂
発行所　株式会社 本の雑誌社
〒一〇一－〇〇五一
東京都千代田区神田神保町一－三七　友田三和ビル
電話　〇三（三二九五）一〇七一
振替　〇〇一五〇－三－五〇三七八
カバー活版印刷　有限会社 日光堂
印刷・製本　中央精版印刷 株式会社
定価は表紙に表示してあります
ISBN978-4-86011-445-9　C0095